# No silêncio das paixões

# No silêncio das paixões

*Pelo espírito*
## Schellida

*Psicografia de*
## Eliana Machado Coelho

LÚMEN
EDITORIAL

*No silêncio das paixões*
pelo espírito Schellida
psicografia de Eliana Machado Coelho
Copyright © 2015 by
Lúmen Editorial Ltda.

1ª edição – março de 2015

Direção editorial: *Celso Maiellari*
Direção comercial: *Ricardo Carrijo*
Preparação de originais: *Eliana Machado Coelho*
Revisão: *Profª Valquíria Rofrano*
Correção digitalizada da revisão: *Eliana Machado Coelho*
Projeto gráfico e arte da capa: *Ricardo Brito | Estúdio Design do Livro*
Imagem da capa: *Nataliia K | Shutterstock*
Impressão e acabamento: *Yangraf Gráfica*

**Dados Internacionais de Catalogação na Publicação (CIP)**
**(Câmara Brasileira do Livro, SP, Brasil)**

Schellida (Espírito).
 No silêncio das paixões / pelo espírito Schellida ; psicografia de Eliana
Machado Coelho. – São Paulo : Lúmen Editorial, 2015.

 ISBN 978-85-7813-159-3

 1. Espiritismo 2. Psicografia 3. Romance espírita
I. Coelho, Eliana Machado. II. Título.

15-00224                                                           CDD-133.93

**Índice para catálogo sistemático:**
 1. Romances espíritas psicografados : Espiritismo    133.93

Rua Javari, 668
São Paulo – SP
CEP 03112-100
Tel./Fax (0xx11) 3207-1353

visite nosso site: www.lumeneditorial.com.br
fale com a Lúmen: atendimento@lumeneditorial.com.br
departamento de vendas: comercial@lumeneditorial.com.br
contato editorial: editorial@lumeneditorial.com.br
siga-nos no twitter: @lumeneditorial

**2015**

Impresso no Brasil – *Printed in Brazil*

# Apresentação

Prezados Leitores:

Este livro ficou mais de uma década engavetado. Ele foi psicografado entre 2002 e 2003, aguardando o momento oportuno para ser publicado. E esse momento chegou. Schellida e os mentores espirituais houveram por bem liberar agora a edição da obra para trazer à luz informações úteis e importantíssimas a respeito de um tema que ainda abala milhares de lares em todo o mundo: a Aids.

E a razão para a publicação da obra somente agora é simples: a Aids ainda não tem cura. Ela mata e estamos todos relaxados com relação à prevenção e ao controle da doença como se ela não existisse mais, como se a ciência já houvesse descoberto uma vacina para o vírus HIV.

E não descobriu...

Hoje, apesar dos enormes avanços das pesquisas farmacológicas que permitem acesso a potentes medicamentos, garantindo uma sobrevida ou uma vida razoavelmente controlada aos doentes, a verdade é que o número de infectados, sobretudo na faixa entre 14 e 25 anos, aumentou, e muito, na última década, inclusive no Brasil.

A prevenção, com a utilização de preservativos para o sexo seguro, ficou em segundo plano. As campanhas publicitárias de esclarecimento desapareceram dos meios de comunicação. E o nosso comportamento, hábitos e vícios em relação ao sexo expõem o desequilíbrio emocional de uma sociedade cujos valores morais são cada vez mais questionáveis.

Por isso a espiritualidade decidiu agora resgatar esta obra. Antes, ela era fonte de esclarecimento. Hoje, ela é informação necessária. Neste livro, vamos conhecer a vida dolorosa de alguns personagens que vivenciaram, no plano físico, a experiência da Aids. E como chegaram ao plano espiritual para a recuperação das suas energias tão combalidas, principalmente pelos envolvimentos de espíritos hostis.

A mensagem maior desta obra continua a mesma: todos somos livres para fazermos aquilo que quisermos de nossas vidas; mas é preciso saber que toda atitude tem consequências, sejam elas no plano físico ou no espiritual. A novidade é a mobilização diante de um assunto tão sério como a Aids.

O binômio Prevenção/Esclarecimento deve voltar com força para evitarmos novos sofrimentos. O vírus está vivo. Mas somos fortes o suficiente para combatê-lo com informação, fé e equilíbrio.

Muito obrigada.

Boa leitura!

*Eliana Machado Coelho*
Fevereiro de 2015

# Índice

# 1

## Compromisso fraterno

O CORPO humano poderia ter chegado a sua jornada final, mas e a mente?

Tudo era confuso, hostil e estranho para Lúcio que, há poucos dias havia fechado os olhos do corpo para o mundo material. Ampliava, agora, a visão do espírito num plano completamente diferente.

Sentia medo, fome e frio, pois ainda se prendia psiquicamente às necessidades físicas tão importantes ao corpo humano.

Amargurado, sentia-se só e doente. Preso em um mundo desconhecido e apavorante onde passavam por ele criaturas sinistras que nem pareciam espíritos humanos. Eram seres bizarros. Iam e vinham numa paisagem assombrosa. Uma luz bruxuleante e diabólica se fazia em meio a uma cortina de neblina espessa e turva, ou à escuridão total.

Um odor repulsivo e incessante invadia-lhe as narinas, como se as queimasse. Seus pulmões necessitavam inspirar e expirar constantemente.

— Mas como preciso respirar?! — gritava inconformado. — Morri! Eu morri! Não aprendemos que "do pó vieste e ao pó voltarás"? O que estou fazendo aqui neste inferno de torturas eternas?! Quero sumir daqui!!! Deixe-me morrer de verdade!!!

Enquanto Lúcio esbravejava, enlouquecido, prostrado de joelhos num chão repugnante, passavam por ele seres animalizados, monstruosos que o escarneciam e agrediam impiedosamente, fugindo em seguida.

Quando desejava ouvir uma palavra de consolo como assistência desvelada, esperançoso por acordar do tenebroso pesadelo, obtinha, como resposta, gargalhadas sarcásticas de outros que zombavam dele de forma insaciavelmente louca.

Um irresistível abatimento definhava-lhe as forças sobre-humanas que pouco lhe restaram, atirando-o definitivamente sobre dejetos repulsivos e fétidos. Exaurido, entregava-se a copioso pranto.

— O que eu fiz?! O que fiz para merecer isso?! — perguntava-se, impressionado com a miséria. — Estou no inferno! Não existe salvação alguma... só tormentos e dores... dores cruéis que dilaceram o corpo e a alma — esbravejava, agora, furioso. Ainda chorando, reuniu as últimas forças para dizer: — Mentirosos!!! Bando de desgraçados!!! Miseráveis mentirosos que me fizeram crer que a salvação existia! Bastardos!!! — gritava em meio a outros termos indecorosos. — Onde está o céu que me prometeram?!!

Estendido no vale de extrema dor, Lúcio apelava revoltado, desequilibrando-se e distanciando-se ainda mais de qualquer socorro possível, pois convertia a minúscula fé que, um dia, experimentou em revolta e incompreensão, exibindo ignorância deplorável ao blasfemar.

Gemidos desoladores enchiam o ar de lamentos cortantes. Eram de milhares de mentes. Espíritos incapacitados de erguerem-se do mesmo lodo a que Lúcio se atirava de modo deprimente, mas sem vencer o orgulho. Aquele sofrimento dava-se pelo somatório de todas as ações, pensamentos e palavras lascivas em harmonia com o mal praticado, até impensadamente, quando estavam encarnados. Agora, sem a roupagem da carne, aqueles espíritos sentiam o efeito moral de suas atuações e experimentavam as mazelas da vida imprópria, leviana e irresponsável. O perispírito, "vestimenta" do espírito, refletia suas viciações, moldando deformidades horrendas e animalescas deploráveis pelos atos imaginados e praticados, principalmente em relação ao sexo.

Entidades abnegadas, de nível indescritivelmente elevado, se comparadas àqueles seres sofredores, observavam a cena desoladora daquela região destinada aos devotados ao mal e ao desequilíbrio do sexo.

Elma, dividindo com os demais olhar comovedor, explicou bondosa:

— Nascemos com o compromisso de evoluir moral e espiritualmente. Infelizmente, alguns de nós nos deixamos vencer pelas conquistas significativas da matéria, da luxúria, dos prazeres sexuais abusivos. Agora, desencarnados prematuramente pelo suicídio inconsciente, cada um desses espíritos, nesse charco tenebroso, criado pela própria consciência, é a história viva do passado que experimentou de forma inconsequente.

— Como é triste — lamentou Gisela, espírito luzente que sempre acompanhava a amiga Elma em suas peregrinações por aquele "sítio de dores". — Quem não tem conhecimento, questiona-se por que o Pai da Vida permite tanta dor.

Logo, outro companheiro, aluno de Elma, o qual não se deixava abalar, apesar de comovido, respondeu:

— Deus não pode aniquilar o livre-arbítrio. Se Ele interferir em nossas escolhas, livrando-nos das dores que precisamos sofrer por nossa própria culpa, o Pai da Vida deixaria de ser Deus bom e justo. Se não permitimos que Deus interfira em nossa felicidade momentânea, não é correto também que Ele interrompa nossos tormentos íntimos que vão nos corrigir dos enganos e erros cometidos. Quando procuramos prazeres lascivos, indecorosos nunca pensamos em Deus ou questionamos se estamos certos ou errados — explicou Romildo com palavras, talvez, pouco delicadas, mas bem conscientes.

— Não podemos criticar, repugnar esses nossos irmãos nem sentir pavor ou indiferença — lembrou Elma, gentil e sábia. — Nós não mais nos identificamos ou nos afinamos com essas criaturas de Deus, porém, meu querido, quantos de nós, num passado distante, já perambularam por esse "sítio de dores", ou paragens semelhantes, por terem-se banqueteado na irresponsabilidade do sexo, da vaidade e do orgulho?

— Não critico, muito menos condeno, cara Elma. Perdoe-me pela forma de falar — tornou Romildo, explicando com bondade e certo constrangimento. — Tenho consciência das lições de vida que eu mesmo precisei experimentar por conta de meu passado sombrio. Sei como o orgulho e a vaidade não nos deixam enxergar os próprios erros e acabamos culpando os outros e a Deus pelas dificuldades que enfrentamos. E é esse mesmo orgulho que não nos permite ver o quanto desperdiçamos, o quanto fomos indiferentes quando a vida nos foi farta...

— ...e sempre apontamos o livre-arbítrio dos outros como o único culpado por nossas misérias — interrompeu Gisela que, docemente, completou: — Eu também sei o que é isso.

— Creio que todos sabemos — reiterou Elma com elevada reflexão e meiguice. — Enquanto estamos imersos nos vícios do orgulho e da vaidade, nunca admitimos a própria culpa. Por essa razão, devemos ficar bem atentos a esse sentimento.

Acariciando o ombro da companheira e percebendo que ela apresentava profunda amargura, Gisela disse, bondosa:

— Talvez hoje não seja o dia em que Lúcio entenderá o verdadeiro poder do arrependimento e da prece. É melhor retornarmos.

— Você tem razão, minha amiga. Em breve, trevas espessas vão cobrir esse vale, o que trará incontáveis dificuldades.

Amargurada, porém com elevada resignação, Elma forçou-se ao sorriso depois das últimas palavras e pôs-se ao lado dos companheiros que se adiantavam para sair daquele lugar. Muito amorosa, não pôde deixar de olhar para trás, após se afastar um pouco, desejosa de ver Lúcio rogar por socorro verdadeiro.

Caminhando por esse vasto "sítio de dores", as três entidades, que se faziam passar quase que despercebidas, não podiam deixar de observar, naquele charco, centenas de miseráveis espíritos deformados. Alguns, mesmo com a face estampada em nítido aspecto de sofrimento, eram agressivos à situação horrenda e não se inclinavam à humildade. Outros, queixosos desequilibrados, faziam rogativas a Deus, mas não traziam, no imo da alma, uma gota sequer de arrependimento.

A experiência coletiva por que todos passavam, sem dúvida alguma, resultava de ações imorais.

Muitos de nós têm uma vaga noção da espiritualidade quando encarnados e se esquecem de que, com o término da vida terrena, desfaz-se a ilusão do material, restando apenas o que se cultivou de moral.

Os poderes desconhecidos da mente sempre nos arrastam a esferas tenebrosas, se não atentamos a elevados conceitos morais. Nós nos confinaremos a zonas de tormentos e de reparos até que o arrependimento, a humildade e a fé verdadeira, expressos em prece e esperança constante, por tempo que não se pode contar, possam atrair socorro e amparo do Alto.

13

\* \* \*

Encerrada a jornada àquela vasta região baixa, Elma, Gisela e Romildo alcançaram a Colônia da Paz que, como sagrado santuário, acolhia abnegadas criaturas comprometidas ao socorro e aprendizado constante aos irmãos do caminho e desvalidos da sorte.

Lugar de beleza inexprimível, a Colônia da Paz fixava-se em esferas da espiritualidade. Era mais um gracioso recanto consagrado a entidades sublimes.

Elevadas vibrações podiam ser sentidas como um envolvimento excepcionalmente nobre, pois as preces constantes derramavam bênçãos santificantes por todo o seu encantado domínio.

Melodia celestial, composta por delicado arranjo aureolado de aprazível calma, podia ser apreciada por toda parte.

Breves momentos após o retorno àquele doce recanto, Elma, agora com aparência exterior recomposta de luzente elevação, soube que alguém estava a sua espera.

A essa altura, serena e especial luminosidade invadia o recinto utilizado como recepção, banhando-o com brilhante claridade celestial. Nele aguardava, quase impaciente, uma querida e estimada conhecida.

Ao adentrar no sereno ambiente, Elma sorriu e, antes das saudações habituais, envolveu a grande amiga num carinhoso e longo abraço fraternal.

Logo, tomando-lhe as mãos e olhando-a com generoso sorriso, Elma perguntou:

— Lisete, minha amiga de sempre! Como está? Quanto tempo!

Espontânea e com doce inflexão, Lisete comentou:

— A saudade longa dilacera o coração, entretanto nunca põe em dúvida uma amizade verdadeira, que sempre resiste ao tempo apesar da distância.

Ao sorrir amorosa, Elma a conduziu para que se acomodasse e, a seu lado, ainda lhe segurando as mãos delicadas, perguntou:

— Sinto que está aflita. Até sei o motivo: Lúcio.

— Só você me compreende tão bem, querida Elma.

Entreolharam-se em lágrimas, porém tal emoção não significava decepção ou esmorecimento, mas sim elevada comoção.

O silêncio imperou por segundos até que Elma explicou com intensa emoção:

— Acabo de retornar do "sítio de dores". Pude encontrar lá, ainda em estado de extrema perturbação e grande sofrimento, nosso querido Lúcio. Como lamento...

— Sei que você, Elma, e outros incontáveis amigos dispensam esforços constantes a Lúcio. Sei também o quanto Deus, o Pai da Vida, é bom e justo. Entretanto, meu coração apertado e pequeno mais uma vez me faz pedir ou até implorar, se for preciso, por socorro a esse meu querido filho espiritual que vaga, hoje, naquele charco de misérias. Alimento-me de esperança a cada dia, renovando-me em prece. Vibro para que meu querido descubra o valor da oração e o poder que possuímos quando reconhecemos que Deus nos envia Seus emissários de Luz de acordo com nossa fé e nosso arrependimento do passado transviado, mas... — Os olhos de Lisete derramaram lágrimas discretas, e ela, muito emocionada, solicitou quase acanhada: — O que mais posso fazer por esse meu filho? Gostaria que soubesse que disponho de um período de descanso dos trabalhos desenvolvidos na espiritualidade e quero, com todas as minhas forças, dedicar-me intensamente a Lúcio que, com certeza, precisa muito de mim.

— Oh, Lisete! O que posso lhe dizer?... — lamentou Elma. — Sei que pode imaginar o quanto me empenho por ele... o quanto sofro... — Após um pranto encabulado, prosseguiu, escondendo o rosto em lágrimas: — Já me surpreendi extrapolando limites para tentar tocar o coração endurecido de Lúcio, que não tem remorso, nem fé, nem amor.

— Morro a cada dia, quando penso em tudo o que Lúcio ainda é, em tudo o que fez... Apesar de minha fé, há momentos em que me abalo. Penso que o mal está sendo mais forte ou muito duradouro.

— Não! Nunca pense assim! Você sabe das consequências — alertou firme, mas serena. — Deus é bom e justo. Lembre-se de que o Mestre Jesus nos legou que "somos o sal da Terra e, se o sal for insípido, com que se há de salgar? Para nada mais presta senão para se lançar fora e ser pisado pelos homens". Minha querida amiga, não se inutilize com esses pensamentos — pediu, quase implorando, tamanha emoção. — Você sabe que pode inutilizar suas vibrações positivas e amorosas a Lúcio se duvidar do que faz. Se nós cremos em um Deus bom, temos de acreditar também que Ele nos mostrará uma solução, mas não podemos ficar de braços cruzados. Lembre-se: "fazei a vossa parte que eu vos ajudarei". Não se desespere, farei o possível por ele.

— Não quero abusar de sua generosidade, nem de nossa amizade milenar, porém gostaria de pedir que, se possível, quando for, em missão de socorro, às regiões baixas, próximas a Lúcio, e for vê-lo, leve-me com você.

— Sim, claro, Lisete. Sua elevação e controle das emoções lhe permitem nos acompanhar, mas, apesar de já estar preparada e até acostumada a atravessar esses inferiores limites vibratórios, gostaria de lembrar que, quando encontramos uma alma querida em tão difícil condição, a dor nos toca inexprimivelmente. Prepare-se.

— Elma, você é um anjo de amor e bondade. Nunca pensei que me permitisse...

— Quem sou eu para lhe permitir qualquer coisa, querida Lisete? É você que, com sua elevada moral e intenso amor verdadeiro, permite-se a tarefas nobres.

— Não diga isso, venerável companheira. Deus sabe que eu tenho razão, e é por isso que estou aqui. Sinto que, se não for você, ninguém mais conseguirá me ajudar com meu Lúcio, pois sei de seu amor. E só aquele que sabe amar verdadeira e incondicionalmente obtém como vitória o resultado de tudo o que abraça.

Os doces olhos de Elma brilharam e um tímido sorriso se fez em seu rosto angelical e impressionantemente belo. Em seguida, comprometeu-se:

— Trabalharemos incansavelmente, minha amiga, até obtermos um resultado promissor, pois para o amor verdadeiro não existem barreiras inquebrantáveis do mal. O amor, nobre sentimento, é a emanação do próprio Deus. Confiemos Nele. Nenhum sofrimento é eterno. Somente nós temos a capacidade de determinar sua duração.

Lisete, emocionada e esperançosa por aquelas palavras tão edificantes, abraçou-se à amiga e entregou-se à prece de agradecimento por tão elevado auxílio.

Foi impossível deter as lágrimas enquanto o compromisso de amizade era reforçado com laços de amor incondicional.

# 2

## Motivo das aflições

NOS DIAS que se seguiram, depois da permissão e devidas instruções para trabalho em regiões baixas, partiu, da Colônia da Paz, uma pequena excursão com o objetivo de analisar planos de socorro a Lúcio.

A benfeitora Elma e um pequeno grupo de espíritos amigos e benevolentes faziam escala, após uma considerável jornada no "sítio de dores" onde incontáveis espíritos padeciam dolorosos e inenarráveis tormentos, formando gigantesco grupo de alienados mentais pelo sofrimento experimentado.

Emoção profunda tocou a todos quando Lisete, prostrada de joelhos ao lado de Lúcio, chorou copiosamente ao vê-lo em tão degradante estado.

— Filho querido, como lamento... — murmurou embargando as palavras.

Elma se aproximou e tocou-a no ombro com imenso carinho, alertando:

— Precisamos de sua força neste momento, querida Lisete. Lúcio, infelizmente, não pode percebê-la em vista do envolvimento com imensas aflições, apontadas pela própria consciência.

— Percebo que não é somente a consciência que lhe cobra as atitudes errôneas. Vejo meu querido filho envolto por vibrações funestas de encarnados com quem compartilhou atos lascivos, gerando em si mesmo um clima psíquico nefasto e atraindo espíritos desencarnados semelhantes que, como ele, não controlaram os intensos desejos sexuais e experimentam dolorosas expiações por não dominarem tal vício.

— Somente com nossas vibrações de amor será difícil desprender Lúcio dessa corrente — lembrou o nobre espírito Gisela, que acompanhava a excursão. — Seria importante desvinculá-lo, de alguma forma, daqueles que o escravizam em tão pesadas vibrações vingativas, materializadas em miasmas, matérias pútridas, que o envolvem e o arrebatam nessas profundezas purgatoriais de sombra, pavor e dor, consumindo-lhe as forças e a fé.

Elma ergueu a amiga Lisete e, abraçando-a de forma emocionante, falou comovida:

— De que nos adianta o céu, se sabemos que alguém a quem muito amamos está preso num vale de dor? — Olhando agora nos olhos de Lisete, Elma se comprometeu: — Vamos tirá-lo desse abismo tormentoso, mas antes haveremos de levar gotas de compreensão e bondade àqueles que lhe desejam vingança ou lhe têm mágoa, pois só assim nossas vibrações de amor poderão chegar como vozes de elevados sentimentos de fé e ecoarem em sua mente.

Os espíritos Silmara, Romildo e Álvaro, aprendizes que as acompanhavam, permaneceram em silêncio, mas atentos.

— Obrigada, Elma — agradeceu Lisete, banhada de lágrimas. — Serei eternamente grata a você. Penso que nunca poderei retribuir-lhe...

— Seja grata a Deus, o Pai da Vida, que nos fortalece a fé com Seu dadivoso amor, oferecendo condições de servir e socorrer aqueles que amamos e estão necessitados.

Com planos de visitarem o quanto antes a crosta da Terra, junto aos encarnados, Elma e os demais retornaram à Colônia da Paz.

Na colônia, após justificar a solicitação, Elma recebeu a permissão devida e a orientação de que a missão não seria tão somente para o socorro de Lúcio, mas também para o aprendizado de um grupo de espíritos os quais deveriam tomar conhecimento sobre os desafios e as paixões silenciosas que se apresentam árduas nas provas terrenas de harmonização.

\* \* \*

Em poucos dias Elma e Lisete encontravam-se na casa terrena onde Lúcio viveu.

A mansão de extremo luxo, primorosamente decorada, não revelava, no plano físico, perceptível aos encarnados, os horrores que se podiam registrar no plano dos espíritos.

Com seus atributos peculiares, Elma e Lisete, capacitadas a alterarem a luminescência perispirítica exterior para se camuflarem, pois estavam acostumadas a missões de socorro em zonas inferiores, faziam-se, agora, passar por espíritos insignificantes, misturando-se, quase despercebidas, aos outros.

A atmosfera era pesada e excessivamente desagradável. A visão que se podia ter no plano espiritual era deprimente, triste e agressiva.

Espíritos que, quando encarnados, fizeram do sexo um mercado de prazeres e sensações, sem amor nem afeto, encontravam-se ali como verdadeiros debilitados mentais, gemiam desequilibrados, atirados uns sobre os outros, formando um verdadeiro mar de espíritos humanos. Pouco lembravam um homem ou mulher, pois se achavam muito deformados e exibiam formas animalescas, macabras, alterados e envoltos em substância repulsiva.

Alguns outros, menos arrebatados, exibiam-se nus. Com viva malícia, figuravam olhos esbugalhados nos rostos horrendos. Pareciam à espreita, para qualquer situação de prazer sexual com que pudessem identificar-se.

Em seus centros genésicos, região dos órgãos sexuais, havia deformações perispiríticas das mais horríveis, com constantes purulências fétidas e, por vezes, dolorosas.

Diante daquela visão, Lisete falou à companheira:

— Todos aqui, sem exceção, quando encarnados, foram vítimas dos próprios atos e acabaram adquirindo o vírus HIV.

— Perfeitamente — concordou Elma bem serena. — Por causa da irresponsabilidade sexual, eles se atraíram, para a aquisição desse vírus nefasto. Sem conseguirem vencer os desejos do sexo, na busca de prazer momentâneo, entregaram-se à vida promíscua, sem vigilância nos atos indiscriminados e sem responsabilidade no que diz respeito ao sexo, como a prostituição, a libertinagem, a vida fácil, o sexo sem compromisso e tudo mais relacionado ao desequilíbrio, prática sexual vulgar, independente de serem heterossexuais, homossexuais, transexuais ou outras orientações sexuais.

Pelo que observava no plano espiritual, Lisete deduziu o que acontecia com os encarnados e perguntou:

— Ainda continua a existir nesta casa o que Lúcio praticava, não é?

— Sim, continua. Aqui, os encarnados continuam oferecendo festas regadas a sexo e drogas, orgias desprezíveis e repugnantes, atos efêmeros...

— Veja, uma encarnada se aproxima — avisou Lisete serena.

Tratava-se de uma jovem bela e elegantemente vestida, que entrava na grande sala, cujas vidraças transparentes e de grande proporção permitiam a visão de lindo jardim e exuberante piscina.

A passos rápidos, a bela moça percorreu o recinto de um extremo a outro, dirigindo-se às largas escadarias e subindo-as apressada.

Já em sua luxuosa suíte, Rejane arremessou a bolsa para o lado e atirou-se sobre a cama.

De bruços, sentindo-se deprimida, chorou um pouco e, vez e outra, golpeava a cama com socos enquanto emitia gemidos de raiva.

— Droga! Ai que ódio! — gritou Rejane com raiva. — Tomara que aquele infeliz queime nas profundezas do inferno. Você acabou com minha vida, Lúcio. Você me deixou dependente... acabou comigo.

— Elma — perguntou Lisete, muito surpresa com o que presenciava —, você conhece a relação entre ela e Lúcio?

— Sim, conheço — respondeu, entristecida. — Mas não convém falarmos disso no momento. Veja.

Elma apontou para um canto da luxuosa suíte, onde se encontrava um espírito que se demonstrava afeiçoado por Rejane, como se dela fosse "proprietário", escravizando-a, ao induzi-la a determinadas práticas para troca de energias com a encarnada.

A criatura exibia anormalidades em seu corpo espiritual, em vista do desequilíbrio dos desejos e da emoção. Deitando-se ao lado de Rejane, o espírito a abraçava com desejos lascivos e intensos, envolvendo-a como se estivesse encarnado, enquanto outros espíritos, de mesmo nível psíquico, observavam-no.

Rejane começava a sentir desejos sexuais e, sem conseguir conter a compulsividade, ela imediatamente colocou um filme pornográfico e passou a assistir. Já de posse de objetos que lhe pudessem satisfazer os desejos, tentava provocar em si mesma a descarga orgástica. Nesse momento a encarnada assistia ao filme e concentrava-se excessivamente em Lúcio, como se ele estivesse ali satisfazendo seus vícios e prazeres.

Ela estava fisicamente sozinha, mas na espiritualidade já se encontrava envolvida por quatro companheiros espirituais que, com a autorização do primeiro, compraziam-se com seu desequilíbrio, reforçando assim elos miseráveis que a deixavam submissa ao vício de prazeres momentâneos, desperdiçando a energia criadora que possuía e deformando-se como espírito.

Com elevado respeito ao livre-arbítrio da encarnada e dos desencarnados, Elma decidiu:

— Não temos o que fazer aqui por enquanto. Devemos ir ao encontro dos outros companheiros.

— Lúcio recebe toda a gama de vibrações negativas somente de Rejane? — perguntou Romildo.

— Não somente dela. Agora vamos — disse a instrutora.

\* \* \*

Longe dali, o grupo estava abrigado em uma residência que lhes servia como posto de socorro espiritual. Ao observar o abatimento de Lisete, Elma, logo que se viu mais à vontade com a amiga e outros companheiros, explicou:

— Prometi que contaria a história de Lúcio e Rejane.

— Por favor, conte-me. Preciso me inteirar profundamente de tudo, se desejo socorrê-lo. Sei o que ocorreu, porque identifico na constituição do corpo espiritual de Lúcio o que esse filho querido praticou. Sei de seu desequilíbrio pelas deformações que ele exterioriza, mas quero detalhes.

— Lúcio nasceu na fortuna — contava Elma paciente, para também atualizar os demais. — Foi abastado e mimado de todas as formas. Os pais lhe davam tudo o que queria, até de maneira ilícita. Não lhe impuseram limites, muito pelo contrário, se pudessem, comprariam tudo o que o filho desejasse.

Na maioridade — prosseguiu depois de breve pausa —, pela falta de limites, educação, moral e até orientação psicológica, Lúcio inclinou-se a inúmeras compulsividades, inclusive sexual. Nenhum de seus impulsos sofria repreensão por parte daqueles que se haviam responsabilizado, nas esferas espirituais, por sua orientação, aceitando-o nos laços carnais como filho ou parente próximo. Lúcio reencarnou com o objetivo de reeducar-se, de vencer a compulsividade sexual, de criar limites às paixões, às preferências, porém faliu em seus objetivos.

— Não quero interrompê-la — interferiu Álvaro, respeitoso e atento —, mas entendi, com essa explicação, que aqueles que nos rodeiam, principalmente na infância, são também responsáveis por nosso desenvolvimento ou elevação moral.

— Sim, claro — respondeu Elma, afetuosa e com leve sorriso. — Os pais, principalmente, ou então aqueles que têm o encargo legal ou espiritual de proteger um menor, devem-lhe proteção, defesa e orientação. São responsáveis pelo fracasso de um espírito durante sua trajetória, caso não tenham oferecido, constantemente, apontamentos morais valorosos que sirvam como guia para que o protegido que lhes foi confiado possa ver, distinguir e avaliar bem quando estiver capacitado.

— Caso esse protegido — continuou Álvaro curioso —, ou essa criança, já com capacidade de distinguir e avaliar, não queira seguir o caminho do bem que lhe ensinaram, os pais ou os tutores serão responsáveis por sua falência moral?

— Se lhe ofereceram ensinamento moral elevado de forma incansável e amorosa, não — respondeu Elma. — Eles não podem ser culpados, responsabilizados pelas dores e caminhos tortuosos que o outro abraçou. Mas, se os pais ou tutores não forem atentos e negligenciarem as condições, práticas morais e espirituais de quem lhes foi confiado, terão grande carga de responsabilidade nas tendências inferiores, paixões devastadoras, no gênio impiedoso e cruel e na escolha por labirintos degradantes e roteiros de aflições.

— Aqueles que não cumprem perfeitamente a tarefa de moralizar o filho que Deus lhe confiou, por irresponsabilidade ou preguiça — interferiu Romildo, muito direto em suas explicações —, vão se arrepender num vale de lágrimas. Se alguém foi confiado a seus cuidados, é porque você tem alguma obrigação com o aprimoramento dessa pessoa. O tempo é infinito, mas não podemos desperdiçar as oportunidades abençoadas. Em vez de deixar para a próxima reencarnação, devemos aproveitar as condições benditas, pois não sabemos quantas dificuldades nos servirão de empecilho nas próximas. "Nenhum j ou um til se omitirá da lei, sem que tudo seja cumprido", disse-nos o Senhor Jesus. O trabalho é nosso e continuará sendo até que o façamos bem-feito.

— Voltando à história de Lúcio — tornou Elma, com explícita generosidade —, sabemos que ele se tornou possessivo, dominando tudo o que podia com o poder aquisitivo. — Breve pausa e continuou: — Trabalhava na empresa de seu pai. Era o senhor absoluto. Bonito e na flor da idade, apresentava-se como exuberante conquistador. Gostamos de lembrar que o sexo, com suas sagradas finalidades, não se destina ao mercado de prazeres, como a prostituição ou às sensações carnais de prazeres ilícitos, efêmeros e sem amor. Muitas vezes, porém, apesar de não receberem remuneração, homens e mulheres se prostituem quando há algum interesse, mesmo que seja de autoafirmação.

— Efêmero? Como assim? — indagou Álvaro.

— O ato sexual não deveria acontecer somente por uma força intensa e momentânea, que sabemos ser transitória e passageira. Ele é de inenarrável responsabilidade, além de muito compromisso assumido espiritualmente. As energias sexuais, quando trocadas, constituem ligações que, se não tiverem finalidades elevadas e dignas, vão nos compromissar com muito refazimento, pois a troca de fluidos pode e será utilizada como energia criadora do bem ou do mal. Se o sexo for para mero prazer momentâneo, fútil e passageiro, certamente a energia sexual não será geradora do bem — explicou Elma com sua bondade peculiar. — Infelizmente só vamos aprender o quanto isso nos prejudica no desenvolvimento moral e espiritual a duras penas, quando nos encontrarmos nos charcos de aflições com deformidades perispiríticas, ou seja, no corpo espiritual das mais horrendas, por termos abusado dos prazeres carnais do sexo. — Após breve pausa para reflexão, ela prosseguiu: — Foi o que aconteceu com Lúcio e inúmeros outros companheiros. Lúcio, fazendo-se valer da bela aparência e posição social, relacionava-se sexualmente por puro prazer, para obter experiências diversas e inclusive ter o que contar aos amigos.

— É bom lembrar — interferiu Romildo, quase impaciente — que quem se vangloria de sua vida sexual é profundamente desequilibrado e, talvez, um fracassado no assunto, pois necessita de constante autoafirmação. — E, olhando imediatamente para orientadora Elma que parecia alertá-lo de alguma forma com o olhar, explicou: — Antes que me repreenda, respeitável instrutora, quero lembrar que digo isso por experiência própria. Não estou sem conhecimento de causa ou julgando os irmãos que se perderam nos labirintos do sexo. Ninguém alcança a vida celestial sem antes acompanhar o comboio da inferioridade. Foi uma mera explicação.

— Talvez desnecessária — disse Elma sorrindo levemente ante a evidente repreensão. — Porém, continuemos. Houve uma jovem por quem Lúcio se apaixonou e não conseguiu conquistar. Tratava-se de uma moça que procurava elevados conceitos e tinha uma noção das pretensões levianas do rapaz. Por não desejar ceder a tais seduções, recusou-se terminantemente a sair com ele. Lúcio, valendo-se de sua posição na empresa, demitiu-a. Não satisfeito e sabendo das dificuldades da jovem, ele a procurou incessantemente. O destino cuidou para que Lúcio pudesse observar o sentido da elevada moral na recusa da jovem Marília a seus assédios, mas ele não aprendeu e insistiu. Nessa época, a mãe da jovem, muito necessitada e enferma, tratava Lúcio bem, por ocasião de suas visitas, e aceitava, inclusive, a generosa ajuda financeira que ele ofertava. A senhora não via motivo algum para que a filha o rejeitasse, pensando que o rapaz seria um bom partido e a jovem teria um futuro garantido ao lado dele.

Observando o interesse dos outros, ela continuou o que seria um longo relato:

— Mas Marília não ficava nem um pouco satisfeita com as visitas dele. Muito menos com sua ajuda, pois ainda estava magoada pela demissão e sabia das suas intenções.

Lúcio estava apaixonado. Definitivamente o amor eclodiu em seu coração, entretanto a jovem percebia algo lascivo nos sentimentos do rapaz e resistia.

Enquanto tudo isso se desenrolava, num tempo considerável, Lúcio, longe dessa moça, levava uma vida repleta de luxúria e satisfação.

Morava agora longe dos pais e promovia encontros dedicados, exclusivamente, a festins licenciosos em que o sexo em grupo vigorava plenamente.

Muitos companheiros dele serviam-se desses banquetes para promoção social e, principalmente, para saciarem os vícios, superarem complexos, ansiedades, desequilíbrios psicológicos e psíquicos em torno do sexo.

Em uma dessas festas, Lúcio conheceu Rejane, que logo se interessou em se promover, pois viu nele um patamar socioeconômico de destaque, capaz de ostentar seu luxo e atender a suas ambições.

Os pais de Rejane desencarnaram em um acidente. Ela foi criada por uma amorosa tia que lhe ensinou elevados e incontáveis ensinamentos morais e lhe apresentou excelentes exemplos. Mas a jovem não deu atenção aos bons conselhos recebidos e logo se envolveu com Lúcio. Embora estranhasse, a princípio, os encontros para atividades sexuais intensas e em grupo, Rejane logo se afeiçoou a essas práticas. Seu biotipo extravagante, perturbador e desequilibrado se encaixava no voyeurismo, ou seja, observar outros indivíduos praticando sexo para que pudesse experimentar prazer em suas funções sexuais.

Contrariado por não conseguir conquistar Marília, que ainda o recusava, Lúcio aproximou-se de Rejane, dona de uma beleza incomparável e postura impecável para a sociedade moderna. Ambos passaram a viver juntos e, atormentados pelo fogo dos desejos sexuais, continuaram mergulhados na sombra degradante da promiscuidade e até das drogas.

Porém Lúcio não esquecia seu amor por Marília, moça simples e recatada, a quem não deixava de procurar. Por Marília, ele seria capaz de tudo. Até de abrir mão da própria fortuna, mas era incapaz de se desvincular dos desvarios do sexo.

A mãe de Marília, portadora de uma doença chamada esclerose múltipla, agora bem dependente da filha, constantemente a incentivava a ceder aos galanteios de Lúcio. A jovem se recusava, alegando que ele parecia leviano e muito inconsequente. Ela temia que Lúcio a abandonasse, amargurada e arrependida, após conseguir o que queria.

Entretanto, com o tempo, a moça deixou-se convencer pela mãe e cedeu aos assédios do rapaz.

Apesar de desconfiar das atividades lascivas de Lúcio, por seu jeito malicioso de olhar e falar, ela nunca teve provas. Jamais participou de quaisquer promoções de banquetes promíscuos oferecidos por ele. Porém envolveu-se sexualmente com o rapaz cedendo aos seus assédios.

Para a felicidade da mãe da moça, a jovem acabou engravidando de Lúcio com um simples truque: para que ele não percebesse, furou, ainda na embalagem, o preservativo que usaria.

Marília agora estaria segura, acreditava a senhora. Mesmo se o rapaz a abandonasse, rico como era, haveria de, no mínimo, pagar generosa pensão ao filho.

Lúcio ficou surpreso com a notícia, mas imensamente feliz com a gravidez de Marília. Logo comprou uma bela residência em nome da jovem, para que ficasse bem instalada com a mãe e o filho que viria. Queria que todos tivessem muito conforto, com empregados e, indispensavelmente, um carro.

Marília sentia-se tranquila até então. Sua mãe, no entanto, agora perturbada gravemente pela doença degenerativa, foi perdendo a noção de realidade e raciocínio, tornando-se muito debilitada.

A gravidez ia bem, até que um dos exames exigidos no pré-natal constatou a presença do HIV.

Ai começou a decadência da prosperidade de Lúcio, Marília, Rejane e inúmeros outros companheiros envolvidos nessa história.

Lúcio desencarnou vítima de insuficiência pulmonar e de diversas infecções oportunistas causadas pela Aids.

Rejane, mesmo portadora do vírus que ainda não se manifestou, não consegue conter suas necessidades de satisfação extrema da libido, seja sozinha, fisicamente falando, seja em grupo. Sempre que utiliza a imaginação para obtenção de prazer, endereça a Lúcio certa carga de energias funestas, por desejá-lo em suas práticas. É provável, porém, que isso não dure muito, pois Rejane logo encontrará outro parceiro.

Elma silenciou ao fim da narrativa. Após poucos segundos, Lisete comentou, sob efeito de triste emoção:

— Provavelmente vem de Marília a maior carga de vibrações obsessivas que Lúcio recebe e que o fazem ficar preso em zonas tão inferiores. O ideal seria envolver a jovem e orientá-la com amor e carinho para que ela lhe perdoe e o liberte de suas vibrações vingativas. Somente assim, um pouco mais livre, Lúcio, talvez, possa elevar seus pensamentos, acreditar em Deus e rogar infinitamente por socorro com muita fé, para que possa sair daquelas profundezas de miséria, sofrimento e extrema dor.

— Como minha estada na crosta, junto com os queridos alunos, não é tão somente para providências a respeito do socorro de Lúcio — informou Elma, com doce inflexão —, gostaria de pedir, querida Lisete, que começasse a acompanhar e envolver a jovem Marília como a uma filha querida. Aproxime-se de seus pensamentos hostis e dolorosos, em que experimenta o arrependimento e a revolta. Dite-lhe a bênção do perdão e rudimentos de transformação para elevados conceitos e entendimento. Faça-lhe palpitar o amor e a compaixão, lembrando o Mestre Divino que nos ensinou em oração: "Pai, perdoai nossas dívidas assim como perdoamos nossos devedores e não nos deixei cair em tentação...".

— Nobre Elma, sou pequenina serva do Senhor para merecer tanta confiança, entretanto, se acredita que sou capaz, coloco-me à inteira disposição com amor e fé. Rogo forças para minha capacidade e bênçãos para a vitória de todos na tarefa que nos confiaram.

— Não estará só. Além de Jesus, na mente, a envolver suas palavras, você terá o apoio do querido Djalma. — Nesse instante, Elma sorriu, apreciando a surpresa de Lisete, mas logo continuou: — Aquele que, no passado distante, foi-lhe tão estimado esposo e amoroso pai de Lúcio deve encontrar-nos hoje, aqui, para seguir, junto com você, em socorro de Marília e prosperidade do querido filho.

Lisete, tomada de profunda emoção, perdeu as palavras e Elma disse:

— Sempre me encontrarei com vocês. Desejava acompanhar o caso do querido Lúcio de forma mais presente, mas recebi orientação de que minha prioridade será excursionar com os desvelados aprendizes para elevadas lições a respeito do assunto que mais nos interessa acompanhar: o desafio com a Aids.

Naquela mesma noite, ali na simples residência terrena, mas que, na espiritualidade, era abrilhantada de bênçãos santificantes, todos receberam Djalma com muito carinho e teceram planos para trabalho ostensivo no bem com muito amor.

# 3

## Desequilíbrio sexual

LISETE E DJALMA, irmanados no mesmo ideal, seguiram para a fase essencial da missão junto à Marília e seu filhinho.

Elma, almejando levar ensinamentos àqueles que a acompanhavam, iniciou sem demora as atividades secundárias, porém não menos importantes, pois aprender significa evoluir. Como já nos foi ensinado: "conhecereis a verdade e a verdade vos libertará".

Romildo, que não conseguia deter seus conceitos, opinou:

— Se quisermos observar desafios com a Aids, devemos começar pelos homossexuais, pois entre eles encontraremos muito a aprender.

— Que grande engano, Romildo — advertiu Elma, generosa e sensata. — Não podemos pensar que o grande desequilíbrio em torno do sexo se refere à homossexualidade. Não são muitas as pessoas que podemos considerar equilibradas em termos de sexo, mesmo entre os heterossexuais. Uns com maiores transtornos de desvio da libido, outros com bem poucos, é claro. Para designar o desequilibrado sexual, as pessoas geralmente se concentram nos grupos cujos estereótipos, ou seja, o modo de apresentar uma opinião ou uma atitude, seja diferente da maioria ou do habitual. Isso não é correto.

— Então, ser homossexual não significa ser desequilibrado? — perguntou Silmara, uma aprendiz que acompanhava o grupo.

— Não. Ser homossexual é ser homossexual. Assim como ser heterossexual é ser heterossexual. Estar desequilibrado na área sexual independe da orientação sexual da pessoa — respondeu a instrutora com bondade evidente. — Para entender sobre desequilíbrio, nessa área, vamos em busca de exemplos.

Elma sorriu e os conduziu até a residência de um encarnado que muito estimava.

Dirso, o rapaz que visitavam, estava sentado em sua sala de estar, num apartamento de classe média, tocando violão e procurando compor uma nova melodia.

Ao aproximar-se, a benfeitora curvou-se e, carinhosamente, envolveu-o em generoso abraço, beijando-o com doce ternura.

Dirso, apesar de não ver ou perceber a presença amigável daqueles estudantes, na espiritualidade, sentiu algo muito agradável, naquele instante, pela vibração harmoniosa que pôde experimentar. Parou por alguns segundos e sorriu, como se pudesse sorver as bênçãos do momento, mas logo voltou ao que fazia.

Elma, por sua vez, explicou sem demora:

— Alguém que, em outras encarnações, abusou das funções sexuais, utilizou o sexo para satisfazer seus caprichos ou obter poder, poderá retornar, em uma futura experiência terrena, com um corpo inadequado a sua psicologia.

Achando que a explicação não foi suficiente, prosseguiu:

— Por exemplo, nosso querido Dirso, em experiências reencarnatórias como mulher, abusou do sexo, utilizando-se da função sexual para aquisição de bens, de poder, para influenciar a quem quisesse em benefício próprio ou de outro. Com sua sedução exorbitante, desmanchou lares, casamentos e desfez famílias. Com grande erotismo, fez da prática sexual um mercado, ou seja, a prostituição, embora não estipulasse antecipadamente qualquer valor. Desencarnado, passando por tormentos de natureza horrenda no plano espiritual, demorou-se incrivelmente em zonas inferiores. Após muito tempo, foi socorrido e precisou de aprendizado, esforço, dedicação e incrível boa vontade para aprender a aplacar a vaidade, o orgulho e entender que a energia sexual não deveria ter sido utilizada para aquela finalidade.

Após muita instrução e serviços úteis, na espiritualidade, Dirso decidiu reencarnar hoje com um corpo físico na forma masculina com a psicologia diferente da do corpo que tem. Acreditou que criaria uma nova energia interior para deter-se nos desafios reencarnatórios. A força da psique masculina com a sensibilidade da psique feminina, juntas, poderiam beneficiá-lo para não cair em seduções exorbitantes, comércio sexual, aquisição de bens por conta do uso das funções sexuais. Ainda que a homossexualidade não sirva de total garantia para ninguém reencarnado não cair em tentação. Ele acreditou que o enfrentamento desse desafio e conflito íntimo o auxiliaria a se inibir de cometer novos desatinos como no passado. Essa solicitação lhe foi imposta pela própria consciência que cobra harmonia pelas extravagâncias do passado. Como em outras oportunidades de harmonização não conseguiu total equilíbrio, Deus o permite, porque só assim ele alcançará entendimento moral e a elevação espiritual que almeja. — A instrutora, com singular tranquilidade, prosseguiu: — Então Dirso, hoje, possui um corpo físico masculino com psicologia diferente, mais feminina, como nós já sabemos. Por isso sua forma de pensar e ver o mundo, seu comportamento são femininos. Aí temos um comportamento homossexual, pois suas tendências são de atração por pessoas do mesmo sexo, admiração e gosto, emocionalmente, pelo mais delicado, feminino. — Para finalizar, ainda disse: — Porém, meus queridos, ser homossexual não significa corromper-se, prostituir-se, desequilibrar-se, relacionando-se sexualmente de forma promíscua, casual, irresponsável com pessoas do mesmo sexo.

— Eu entendi, então, que uma pessoa homossexual pode se envolver e se relacionar com outra pessoa desde que esse envolvimento não seja promíscuo e casual e que, também, não cause conflitos em sua consciência. Ela tem que saber o que ela é e o que quer. Tem que se conhecer — interrompeu Romildo. — Com isso, Elma, você quer dizer que uma pessoa homossexual, se não se relacionar de maneira leviana e vulgar, pode se harmonizar com a própria consciência e saldar débitos do passado em relação ao sexo desequilibrado?

— Sim, Romildo — continuou a instrutora amorosa. — E digo mais, isso serve para todas as pessoas, independente de sua orientação sexual. — Breve pausa e completou: — Nosso corpo, nossa mente possuem funções específicas para nos auxiliarem em nosso crescimento e elevação. Se as utilizarmos de maneira errada e desequilibrada, com finalidade equivocada, física e psicologicamente falando, vamos desequilibrar suas funções orgânicas, físicas e espirituais e romper a harmonia a que nos propusemos para essa reencarnação. Isso ocorre principalmente pelo fato de corrompermos as sensações, emoções e os impulsos físicos, cerebrais, morais e espirituais. Isso ocorre em todas as áreas. Muitos nascem com um corpo físico avantajado e o usa para agredir o próximo. Existem aqueles que nascem com bastante inteligência e não a usam de forma lícita ou em benefício da humanidade, ao contrário... Tudo o que temos, tudo o que nos foi oferecido é para ser usado por nós para o bem, para o bom, para a harmonia. Vamos lembrar que a energia sexual é criadora. Não devemos corrompê-la nem usá-la erroneamente, senão seremos responsáveis pelo desequilíbrio que provocarmos. — Alguns instantes e ainda disse: — A conduta homossexual, apesar do grande conflito íntimo, é para apresentarmos dignidade, vigor nas opiniões, inclinando e direcionando a energia sexual represada em energia criadora produtiva.

— Como assim? — interessou-se Silmara.

— Veja o Dirso, por exemplo — explicou Elma com paciência. — Nosso querido amigo tem, hoje, na presente reencarnação, uma postura homossexual. Ele não se relaciona sexualmente com outro homem, pois acredita que, se o fizesse, desequilibraria, desarmonizaria as funções de seu corpo físico masculino, que não foi elaborado para a relação sexual com outro homem. Dirso também não se relaciona sexualmente com nenhuma mulher, pois isso iria totalmente contra seus princípios emocionais. Isso é correto para ele, dentro do entendimento dele. É opção. Quero reforçar que, se é vontade dele é certo para ele. Se se forçar a se envolver com outro homem, não vai, de modo algum, sentir-se bem. Se se forçar a um envolvimento com uma mulher, também ficará muito contrariado com ele mesmo.

Apesar do conflito íntimo que experimentou quando percebeu que era diferente do comum, que tinha opiniões e emoções diferentes dos outros homens, ele entendeu que essa experiência reencarnatória não era um castigo que o punia impiedosamente, mas sim uma proposta reeducativa para ele como espírito eterno. — Disse a instrutora que prosseguiu: — Dirso entendeu que a vida é infinita e uma reencarnação são breves segundos diante da eternidade. Ele deseja realmente ser feliz, mas busca a felicidade verdadeira que não é deste mundo, como nos ensinou Jesus. Com esse tipo de pensamento, ele está evoluindo moral e espiritualmente, pois troca os momentâneos e exorbitantes prazeres carnais, que duram tão pouco, por valorosa e eterna evolução por meio de práticas e trabalhos de caridade aos necessitados.

A essa altura, corroído pela curiosidade, Romildo não suportou mais e perguntou, quase constrangido:

— Entre falar e agir há uma grande diferença. É muito bonita a história de Dirso. Repleta de renúncia e resignação, vista superficialmente como está nos contando. Porém, como todos nós temos desejos sexuais, eu gostaria de saber se ele ameniza esse desejo sexual provocando estímulos que o leve, sozinho, à descarga orgástica?

— Não — respondeu a benfeitora bem direta. — Dirso entende que esse tipo de estímulo é desnecessário. Sabe também que nunca estamos sozinhos, espiritualmente falando. E, com certeza, os espíritos que nos vão envolver nesse momento de estímulo são inescrupulosos, vis, lascivos, ou seja, do mais baixo nível de evolução.

— E o que ele faz?... — perguntou o aluno curioso.

— Sucumbe o desejo e faz seus pensamentos se desviarem do sexo e de tudo o que é sensual. Entrega arduamente os pensamentos elevados à meditação, aos trabalhos produtivos, filantrópicos, caridosos. Dirso é arquiteto, um excelente profissional, diga-se de passagem, e isso ocorre pela sua concentração no que realiza. Quando trabalha, ele não oferece margens a outras ideias que não sejam do seu serviço. Ele também é voluntário em instituições que cuidam de crianças especiais. Por elas, prepara eventos, brincadeiras e músicas, como está fazendo agora. Como ocupa todo o tempo com funções bem ativas e proveitosas, Dirso não deixa espaço para pensamentos ardentes sobre os desejos sexuais. Ele gasta, utiliza e transforma toda essa energia sexual, que é energia criadora, em tarefas produtivas e elevadas.

— E se os desejos sexuais ocorrerem com intensidade, insistência?... — insistiu Romildo, obstinado.

— Dirso medita, ora ardentemente. Não existe prece sem resposta, nem fé verdadeira sem envolvimento. O Pai da Vida socorre a todos. — Após breve pausa oferecida para que refletissem, Elma, sempre generosa e procurando instruir, lembrou: — Por isso, Romildo, não podemos ter um julgamento antecipado, preconceituoso, não podemos dizer que o desequilíbrio está em um estado psicológico, em determinada orientação sexual... Ser homossexual não significa ser desequilibrado. Mas ser desequilibrado significa não conseguir controlar, dominar os desejos intensos, compulsivos, desviando-se para o fogo das paixões. Essa foi a forma como Dirso entendeu e quis viver para aplacar seus conflitos íntimos, trazidos de outras vidas, inconscientemente. Ele não teria sua consciência tranquila se relacionando com uma mulher. Também não se sentiria nada bem se relacionando com outro homem. É a maneira que, como espírito encarnado, hoje, decidiu se comportar para evoluir. Outros encontram equilíbrio de outra forma. Podemos conhecer também outros homossexuais, homens ou mulheres, bastante equilibrados, eu diria, que entenderam e assumiram sua condição ou orientação sexual como homossexuais e vivem em harmonia psicológica convivendo, envolvendo-se sentimental e fisicamente com alguém do mesmo sexo. Isso não é desequilíbrio. Não é errada a união homossexual. Isso não é desequilíbrio. O desequilíbrio, a desarmonia psíquica está em se corromper, prostituir-se. Está na vivência com muitos companheiros nas práticas sexuais, na bigamia, na traição. Isso serve para todas as condições ou, como dizem, orientações sexuais. A criatura precisa de equilíbrio das ações. Contenção dos desejos. Não se vulgarizar, não somente nas ações, mas também nas palavras e pensamentos. Isso também atrai entidades que vão permanecer ao lado provocando tentações devido à tendência exibida. Aqueles que praticam esse tipo de atitude desequilibrada, mesmo que não acredite que o seja, vai deparar-se com conflitos íntimos, dores na consciência que vão pedir harmonização de suas práticas.

A essa altura dos acontecimentos, Dirso já havia composto toda uma nova canção para apresentar às crianças que visitava, àqueles que envolvia com gotas generosas de alegria e emoção. Por isso sorria e divagava imaginando como elas reagiriam, como elas sorririam com a nova música.

— Vejam, meus queridos — ensinou Elma —, em uma mente que pensa em fazer o bem, que se preocupa em levar provisões, amor e alegria aos carentes, não há espaço para desarmonia e desequilíbrio. É por esse motivo que Dirso se eleva a cada dia e, em cada ação, é amparado e envolvido por bênçãos sublimes.

Curvando-se amorosamente, Elma deu-lhe um beijo na face, abençoou-o de todo o seu coração e, após linda e breve prece, propôs que todos fossem à busca de um novo aprendizado.

# 4

## Desviando-se da boa moral

LONGE DO LAR onde todos puderam aprender um pouco mais, Elma e seu grupo agora se encontravam em uma rua onde a elevada instrutora, além de responder às indagações dos estimados pupilos, aproveitava-se de fatos corriqueiros para ensiná-los.

Não deixando de pensar em tudo o que observara e aprendera, Silmara, como aluna atenciosa, comentou:

— Percebo que nossos pensamentos marcam nosso perispírito que é nosso corpo espiritual. Dirso não possui, como outros, revelações cruéis e ressaltadas pelo abuso do sexo, nessa encarnação, porque não corrompe a função sexual, mas sim a sublima. Ele perde a cada dia as marcas que traz do passado.

— Isso porque está harmonizando a consciência pelos desequilíbrios sexuais do passado, por ter exorbitado da energia sexual feminina — respondeu Elma, atenciosa. — Hoje, com mais prudência, Dirso não se revolta. Trabalha honestamente para adquirir o que tem. É caridoso e responsável e utiliza-se de sua maneira gentil e generosa de ver o mundo e as coisas a sua volta para desempenhar bem seu trabalho, sua profissão. Com isso, Silmara, ele transforma sua energia sexual, gastando-a, sem perceber, em atuações salutares. Ele está revertendo o quadro negativo que criou no passado.

— Elma — perguntou a aprendiz —, já nos falou como Dirso faz para não pensar nos desejos sexuais. Eu gostaria de saber: ele sofre assédios espirituais para que desista dessa harmonização?

— Sem dúvida. Até o Senhor Jesus foi tentado. Quem somos nós para não sofrermos tentações? Se estudarmos bem essa passagem evangélica sobre "A tentação de Jesus"[1], observaremos que Jesus ofereceu somente três respostas a seu tentador.

Na primeira o Mestre disse: "Nem só de pão vive o homem, mas de toda palavra que sai da boca de Deus". Na segunda, Ele falou: "Não tentarás o Senhor teu Deus" e na terceira, Jesus disse: "Vai-te daqui satanás, porque está escrito: ao Senhor teu Deus adorarás e só a ele servirás".

Com isso podemos fazer a seguinte analogia: Jesus é tentado a transformar pedras em pães e fala que nem só de pão vive o homem. O pão sacia a fome do corpo, assim como a energia psíquica que provém da libido estimulada sacia os desejos sexuais da criatura humana. Então, podemos dizer que nem só de satisfação ou prazer sexual vive o homem. Podemos nos voltar a outras coisas, a outros trabalhos mais edificantes.

Logo em seguida o diabo diz a Jesus: "Se tu és o Filho de Deus, lança-te daqui para baixo, porque está escrito: que a Seus anjos dará ordens a Seu respeito e tomar-te-ão nas mãos para que nunca tropece em pedra alguma". Então Jesus responde: "Não tentarás o Senhor teu Deus". Com isso, o Divino Amigo ensina que não podemos

---

1. N.A.E.: Mateus Capítulo 4, versículos de 1 a 11.

provocar Deus acreditando que Ele vai nos salvar se nos atirarmos nos "abismos" da vida. Por exemplo, posso acreditar muito em Deus e orar, arduamente, para Ele, mas se eu fumar, usar drogas, comer sem necessidade, ingerir bebida alcoólica, entregar-me aos prazeres lascivos sexuais, estarei me atirando no abismo à procura de prejuízo de minha saúde, de mim mesma como espírito.

Logo após oferecer breve pausa, Elma finalizou:

— O abismo relatado nesse trecho do Evangelho pode ser entendido como a nossa compulsividade viciosa. Não podemos exigir que Deus nos socorra de nossos erros, pois nem Jesus ousou tentar o Pai Celeste e se atirar no abismo.

Elma silenciou. Bem atento, Romildo perguntou:

— E a terceira resposta que Jesus ofereceu ao diabo, quando, na tentação, ele pediu que o Mestre o adorasse, pois, se Ele se prostrasse, o demônio lhe daria tudo? Como podemos interpretá-la?

Sorridente e delicada, a benfeitora respondeu:

— Significa que o Senhor Jesus deu um basta aos assédios que sofria. Com autoridade, sem grito, Ele disse: "Vai-te daqui, porque está escrito: Ao Senhor teu Deus adorarás e só a Ele servirás", ou seja, não vou mais dar ouvidos ao que me diz. Não vou servir a seus caprichos. Não vou adorar espíritos vis e fazer o que sei que é errado ou o que me induz em pensamento.

— Entendo — afirmou Romildo —, quando damos ouvidos e atenção a pensamentos promíscuos e desejos lascivos, estamos ouvindo, isto é, adorando a espíritos vis. Quando nos propomos a praticar o que eles insinuam e incentivam, estamos servindo a eles.

— Creio que agora todos compreenderam que Dirso reage exatamente como o Senhor Jesus nos ensinou quando tentado. O que todos nós deveríamos fazer — concluiu a orientadora com nobreza.

Todos meditavam sobre os ensinamentos quando Elma, novamente, informou com bondade:

— Como eu havia dito, pensava em levá-los para novo aprendizado sobre homossexualidade, mas deixaremos isso para mais adiante, em vista da oportunidade que nos surge neste momento. — Após considerável pausa, depois da travessia de algumas ruas, Elma mostrou explicando: — Vejam, ali podemos observar organizações espirituais em serviço do sexo.

Tratava-se de vários grupos de espíritos com aparência repulsiva. Maliciosos e com desejos sexuais evidentes. Estavam à espreita, à procura de encarnados, transeuntes que pudessem passar por ali e afeiçoar-se pura e simplesmente com o comércio instalado no plano físico: consistia num verdadeiro shopping do sexo. Era uma loja que vendia artigos pornográficos e eróticos, roupas dos mais diversos tipos, ressaltando erotismo e até agressiva sensualidade.

A aparência dos espíritos ali presentes causava angústia e assombro. Elma explicou em tom baixo:

— Todos esses espíritos possuem grande desequilíbrio e muitos transtornos na área do sexo. São doentes. Aqui se encontram, em torno desse comércio de produtos sexuais, para absorverem a reserva de energia dos encarnados que conseguirem envolver. Creio ser oportuno acompanharmos um exemplo vivo e ativo do que acontece aqui.

Não demorou muito e Lavíneo, rapaz de boa aparência, aproximou-se do estabelecimento. Curioso, parou diante da loja, mas não se decidia a entrar.

No plano físico ele estava só, porém, no plano espiritual, diversos espíritos o assediavam de forma impressionante, como vorazes "vendedores" inescrupulosos e sedentos.

Não resistindo à tentação obsessiva, traduzida em sua imaginação como curiosidade, o rapaz pensou, a princípio:

"Vou entrar só para ver, só para dar uma olhadinha".

Nesse mesmo momento, um grupo de espíritos o envolveu com energias de extrema baixeza, invadindo o campo magnético do rapaz e misturando-se a ele, consumindo suas forças psíquicas e interferindo, a partir daquele momento, em suas decisões, pois já havia sido estabelecido o elo no exato instante em que Lavíneo cedeu ao assédio e decidiu simplesmente ver como era o interior do lugar.

Dentro da loja de produtos de sexo, iniciava-se uma verdadeira algazarra entre os espíritos lascivos, para ver quais deles conseguiriam se afeiçoar mais rapidamente com Lavíneo, fazendo-o escolher um material, roupa, filmes ou revista.

O pobre moço, sem perceber, passou a dar espaço a sua imaginação, parando e contemplando as coisas ali existentes[2].

Lavíneo não sabia que suas fantasias eram ativadas com a influência dos espíritos vis ali presentes.

De certa forma, ele havia dispensado a influência de seu mentor espiritual, que o envolveu, por isso teve dúvida antes de entrar. Agora se encontrava sem o apoio de um espírito de luz. Seu mentor, respeitando seu livre-arbítrio, afastava-se naquele instante e deixava-o conforme sua escolha: com a opinião que aceitara dos demais.

No momento em que até se divertia com o que observava na loja, Lavíneo tinha suas energias sugadas. Entregava-se, pela imaginação, ao vasto campo psíquico e insaciável de desejos sexuais voluptuosos, dos mais exacerbantes, asselvajados, degradantes e desprezíveis. Estabelecia-se ali a predominância dos instintos animais sobre a natureza espiritual daquela criatura.

Identificando a presença de Elma e do grupo que a acompanhava, o mentor espiritual de Lavíneo aproximou-se e, após os devidos cumprimentos, perguntou:

---

2. N.A.E.: Seria de imensa importância para todos nós observarmos o que *O Livro dos Espíritos* nos ensina nas questões de número 456 a 472. Elas nos falam sobre a intervenção dos espíritos no mundo corpóreo e a influência oculta dos espíritos sobre os nossos pensamentos e as nossas ações. Isso certamente há de explicar como podemos, ou não, deixar-nos envolver.

— Como é bom ver aqueles que se dispõem a aprender e evoluir — disse, sorrindo, e logo se apresentou: — Meu nome é Eugênio. Muito prazer. Vejo que é do interesse de todos observar como os encarnados não resistem a certos desafios e acabam se entregando a destinos duvidosos, talvez, sombrios.

— Sim, Eugênio — respondeu Elma cortês. — Nosso intuito é aprender pela observação, pois não devemos interferir. Se puder nos ajudar relatando os desafios que Lavíneo tem de vencer, eu lhe serei grata.

— Meu protegido — esclareceu o espírito Eugênio, humilde e direto —, em outras existências na carne, entregou-se à prática sexual abusiva, aos prazeres lascivos mundanos e degradantes. Experimentou, após o desencarne, um verdadeiro inferno num círculo purgatorial, em que estagnou por anos e anos a fio, punindo-se do muito desequilíbrio sexual, dos abusos e excessos de todo tipo. Ao retornar, voltou à prática de tais delitos morais. Após novas experiências infernais quando desencarnado, Lavíneo pareceu render-se à harmonização e rogou por um reencarne de oportunidades. Foi-lhe concedido após considerável tempo na espiritualidade, onde estudou, meditou, refletiu sobre suas obrigações e deveres, aceitando, no final, reverter o quadro de desequilíbrio moral ensinando, orientando e seguindo caminhos de elevada espiritualização.

Lavíneo foi aceito, com muito amor — continuou Eugênio —, para reencarne num lar cristão. Foi educado sob ensinamentos nobres e esclarecedores, que reavivaram, em todos os sentidos, o aprendizado recebido na espiritualidade.

Ainda na espiritualidade — prosseguiu o mentor —, esforçando-se para se elevar e aprender, Lavíneo recebeu muito apoio de um espírito querido que, para sustentá-lo na jornada terrena, reencarnou para encontrá-lo. E aconteceu conforme planejado. Eles namoraram e logo firmaram o compromisso de noivado. Manoela, a jovem em questão, sempre reaviva, de certa forma, o necessário para que ele não se desvie. Tudo estava caminhando bem. Isso ocorre de forma inconsciente. Ela não se recorda exatamente, na presente encarnação, do compromisso assumido. — Um instante de pausa e continuou elucidando. — Muito jovem Lavíneo tornou-se professor e, com generosidade, passava aos alunos queridos conceitos superiores de amor, de atitudes, de pensamentos, palavras de elevação e a importância disso em nossa vida. — Eugênio ofereceu breve pausa e prosseguiu:

— Após alguns anos Lavíneo estava bem e foi aí que suas provas, seus desafios iniciaram.

Ele tornou-se professor universitário — Eugênio seguiu narrando — e passou a viver envolto por verdadeiras tentações sexuais por parte das alunas que o assediavam com frequência. Mas o compromisso com Manoela, a quem ama e respeita, não o deixou ceder aos assédios das alunas.

Porém, companheiros do passado distante — continuou —, com quem Lavíneo se deleitava nos fogos das paixões mundanas, apareceram agora como amigos novos, alegres e verdadeiramente bem presentes. Começaram a envolvê-lo com ideias enfermiças e sombrias em torno do sexo, comentando suas experiências múltiplas e vitórias repletas de ilusão. Parece que Lavíneo, infelizmente, vem cedendo ao fogo dos desejos, reavivando na alma a ansiedade crepitante dos desejos e desequilíbrios sexuais.

Observando a atenção de todos, Eugênio finalizou o relato:

— Ele não vem resistindo às provas. Está se rendendo às tentações e, a cada dia, reprova-se nos testes da vida quando não vence os desafios.

— E a noiva dele, a Manoela? Como ela reage diante do que está acontecendo? De certo percebe alguma mudança no comportamento dele — interessou-se Romildo, que não continha sua curiosidade.

— Manoela vem notando que Lavíneo está se desviando dos elevados conceitos morais. Percebe isso pelos diálogos em que o noivo não expressa paciência nem compaixão e se altera por muito pouco. A linguagem de baixo calão vem se tornando constante e palavras inferiores, que atraem grandes vibrações negativas e espíritos inferiores, são usadas com frequência. Até a qualidade das diversões de Lavíneo tem sido afetada por sua invigilância. Ele aceita, e até prefere, assistir a filmes sobre sexo, jogos eletrônicos sobre sexo, músicas eróticas, de palavreado vil e degradante. Tudo que o desequilibra na prova que tanto rogou, na espiritualidade, para harmonizar sua consciência, para não experimentar as consequências de seu desequilíbrio e sofrer, ao expiar, o que não foi capaz de equilibrar e dominar. Ele começou a acreditar que tudo é normal e faz parte da vida.

Manoela, humilde e elevada — continuou Eugênio —, não simpatiza com o que observa no noivo, por essa razão o compromisso vem sendo afetado e sofrendo abalos, apesar de o casamento estar marcado.

— E o que ela vai fazer? — perguntou Romildo, curioso.

— Não sabemos. O livre-arbítrio, o direito de decidir, é só dela. Jesus ensinou que devemos amar o próximo como a nós mesmos. Porém isso não significa amar o próximo mais do que a nós mesmos. Nós devemos nos esforçar pelos outros, mas não podemos nos matar, sucumbir ou nos escravizar pelos outros. Manoela tem sabedoria. Devemos aguardar.

— E se Lavíneo não suportar as provas e ceder ao desregramento sexual? O que vai acontecer a ele? — perguntou novamente Romildo, inquieto.

Nesse momento, Eugênio sorriu, trocou olhares com Elma e convidou:

— Já que tem alunos sequiosos por ensinamentos, se tiver tempo, gostaria de que nos acompanhassem para que todos saibam quais as consequências das decisões de Lavíneo.

Apesar de ter outros planos, Elma sorriu bondosa e aceitou a proposta que seria de grande aprendizado. Mas alertou:

— Se nos permite, caro Eugênio, vamos acompanhá-lo, sim. Só que haverá momentos em que deveremos seguir outras tarefas propostas.

Na expressão dos alunos dedicados, pôde-se notar o contentamento imediato de todos, que seguiram para mais uma lição sobre os desafios para difíceis provas.

# 5

# Recusando os desvarios do sexo

ROMILDO, acompanhando o desenrolar dos fatos que envolviam Lavíneo, aproveitou-se da oportunidade e indagou:

— O que acontecerá com ele, Eugênio?

— Essa resposta nem eu mesmo posso lhe oferecer, pois o planejamento reencarnatório é como um ligeiro rascunho, feito a lápis, dos acontecimentos que teremos de experimentar. A escrita definitiva ou a modificação do roteiro é realizada exclusivamente por nós quando já estamos aqui.

— E se ele mantiver o equilíbrio sexual, detiver-se e não se envolver com as ilusões que lhe vão trazer inúmeros tormentos? — insistiu Romildo.

— É o que realmente desejamos — respondeu Eugênio, benevolente. — Os desvarios do sexo vão atrair, quem quer que seja, para difíceis propostas reeducativas, disciplinas rígidas, não só nesta experiência terrena como em outras também. Lavíneo se propôs a uma vida sexual de equilíbrio, dignidade e harmonização. Planejou ensinar elevados conceitos morais a muitos e, para isso, recebeu o apoio de seus pais, principalmente de sua mãe, que o educou com primoroso empenho. Como se não bastasse, tios e parentes mais próximos o auxiliaram com grandes lições e muito exemplo de princípios comportamentais que o deixariam longe do desequilíbrio e de problemas. Ainda teria o apoio de Manoela, com quem muito aprenderia e se garantiria com atenciosos conselhos.

Se Lavíneo vencer os desafios e as tentações — continuou Eugênio — que hão de lhe tentar corromper e dedicar-se a uma vida de desequilíbrio, poderá experimentar uma oportunidade repleta de tranquilidade, amor verdadeiro e plenitude nas realizações, além de vencer a compulsividade e o vício degradante que o arrastariam a inenarráveis consequências funestas para sua reeducação pela dor.

— O ditado "Quem não vai pelo amor, vai pela dor" é bem conveniente nesse caso — opinou Romildo.

Eugênio sorriu e logo avisou:

— Chegamos. Essa é a casa de Manoela, a noiva de Lavíneo. Vamos observá-los.

A moça, muito simpática e feliz, recebeu o noivo com satisfação, logo propondo que entrasse.

— Ah! — comentou, alegre. — Quero que veja o que comprei para nosso enxoval. Venha ver!

— Onde está sua mãe? — perguntou o rapaz enquanto a seguia. — Você está sozinha?

— Ela foi até a casa de minha tia, aí do lado. Deve voltar logo. E meu irmão está para chegar, se quiser conversar com ele sobre o...

— Então, se estamos sós, posso mostrar o que comprei para nosso enxoval — informou Lavíneo, com certa malícia, segurando-a e abraçando-a rapidamente para beijá-la.

— Espero que tenha escolhido a cor certa, pois você sempre se esquece...

Lavíneo logo a soltou e começou a abrir uma sacola que, até então, não havia largado.

O sorriso alegre de Manoela se fechou imediatamente, quando a moça se surpreendeu com o que o noivo mostrava.

— O que é isso? — espantou-se.

— Eu comprei para nós numa daquelas lojas...

Interrompendo-o abruptamente, Manoela ofendeu-se, magoada, enquanto o noivo sorria.

— Deus do céu! O que você está pensando que eu sou?

— Deixe de ser quadrada, Manoela! Hoje em dia isso é moda. Eu penso que um casal não deve ter rotina na vida íntima. É bom variar...

— Diga-me uma coisa: e quando as variações na vida íntima não nos satisfizerem mais? O que pretende fazer? Mudar de parceira? Convidar outras mulheres ou até homens para não termos mais rotina?

— Você me assusta. Pensei que minha noiva fosse mais compreensiva, mais livre de preconceitos, mais...

— Você é quem me espanta, Lavíneo! — respondeu nervosa e quase chorando. — Você quer que eu pense o que ao ver meu noivo propor esse tipo de objeto e...

— É excitante! Deve ser gostoso. Você não experimentou. Como pode falar contra? Por causa de esposas como você, muitos casamentos acabam. Muitos maridos se cansam e...

— Para mim — interrompeu irritada —, isso não é saudável. Quem usa essas coisas tem algum desequilíbrio. A plenitude e a harmonia sexual de um casal está na conquista psicológica, na troca de energias saudáveis por um querer bem ao outro, não em roupas e apetrechos supérfluos que materializam em vez de espiritualizar o sexo. Atrás de uma garrafa de bebida alcoólica sempre há um espírito que viveu embriagado. Da mesma forma, atrás de materiais ou roupas eróticas há espíritos maliciosos, repulsivos e lascivos que abusaram do sexo. Eu não quero para mim essas energias. Atraímos espíritos inferiores ou superiores conforme nossas ações e pensamentos.

— Você está ficando louca por acreditar nisso.

— Se não acredita em vida espiritual, então posso dizer que não aceito suas propostas indecentes. Para mim, isso é um desvio psicológico, porque a pessoa fica dependente de alguma coisa para a função sexual, que deveria ser praticada de modo salutar, normal. Hoje, para quebrar a rotina, vamos usar isso, amanhã aquilo e, a cada dia, precisaremos de mais e mais para ter prazer. Quando se der conta, nossa vida íntima estará viciada e sem satisfação. Incompleta, vazia, com sentimentos dilacerados, porque fez do sexo algo que ultrapassa os limites do justo e razoável. Algo mecânico e forçado. Prazer forçado é violência ao espírito, ao psicológico. Eu não vou me permitir violentar, sabe por quê? Porque eu me amo, eu me respeito. Não quero terminar uma relação sexual, virar para o lado e me frustrar pelo ato maquinal, para atender a seus distúrbios. Sinceramente, Lavíneo, eu não estou reconhecendo você.

— Por que tanta lição de moral, hein?! — perguntou ele, nervoso.

— Porque você não tem motivo nem direito de me fazer proposta com isso aí!

Nesse instante, iniciou-se uma discussão bem acalorada.

Lavíneo, que se deixava influenciar severamente pelos novos companheiros espirituais, que trouxera consigo da loja, não se sujeitava a sequer ouvir a noiva e refletir sobre seus argumentos.

Admirado e entristecido, o espírito Eugênio tentou envolver o pupilo, mas o rapaz atirava-se no berço da ignorância, imantando-se ainda mais aos espíritos de padrão incrivelmente inferior, demonstrando que com eles se afeiçoava bem mais.

Sentindo-se agredida, porém muito firme apesar das lágrimas, Manoela pediu durante o desagradável episódio que o noivo fosse embora. Assim ele o fez, com modos abrutalhados, batendo a porta com força ao sair.

Eugênio dividiu com os demais significativo olhar de compaixão, e comentou:

— O mundo moderno pode parecer civilizado, entretanto a mente humana até hoje é selvagem quando se trata de vencer os desequilíbrios lascivos do sexo. Todos têm uma desculpa e quase ninguém aceita refletir sobre o problema e rever conceitos.

Manoela chorou compulsivamente, mas amparada por seu mentor e amigos espirituais elevados, logo, apesar do coração opresso, haveria de sentir-se melhor.

Elma nada comentou. A lição observada, por si só, já ensinava tudo.

— Devo acompanhar Lavíneo. Vocês vêm comigo? — propôs Eugênio.

Com um aceno de cabeça e leve sorriso, a elevada instrutora concordou e todos, em pouco tempo, alcançaram Lavíneo, que havia ido embora.

Enquanto os aprendizes, admirados, seguiam em silêncio, Eugênio explicava:

— Devo acompanhar Lavíneo até o limite de suas decisões. Porém, quando ele se envolver com a "selva microbiana espiritual", quase nada mais posso fazer.

Chocada com a afirmação, a aluna Silmara perguntou:

— Todos nós temos o direito à proteção quando encarnados? Não é justo o mentor nos abandonar!

— Não vou abandonar meu protegido. Eu quis dizer que haverá um momento em que pouco poderei fazer para livrar meu pupilo das trágicas consequências de seus atos. Lavíneo poderá enveredar-se por caminhos de excessivos tormentos íntimos para se reeducar. É ele quem se atrairá para os infortúnios. Ele está se reprovando nas provas por não superar os desafios, não vencer os desejos e deixar-se dominar.

— Mas ele está sendo envolvido por espíritos reles, vis — lembrou Silmara.

— E por mim também — tornou o mentor. — Lembremos que se Lavíneo aceita as inspirações desses espíritos inferiores, por que não aceita as minhas? — Diante do silêncio, Eugênio respondeu: — Porque ele se iguala, afeiçoa-se às propostas desregradas, promíscuas de desvio da libido, desvio das sensações, emoções e dos impulsos. Quanto a mim, apesar de alertá-lo, envolvê-lo com sublimes recordações, inclusive as manifestadas em sonhos, não me cabe mais nada, a não ser aguardar. Lembre-se de que "o mentor não é ama-seca".

— Aguardar o quê? — perguntou Romildo.

— Aguardar que Lavíneo deseje crescer, evoluir, libertar-se do vício do sexo promíscuo, desequilibrado, dos distúrbios emocionais e dos novos amigos espirituais que vão assediá-lo de forma implacável.

Enquanto conversavam e acompanhavam Lavíneo com seus companheiros espirituais inferiores e incapazes de ver os demais, Eugênio observou que o rapaz havia chegado à faculdade onde lecionava. Antes de entrar, encontrou-se com um grupo de alunos que o chamou para conversar.

Ele aceitou o convite, acompanhando seus alunos a um bar que ficava nas proximidades da faculdade.

Após algum tempo, mesmo não deixando que os rapazes percebessem, Lavíneo voltava a pensar na noiva e na briga que tiveram.

Ainda conturbado com a lembrança, quase não percebeu a aproximação de duas alunas, que se juntaram ao grupo.

Transcorridos poucos momentos, o assunto passou a ser malicioso, sobre grandes prazeres e sensações em torno do sexo.

Lavíneo passou a se sentir mais animado, tanto quanto seus alunos que não possuíam a personalidade bem desenvolvida e necessitavam de autoafirmação e elevação moral.

O número de espíritos inferiores atormentados e desequilibrados que passaram a rodear aquele grupo, em torno daquela mesa, era muito grande. Os encarnados, sem exceção, estavam envolvidos por criaturas do outro plano, imperceptíveis aos olhos deles, ligando-se por ideias que traduziam os mesmos desejos. Agora, por pensamentos sedutores, por desejos sexuais crepitantes que os convidavam para práticas de orgias, todos se atiravam no abismo do insondável desequilíbrio em torno do sexo.

Logo um rapaz do grupo convidou a todos, inclusive Lavíneo, para que fossem a seu apartamento, a fim de ficarem bem mais à vontade.

Eugênio passou a envolver seu pupilo com pensamentos firmes, assim como os mentores elevados de todos os outros encarnados presentes. Mas somente Lavíneo, apesar de um pouco indeciso, recusou-se a ir, embora ficasse com o endereço do apartamento para onde todos iriam.

— Que vitória, Eugênio! — comentou Álvaro, aluno de Elma.

— A vitória é dele, não minha. Porém devemos ficar bem atentos porque pressinto deslize, em vista da força de atração pelos semelhantes, que é muito forte. O encarnado comumente obedece a esse instinto sem perceber o desequilíbrio.

Após a despedida dos alunos, Lavíneo, em vista do baixo teor vibratório a que se submetia, sentiu-se só e com pensamentos repletos de dúvidas, anseios e inseguranças.

— Seria tão fácil renunciar à deliberação no erro se, no instante da dúvida, nós nos entregássemos à prece e à atenção aos ensinamentos do Mestre — comentou Eugênio.

* * *

Algum tempo depois, ao chegar onde morava, Lavíneo achava-se amargurado. Nada estava bom para ele.

Ignorando a própria mãe que o recebeu com expressiva alegria, deixou-a falando sozinha enquanto rumou para o quarto e lá se trancou.

Ocupando a mente com recordações que o revoltavam, Lavíneo julgava absurda a reação de sua noiva diante de sua sugestão. Pensava que Manoela não deveria amá-lo e, provavelmente, seu casamento seria uma rotina enfadonha, em que só teria insatisfações e problemas.

Era implacavelmente envolvido por espíritos inferiores que queriam levá-lo ao desequilíbrio. Por isso ressaltavam, em pensamento, motivos para que visse em Manoela uma pessoa que só lhe traria infelicidade.

"Estou descobrindo que quero viver!", refletia. "Quero gozar a vida com prazer. De que adianta me prender a alguém e viver frustrado? Quer saber de uma coisa? A Manoela que se dane! Vou é viver o hoje, com ou sem ela, pois amanhã não sei se estarei vivo."

E foi com essa ideia, envolvido na vitoriosa algazarra dos novos e inferiores companheiros espirituais, que Lavíneo deixou o lar e partiu para o endereço que havia recebido dos alunos.

Expressando, na fisionomia, significativa compaixão, Elma considerou:

— Lamento muito, Eugênio. Apesar de seus esforços, de seu total empenho, seu pupilo declinou.

— Cada posição que ocupamos na vida foi conseguida pelos próprios esforços. Se nos convertermos em ações para o bem e para a boa moral, é isso que atraímos para nós — argumentou Eugênio, sem muita satisfação.

— Não vamos acompanhá-lo? — perguntou Álvaro, sem pretensões.

— Nesse momento, Lavíneo deve querer a companhia daqueles a quem escolheu por afinidade, você não acha? Além disso, o que eu ou qualquer um de nós, podemos fazer por ele? Foi em sã consciência que ele decidiu pelo desregrado, vil e inferior. Só nos resta aguardar, caro amigo — respondeu o mentor.

Percebendo que até aquele instante era tudo o que podiam acompanhar, Elma, sempre doce e gentil, decidiu que seria melhor retornarem todos para o lar que os abrigava na crosta terrena e servia como posto de elevados serviços para a espiritualidade.

* * *

Naquela mesma noite, Elma pediu para que somente Romildo a acompanhasse em visita à Lisete e Djalma, que se encontravam na residência de Marília.

Após amorosos cumprimentos, Lisete explicou sem demora:

— A mãe de Marília desencarnou, e a moça está completamente desorientada. O filhinho querido está sendo cuidado por uma empregada. Marília não tem outro parente que a acompanhe e ajude. Todos, por preconceito e ignorância a respeito da Aids, estão dispostos a só irem ao velório, que será realizado nos fundos de uma igreja católica e não pretendem se aproximar da parenta.

Nesse momento, Marília estava sentada em um sofá, com olhar perdido e exaurida, pois já havia chorado muito.

Pensamentos mórbidos convulsionavam suas ideias e até o desejo de morrer já era forte e constante.

"O desgraçado do Lúcio acabou com minha vida" — pensava. — "Nenhum parente me quer presente. Não tenho ninguém e nem minha mãe pode mais me ajudar... De que adianta essa casa, o dinheiro que me deixou?... Seu infeliz, desgraçado... você me fez morrer em vida...".

Lágrimas copiosas rolavam em seu rosto, quando começou a murmurar com intensa raiva entre os dentes cerrados:

— Se há um inferno, você deve queimar nele! Há de se arrepender eternamente por ter acabado com minha vida, porque eu morri, mas ainda não posso ser enterrada. Infeliz!!!

Espessa cortina de fluidos pesados fez-se em torno de Marília pelas vibrações inferiores que promovia, por seu ódio e falta de perdão.

Com a compaixão que lhe era própria, Elma aproximou-se bondosa, e após ceder-lhe generosas energias salutares, envolveu-a com carinho inspirando:

— Jesus nos ensinou: "Pedi, e dar-se-vos-á; buscai, e encontrareis; batei, e abrir-se-vos-á. Porque aquele que pede, recebe; e o que busca encontra; e ao que bate se abre". Em algum momento de sua vida, certamente, teve uma amiga que considerasse muito. Recorra a ela. Peça...

No instante seguinte, Marília ergueu-se, secou as lágrimas e foi até o quarto. Retirou do armário uma caixa em que guardava antigos pertences e revirou-a até encontrar uma agenda telefônica bem antiga.

Abriu a agenda numa página específica. Pegou o telefone e ligou imediatamente para o local onde trabalhou.

— Laura! — exclamou ao ser atendida.

— Quem é? — perguntou afetuosa, sem reconhecer a voz.

Marília começou a chorar e, mesmo com a voz embargada pelos soluços, respondeu gaguejando:

— É Marília...

— Marília?! Quanto tempo! Mas... espere. O que está acontecendo?

— Laura... minha mãe... ela morreu. Estou sozinha...

Elas conversaram, esclarecendo e atualizando alguns fatos. Laura, terminado o expediente, deslocou-se em socorro da amiga que não via há considerável tempo.

Muito prestativa, Laura ajudou o quanto pôde em todas as providências que o velório e o enterro exigiam, sem sequer cobrar da amiga qualquer satisfação pelos anos de ausência.

# 6

## As aflições de Marília

PASSADO O enterro, Laura acompanhou a amiga de volta à casa onde morava. Enquanto procurava conversar com Marília, conheceu o pequeno Higor, que havia ficado com a empregada.

Circunvagando o olhar, procurando um assunto diferente para não tornar a assuntos tristes, Laura comentou:

— É uma casa muito boa, muito bonita. Há quanto tempo está morando aqui?

— Nesta casa começou meu inferno, minhas aflições — respondeu chorosa e amargurada. — Preferiria morar em um barraco e ter vivido em paz. Muita coisa aconteceu, Laura. Você nem imagina. Quando eu contar, perderei sua amizade. Mas antes quero que saiba que lhe serei eternamente grata pelo que fez por mim ontem e hoje. Meus parentes querem distância de mim e de meu filho, e não posso dizer que eles estejam errados. Quero morrer... e o quanto antes.

— Calma, Marília. O que de tão grave está acontecendo para que fique assim? Para seus parentes reagirem dessa forma?

Os olhos melancólicos da moça se ergueram e, mesmo com a voz chorosa, imaginando que perderia a amizade, relatou:

— Sempre fomos amigas, e eu não posso esconder a verdade. Não de você. Venha até o quarto comigo. Não quero que a empregada ouça.

Após entrarem na suíte, com a porta fechada, Marília contou:

— Depois que saí da empresa onde trabalhávamos, fiquei um bom tempo desempregada. Só depois arrumei um emprego em outra companhia. Aos poucos, como você sabe, fomos perdendo o contato e eu quase não lhe contei mais nada. Acho que você se lembra do filho do dono da empresa, Lúcio. Ele me convidou várias vezes para sair. Cheguei a comentar com você.

— Sim. Lembro-me disso. Até aconselhei para que tomasse cuidado. Ele era muito mulherengo.

— Pois é. Eu percebi isso também. A princípio, eu não queria nada com ele porque não gosto de aventura, mas... sabe... — Breve pausa. — O emprego que arrumei ao sair de onde trabalhamos juntas, perdi novamente. Acabei descobrindo que foi o Lúcio que me fez perder o emprego na companhia do pai dele e no último também. Durante esse período todo, ele sempre me procurou. Ia até minha casa, levava-me presentes... Acabou conquistando minha mãe. Ela achava que ele era um bom rapaz e poderia me oferecer um bom futuro, segurança e tudo mais. Nessa época, minha mãe sabia que estava com esclerose múltipla, uma doença degenerativa, e que, em breve, eu não teria mais ninguém. Você sabe, éramos pobres e meus parentes são muito interesseiros. Relutei, mas acabei aceitando "ficar" com Lúcio. — Marília chorou, mesmo assim prosseguiu, secando as lágrimas e soluçando algumas vezes: — Hoje penso que me prostituí... Eu aceitava seus generosos presentes, sua ajuda em dinheiro. Estava desempregada. A pensão que minha mãe recebia não era o suficiente. Passávamos necessidades... Sabe, nenhuma mulher realmente se realiza quando é um objeto de prazer. Era tão fácil mentir, fingir... dissimular... Porém, eu sempre me sentia vazia, fragilizada, porque lá no fundo, quando eu estava sozinha em meu quarto, sentia-me carente e chorava muito. Na verdade, eu sempre estive em busca de um amor, de algo seguro, envolvente. Não queria uma aventura em que me usava sexualmente para um jogo de interesses, cheio de silenciosas intenções, em receber algo, ter segurança, garantir meu futuro. Eu me prostituí. Não sou diferente das meretrizes das ruas. Só que elas são mais honestas do que eu, porque eu escondi minhas intenções, não informei o preço nem avisei que queria cobrar bem caro.

— Não diga isso, Marília. Você não se prostituiu. Foi um deslize... — Laura tentou dizer com brandura e compaixão, mas foi interrompida.

— Eu me prostituí sim. A prostituição é a prática mais antiga do mundo e tem inúmeras variedades. Prostituir-se não é somente o ato praticado por homens e mulheres nos becos, nas ruas e casas de prostituição. Eles se expõem para serem escolhidos para um programa de sexo em troca de um valor previamente estipulado. Na minha opinião, a prostituição, na grande maioria das vezes, não é assalariada ou assumida. A postura comportamental da pessoa que não estabelece um preço, para não assustar o outro, mas estipula, silenciosamente, um objetivo para ser alcançado por meio da conquista pelo sexo, está se prostituindo, sim.

Quantas mulheres utilizam o corpo malhado, escultural para atraírem a atenção de um homem? — perguntou Marília sem esperar por uma resposta. — E, quando conseguem que eles as notem, elas se aproximam e logo se dispõem ao sexo. Querem ser "boas na cama" para não perdê-lo, em vez de mostrarem-se fiéis, amorosas, de boa moral... Os homens também são idiotas, pois parece que só o sexo importa. Quando o relacionamento não é bem-sucedido, logo trocam de parceiro como quem troca de roupa. Isso quando não têm dois ou três parceiros ao mesmo tempo.

Eu duvido que uma mulher que exibe seu corpinho malhado, que seduz um homem, muitas vezes estranho para o sexo casual, consiga se satisfazer, consiga ter prazer pleno, confiança e amor no sexo praticado com objetivos escusos, suspeitos. Duvido! — exclamou Marília. — Só se ela for uma doente, uma desequilibrada, tiver algum desvio psicológico que não resiste aos tormentos patológicos de uma vida sexual compulsiva, desregrada.

Em alguns momentos de seu desabafo, Marília chorava e se revoltava dizendo palavras duras, enérgicas, enquanto a amiga aguardava silenciosa, pois sabia entender.

— Então — tornou a dona da casa —, por ouvir os conselhos de minha própria mãe, eu decidi por uma vida fácil. Eu me prostituí quando fiquei com Lúcio. Passei até a gostar da posição econômica que eu e minha mãe passamos a ter.

Foi então que decidi, por orientação de minha mãe, ficar grávida — admitiu Marília. Oferecendo breve pausa, prosseguiu: — Nós usávamos preservativo como contraceptivo, pois Lúcio não queria filhos e deixou isso bem claro. Mas eu decidi que um filho me garantiria mais, então o preservativo não foi problema. Eu perfurei, algumas vezes, a embalagem bem no meio, procurando acertar a ponta do preservativo que, normalmente, não é esticada, mas apertada, quando utilizada. Eu fazia questão de tirá-lo da embalagem para que ele não percebesse e o distraía... brincava... para colocar. O preservativo se rompia, mas só depois, claro. Fiz isso no período fértil e engravidei. Estava então garantida pela situação econômica de um homem que deveria pagar-me agora generosa pensão.

Lúcio ficou muito surpreso, mas feliz. — Suspirou fundo e calou-se por alguns segundos. Depois continuou: — Que engraçado... foi aí que eu percebi que ele me amava realmente e que, talvez, eu não precisasse ter feito tudo aquilo e... — Algumas lágrimas e prosseguiu:

— Bem, não demorou muito, Lúcio comprou essa casa e colocou-a em meu nome. Ele assumiu todas as despesas. Deu-me um carro, empregados... Minha mãe, nessa época, já não conhecia ninguém e precisou de uma enfermeira que a acompanhasse sempre, o que Lúcio proporcionou. Eu tinha exatamente tudo. Até que o médico pediu que eu repetisse um dos exames solicitados para o pré-natal, porque achava que algo, provavelmente, não estivesse bem comigo. Eu fiquei nervosa e queria saber o que estava acontecendo, mas o médico só explicou que eu deveria repetir um exame, pois fazia parte da rotina. — Longa pausa em que pareceu reviver toda a amargura experimentada. Em seguida, contou: — Fiquei nervosa e disse que nenhum médico poderia esconder do paciente um resultado, que isso era lei. Foi aí que ele disse que o resultado do teste Elisa[3] foi positivo.

Entrei em desespero — prosseguiu Marília. — Comecei a imaginar que poderia estar com Aids, pois Lúcio, apesar da ótima aparência, da exuberante beleza, trocava muito de parceira e o vírus que provoca a Aids é silencioso. Vivi um inferno enquanto aguardava o segundo resultado. Acreditei que estava sendo castigada pelo que fiz.

— E aí? Você comentou com ele? — perguntou a amiga com brandura no tom de voz.

— O Lúcio estava em viagem no Rio Grande do Sul e deveria voltar em breve. Fiquei angustiada, deprimida... você não pode imaginar como é. Pois bem, o médico, diante do segundo exame, explicou que eu deveria ser portadora do HIV e que eu ainda tinha de fazer outros exames mais eficientes, que precisava do resultado de uma contagem de não sei de quê.

Entrei em crise — confessou. — Foi como receber a sentença de morte e saber que antes viria uma terrível tortura.

Só o que eu sabia naquele momento era que as pessoas, pelo mundo afora, estavam morrendo daquilo em um número assustador

---

3. Nota da Médium: Elisa é o nome de um dos primeiros testes usados para detectar o HIV.

e a mesma coisa ia acontecer comigo. Você entende? — perguntou chorando. Falando em seguida, em soluços: — Ninguém poderia fazer nada. Eu e meu filho estávamos condenados! Tínhamos uma doença fatal!

Marília entregou-se a um pranto compulsivo e a amiga, perplexa, quase não sabia o que fazer.

Laura, por um segundo, temeu abraçá-la, mas, piedosa por índole, venceu-se e envolveu-a com carinho, dizendo brandamente:

— Calma, você não pode pensar assim.

Recompondo-se um pouco mais, Marília secou as lágrimas com as mãos, afastou-se do abraço e contou:

— Quando Lúcio chegou de viagem, eu estava insana. Minha mãe, nessa época, não podia me compreender e muito menos me consolar. Eu queria que ela morresse, pois foi por seus conselhos que eu havia me condenado à morte.

— E o Lúcio? Como reagiu? — perguntou Laura.

— Ficou em choque. Desesperado. Nem conversamos direito, pois eu o acusava... Foi embora e só voltou dias depois quando eu estava mais calma. Então nós conversamos. Nosso filho estava para nascer, e nós todos estávamos condenados. Não havia dinheiro no mundo que pudesse comprar nossa saúde, nossa absolvição por termos nos entregado a prazeres efêmeros. Não valeu a pena.

Eu não dormia mais — prosseguiu no relato. — Não conseguia comer direito. Os médicos não tinham muita coisa para oferecer, até porque eu estava grávida e assintomática, ou seja, eu era portadora do tal vírus HIV, mas não manifestava doença alguma.

O Higor nasceu — continuou Marília. — Nesse mesmo período, o Lúcio começou a não se sentir bem. Ele achava que estava gripado. Tinha tremores nas mãos, dores nas pernas, nas juntas e nas costas. Não havia remédio que ajudasse. Em meio a tudo isso, o médico constatou que ele estava com Hepatite e Pneumonia por *Pneumocystis*, um tipo de pneumonia que atinge somente pessoas cujo sistema imuno-lógico está comprometido, têm imunidade baixa e ficam sem defesa.

— O Lúcio já havia feito exames para saber se estava infectado pelo HIV? — indagou Laura em tom piedoso.

— Logo depois de meu resultado soropositivo, assim que ele soube, realizou o teste e não deu outra. Mas só depois que o Higor nasceu foi que ele começou a ter problemas de saúde. Emagreceu rapidamente... Eu o odiava. Sabia que havia pegado essa doença desgraçada dele e que isso havia me condenado... — chorou revoltada. — Porém, precisávamos conversar e saber o que poderíamos fazer de nossas vidas, ou do que restava delas. Afinal, tínhamos um filho totalmente dependente, além de condenado.

Lúcio começou a passar muito mal e não saía do hospital — continuou Marília no mesmo tom. — Os pais dele ficaram perplexos. Não sabiam o que pensar, o que fazer ou como reagir, mas trataram dele. Eles acabaram vindo aqui para me conhecer e conhecer o neto. Depois que Lúcio passou a manifestar doenças e mais doenças, que surgiram de forma galopante, pediu ao pai que destinasse parte de sua herança para o Higor, pois sentia que iria morrer logo. Essa ideia não me impressionou, embora eu tenha gostado. Nesse mesmo período, eu descobri que o Lúcio vivia com outra mulher em uma luxuosa mansão. Era uma tal de Rejane... Aí eu o odiei mais ainda.

— Ela estava contaminada com HIV também? — perguntou Laura.

— Só pode. Mas eu não quis saber. Queria matá-lo! Tive crises de nervos. Pensei muito em... — Nesse instante ela deteve as palavras e chorou muito antes de continuar. — Pensei em matar meu filho e depois me suicidar. Eu ia morrer mesmo! Mas depois, não tive coragem. Minhas tias e primas, nessa época, perceberam que eu e minha mãe estávamos bem de vida e, com desculpa de frequentes visitas a minha mãe, começaram a vir muito aqui. Isso era interesse puro, pois sempre reclamavam das condições financeiras... Pediam coisas...

Faziam insinuações de coisas que precisavam... Você sabe como é. Uma prima, em especial, começou a se aproximar mais de mim e, aproveitando-se da minha fragilidade, quis saber o que estava acontecendo. Forçou-me e acabei falando que estava infectada com o HIV.

Apesar de eu ter pedido segredo, ela contou para a família inteira. Até para os empregados que tínhamos. Todos sumiram desta casa. Parecia que aqui iriam se contaminar com a peste negra da Idade Média. Fiquei incrivelmente abandonada. — Silenciou. Marília olhou para a amiga que não se pronunciou. Após uma pausa, prosseguiu: — Um dia a visita da dona Norma, a mãe do Lúcio, me pegou de surpresa. Eu estava chorando muito. Estava desesperada. Minha mãe passava mal. Não tínhamos empregada para nada nem babá para me ajudar com o Higor que se esgoelava no berço.

A dona Norma, apesar de sua pose arrogante, naquele dia, pareceu se modificar um pouco. Ela apanhou algumas roupas que estavam jogadas pelo quarto do Higor. Deu um banho nele, fez um chá para mim e ainda me ajudou a dar banho em minha mãe.

No dia seguinte, ela estava de volta com uma babá e uma empregada. Pediu para eu confirmar, caso as moças perguntassem, que eu estava com câncer e meu filho também.

A princípio fiquei irritada e indignada com o que ela inventou, mas a dona Norma acabou ficando nervosa comigo e falou: "Quer que eu conte a verdade?! Vá lá, conte você! Depois se vire sozinha com o serviço da casa, tomando conta de sua mãe e cuidando do Higor sozinha, pois eu não posso e não vou vir aqui ajudá-la todos os dias. Tenho o Lúcio para olhar. Vá lá e conte para elas o que você tem. Duvido que elas fiquem aqui esta noite!".

Foi então que percebi que eu e meu filho estávamos condenados a viver sozinhos. Talvez, nem pagando eu pudesse ter alguém comigo para me ajudar — finalizou Marília e expressou-se como se estivesse esgotada.

— E o Lúcio? Como ele estava? — interessou-se a amiga, depois da longa pausa.

— Nessa época, ele começou a ter muitas complicações e das mais diversas. Chegou a um ponto em que os médicos não podiam fazer mais nada por ele. Aí o mandaram para casa para aguardar a morte.

A dona Norma deixou de vir aqui com tanta frequência — prosseguiu, parecendo exausta do assunto —, pois tinha que tomar conta do Lúcio. Mas me ligava todos os dias. Ela contou que foram necessários até tubos para sugar o muco dos pulmões dele, fora os incontáveis antibióticos, remédios para câncer e o tal AZT[4]. Tudo isso trazia efeitos colaterais horríveis, além dos problemas já enfrentados com as diversas infecções oportunistas e dores. Nada mais parecia aliviar suas dores. Até morfina e outros remédios fortes foram usados. Talvez, isso o fizesse delirar, ter pesadelos...

Marília não suportou mais segurar os fortes sentimentos e gritou várias vezes, desesperada, em meio ao choro:

— Eu queria que ele sofresse!!! Que ele morresse gritando de dor!!! Todo o sofrimento de Lúcio foi pouco!!! Muito pouco diante de tudo o que ele fez comigo!!! Ai!!!... É uma dor tão grande a que sinto!!! É um arrependimento!!!...

— Calma, Marília. Não fique assim! Não vai adiantar. Você tem de pensar diferente, pois todo esse ódio, toda essa raiva e essa dor vão lhe fazer muito mal, tanto física como psicologicamente.

— Eu já estou mal, não por saber que estou condenada à morte, mas por saber que vou sofrer. À morte todos nós estamos condenados, mas as dores severas, os transtornos inúmeros antes de morrer... É muito cruel saber disso.

Meu filho está muito doente — prosseguiu, falando em meio ao choro. — Está com problemas de pele, além de uma série de graves

---

4. Nota da Médium: Atualmente existem outras medicações para auxiliar a contenção do vírus HIV, causador da Aids e não somente as mencionadas aqui.

distúrbios gastrointestinais, um estado febril que vaivém pelas infecções. O que já indica manifestações da doença.

Eu estou sozinha, Laura... — chorou. — Não tenho irmão, e meus pais já morreram. Meus parentes querem distância de mim e não se aproximam nem por dinheiro. O que posso fazer?! O que me resta?!...

— Deus — respondeu Laura, serena. — Resta você pedir a Deus que lhe dê forças para encontrar a paz, a harmonia interior. Só Deus pode confortar um coração aflito.

— A dona Norma me contou que o Lúcio, antes de se prostrar na cama de vez, começou a frequentar uma igreja evangélica onde lhe prometeram a cura, um milagre. Mas só tiraram dinheiro dele com toda aquela gritaria.

— Lúcio procurou a cura do corpo com os homens e não a cura da alma com Deus. Eu, talvez, nem saiba direito o que é esse HIV e Aids. Só sei que é algo terrível, que diminui nossa imunidade. Penso que bem poucas pessoas têm informações suficientes sobre isso. Mas, antes do desespero, vamos procurar saber do que se trata, o que é, o que o mundo da ciência tem para oferecer.

— Não há um dia, uma hora, um minuto sequer que eu deixe de odiar o Lúcio pela crueldade que fez comigo. Onde estiver, há de sofrer muito por isso. Quero que ele queime nas labaredas do inferno, eternamente, desgraçado.

— Marília, se ainda não consegue deixar de odiá-lo, ao menos não pense mais nele. Será bem melhor. Eu tenho certeza de que você vai começar a viver melhor quando esquecer e perdoar.

— Viver melhor?! Perdoar?! Que ironia, Laura!

— Talvez não seja um bom momento para falarmos de perdão, mas... Sobre viver melhor... Viver melhor não significa não ter problemas. Viver melhor é enfrentar os desafios de cabeça erguida e procurar ter qualidade de vida — fez breve pausa. Tomou o fôlego e prosseguiu com tranquilidade: — Sinceramente, agora eu estou confusa, chocada também. Imagino como você se sente e... acho que não tenho palavras que a confortem ou que aliviem o que sente. Mas sei que essas palavras virão. Vou procurar informações. Vou procurar saber tudo a respeito da Aids. Tem de haver um jeito de se ter uma vida melhor. — Depois de um breve instante, Laura perguntou: — Você tem ido ao médico? Tem tomado medicamentos? O que você sabe sobre a Aids?

— Sei que vou morrer — respondeu desconsolada. — E não estou indo ao médico nem fazendo tratamento. Se vou morrer, prefiro que aconteça o quanto antes. Só estou levando o Higor às consultas e aos tratamentos. Nada mais.

Laura percebeu que Marília estava revoltada. Talvez aquele não fosse um bom momento para tentar mudar aqueles pensamentos tão hostis. Saberia esperar.

Ela estava disposta a ajudar a amiga com sua presença e seus conselhos, desde que Marília quisesse. Para isso, precisaria informar-se mais para não falar sobre algo que não sabia.

Na espiritualidade, repleta de compaixão e bondade, Lisete e Djalma empenhavam-se para abrandar o coração de Marília, fazendo-a compreender a importância do perdão para com ela mesma.

# 7

## Atraindo-se para o vírus

NUMA MANHÃ, Elma reuniu-se com seus alunos no posto de serviço terreno, onde passou a divulgar planos e explicar a importância da vigilância dos próprios pensamentos para não se arriscar a tormentos futuros.

— Elma — interessou-se Silmara —, por que devemos dar tanta importância aos pensamentos? Não são eles passíveis de mudança rápida quando mudamos de opinião?

Sempre tranquila, a orientadora explicou:

— Seus pensamentos são envolvidos por energias. Eles são energias e criam conforme o que é imaginado. Atraem aquilo que você estiver sintonizado e se ligam exatamente a isso. As situações que enfrentamos surgem por aquilo que desejamos e procuramos, consciente ou inconscientemente, mesmo quando não queremos passar por elas.

Ainda em dúvida, a aluna quis saber:

— Com isso, nós podemos dizer que aquele que está infectado com o HIV ou enfrenta a Aids, de certa forma, atraiu-se para essa experiência tão difícil?

A instrutora refletiu por poucos segundos e sem abalo ensinou:

— Aqueles que nascem com o HIV, por terem sido infectados pelos pais durante a gestação ou no canal do parto, têm grandes provações a experimentar. Bem como os hemofílicos e aqueles que contraem o vírus por transfusão de sangue, plaquetas, cirurgias etc. Podemos dizer que todos os nossos irmãos que adquirem o HIV em relacionamentos sexuais promíscuos, lascivos se atraíram, entregaram-se ao vírus HIV por desregramento.

Quantos milhões de pessoas jamais se contaminariam com o HIV se não fossem promíscuas, levianas? — questionou a benfeitora, oferecendo breve pausa. Não houve resposta e ela prosseguiu: — Se tivessem ouvido aquela vozinha lá no fundo que lhes dizia: "Olhe, tome cuidado. Será que é correto fazer isso?". Quantos milhões deixariam de ter esse vírus, se não praticassem o sexo casual ou se fossem menos compulsivos sexualmente? — Nova pausa em que ninguém ousou responder. — Então, podemos afirmar que, quando essas pessoas começaram a ter interesse em prazeres momentâneos pelo sexo desregrado, procurando o que é sensual e sexual, para se excitarem porque gostam, mudando de parceiros, inovando, diversificando sem respeito a si mesmas, elas já estão se atraindo para o vírus.

— O quê! Vai me dizer que eu me atraio para a infecção de um vírus sem cura e que provoca a Aids se eu assistir a um filme, ver uma revista, fotos?... — perguntou Romildo, muito surpreso.

— Se for material pornográfico, se tiver um padrão vibratório inferior e você se identificar com o que vê porque gosta, podemos afirmar que, se ceder aos impulsos efêmeros, lascivos, sim, você é um sério candidato à atração desse vírus sem cura e de outros também.

— E se eu usar preservativo em minhas relações? — questionou o aluno, curioso.

Com a tranquilidade de sempre, Elma perguntou afável:

— Até que ponto o preservativo é seguro, Romildo? Nem os grandes fabricantes podem oferecer cem por cento de segurança.

Se garantissem, enfrentariam grandes processos por pessoas que utilizaram preservativos e engravidaram ou se contaminaram com alguma doença sexualmente transmissível. Os preservativos se rompem com certa facilidade. Não existe nenhuma matéria sem espaço, sem poros microscópicos. Isso inclui o material com que são feitos os preservativos. O vírus denominado HIV é ultramicroscópico e pode ser ainda menor que qualquer poro. É lógico que a proteção com preservativo, em uma relação sexual vaginal, anal ou oral, é muito mais garantida do que sem ele, pois a possibilidade é bem remota. Mas o que você me diz sobre a resistência do látex do preservativo, sobre o poder de sua resistência durante um relacionamento sexual frenético, acalorado? Os parceiros terão tempo ou vontade de oferecer atenção constantemente a ele?

Existem muitos milhões de pessoas contaminadas com o HIV. Podemos dizer que cerca de mais de dois terços não sabem que são portadores do vírus. Os que não sabem que estão infectados fazem esse número grandioso crescer a cada hora, a cada segundo... — comentou a orientadora. — Quantas dessas pessoas infectadas usam preservativos? E quantos desses preservativos resistem e não contaminam o parceiro? — Ninguém ousou responder. Elma finalizou: — Sem contar com os que sabem que estão infectados com o vírus e não contam a ninguém. Usam preservativos em seus relacionamentos, mas, se ele se rompe, simplesmente não revelam nada.

— Dois terços de pessoas infectadas não sabem?! — assustou-se Álvaro, sob efeito de um choque.

— Sim. Mais de dois terços dos números que aparecem nas pesquisas, não sabem. Esse é um número grandioso — confirmou a orientadora, como se trouxesse o pensamento preso em lamentável acontecimento que, de alguma forma, pudesse evitar. — Suponhamos que vinte milhões de pessoas estão infectadas no mundo todo. Dois terços de vinte milhões indicam que são treze milhões, trezentos e trinta mil pessoas[5] não sabem serem portadoras do HIV, que provoca a Aids. E o maior meio de propagação desse vírus é a relação sexual e o uso de drogas.

Essas pessoas que se infectam pela relação sexual promíscua e pelo uso de drogas injetáveis, sem dúvida alguma, cederam aos desejos nocivos e infelizes e seguirão um caminho de vibrações deprimentes, energias inferiores e encontrarão, certamente, labirintos de dores terríveis, perturbações, arrependimentos e sofrimentos indizíveis — relatou Elma. — Se não se elevarem com extrema fé em Deus, pensamentos e sentimentos verdadeiros no arrependimento, na vontade de mudar e na transformação íntima, poderão se colocar em novas provas reencarnatórias submetendo-se a severas disciplinas físicas, morais e espirituais. Somente essa reeducação lhes trará harmonia na consciência e melhor qualidade de vida física e espiritual.

— Você nos falou algo sobre energia ou fluido que envolve essas pessoas que se atraem para o vírus — disse Romildo, sem afetação, aproveitando-se da pausa. — Disse também que cada situação que enfrentamos acontece por aquilo que desejamos ou procuramos de forma consciente ou inconsciente. Pode haver uma forma de energia ou fluido, na espiritualidade, que envolve um encarnado facilitando que ele adquira o vírus?

Uma expressão de quem refletia figurou-se no belo rosto da instrutora que, pacientemente, logo explicou:

— Sim, quando esse encarnado, já em pensamento, predispõe-se ou facilita-se à aquisição do vírus através do sexo promíscuo, uso de drogas injetáveis, ou tem a necessidade de adquirir o vírus pela Lei de Causa e Efeito ou carma, como alguns chamam, por suas práticas do passado, apesar de ele não ser promíscuo. Esse encarnado tem o envolvimento, na espiritualidade, de fortes fluidos pesarosos que já

---

5. Nota da Médium: Esses dados foram passados através de psicografia no ano de 2002. Portanto, existem alterações para os dias atuais.

são, vamos dizer assim, um pré-requisito para que ele se contamine. Podemos dizer que o encarnado já tem ou pode criar uma força de atração para o vírus, em torno de si mesmo, no campo vibratório que o circunda.

E não é só para o HIV. Os vírus e as bactérias são vivos. Neles, todos, o princípio inteligente da Criação estagia para evolução. Eles trazem em si uma fonte de atividade íntima que lhes dá vida, pois eles nascem, multiplicam-se e morrem.

O vírus, pela própria natureza material, é uma estrutura invisível e extremamente agressiva. Para os encarnados, o vírus é um agente infeccioso e tem um tamanho ultramicroscópico, inferior a qualquer bactéria existente. Ele não possui estrutura celular, por isso sempre necessita de outra célula viva para se replicar e se propagar — disse a instrutora serenamente. Observando que todos estavam interessados, continuou: — O vírus tem vida e possui sua energia, seu fluido vital. Ele é um princípio inteligente. Explicando melhor, espiritualmente falando, o ser humano possui o espírito, o restante dos seres vivos possuem princípio inteligente, nisso incluem-se animais, plantas, fungos, bactérias, micróbios, vírus.

E, como sabemos que o princípio inteligente existe sem estar ligado à matéria em que vai estagiar[6], podemos admitir que, antes de se ligar ao corpo material do vírus, esse princípio inteligente que tem as características, propriedades e necessidade de estagiar como vírus pode e vai ser atraído pela energia daqueles que se predispõem a hospedá-lo, da mesma forma que, muitas vezes, o espírito que vai reencarnar se aproxima dos pais, ou da mãe, para que se afinem antes mesmo da concepção. — Sem esperar por perguntas, Elma continuou: — Então, a ligação desse princípio inteligente com característica viral, com a matéria corporal do vírus, vai ocorrer no

---

6. N.A.E.: Mais explicações, ver em *O Livro dos Espíritos* a observação de Allan Kardec após a questão 28.

interior do organismo, mais exatamente no interior de uma célula do encarnado que adquiriu um vírus e a partir disso estará vulnerável para multiplicá-lo, propagá-lo e passá-lo adiante.

— Perdoe-me a interrupção — pediu Romildo —, mas, a grosso modo, poderíamos dizer que o encarnado que criou em torno de si energias, através dos desejos e pensamentos, pelas práticas levianas atrai as "almas" dos vírus que podem "reencarnar" dentro dele?

— Os termos não estão corretos, porém é exatamente isso que ocorre. O princípio inteligente é inferior à alma da criatura humana, por isso não podemos chamá-lo de espírito ou alma. Nem podemos dizer que um animal irracional ou planta têm alma ou espírito. Nem podemos dizer que o princípio inteligente encarna. O mais correto é dizer que o princípio inteligente estagia e que esses estágios se dão no reino mineral, vegetal e animal irracional. Devemos nos entender melhor atribuindo um nome para cada coisa.

— Lembrando o caso de Lavíneo, que brigou com a noiva por causa de sua proposta — argumentou Silmara —, aquela energia escura e sombria que o circundava, já no momento em que observava a loja de materiais diversos sobre sexo, o atrairia para a aquisição de alguma doença?

— Nenhuma energia que nos circunda nos inclina para uma doença — respondeu a benfeitora. — A energia, os fluidos, a aura de uma pessoa mostra suas preferências e, consequentemente, atraem, na espiritualidade, aqueles que lhes são afins. Se seus pensamentos, sentimentos, desejos, ideias e práticas forem elevados, você atrairá espíritos elevados, terá criatividade produtiva, ideias prósperas e saúde. Se forem sempre de dúvidas, por não saber o que quer da vida, por não se esforçar para nada, se seus sentimentos forem de insegurança, de desejos egoístas, se suas ideias e práticas forem de sedução, erotismo e promiscuidade, se seus desejos são vis e lascivos, maldosos aos outros, se suas ideias se prendem às doenças, entre outras coisas, você é a melhor companhia para os espíritos inferiores que passarão a acompanhá-lo e para grandes porções de princípios inteligentes, que já foram chamados, por autores espirituais, de "selva microbiana" na espiritualidade, e esperam uma única oportunidade para estagiar.

— Então esses princípios inteligentes que estagiarão como HIV vivem na espiritualidade? — insistiu Álvaro, para entender bem.

— Ora! Como não? Quando o princípio inteligente não está estagiando em um corpo material, onde ele fica? — respondeu Silmara, na vez da instrutora. — Ficará na espiritualidade, é claro. Em busca ou próximo das energias que podem lhe dar oportunidade de vida dentro do corpo humano. Como nos explicou Elma.

— Se querem ver como isso acontece — propôs a benfeitora —, vamos imediatamente a lugares onde observaremos melhor.

\* \* \*

Em minutos a instrutora e seu grupo encontravam-se em um ambiente bem animado e luxuoso para os encarnados que conversavam alegres, mesmo com a música em alto volume. Alguns bebiam, enquanto riam e petiscavam ou dançavam.

Elma, experiente na tarefa de instruir a diversos grupos, conhecia bem os locais de aprendizado e grande número de espíritos na crosta em missão de socorrer ou proteger.

Logo um companheiro aproximou-se da equipe da instrutora, exibindo satisfação ao vê-los.

— Querida Elma! Quanto tempo!

— É bom revê-lo, Gustavo — cumprimentou a amiga, apresentando em seguida os alunos que a acompanhavam. Em seguida, continuou: — Sabia que poderia encontrá-lo, pois sei que atua como espírito protetor de um querido que frequenta sempre lugares assim.

— Sim, é verdade. Mas como pode perceber, não está sendo fácil. Tomás, meu pupilo, mergulha em um mar lodacento e quase nada posso fazer. Veja — disse olhando na direção de seu protegido.

Elma, sempre muito serena, apesar da compaixão, explicou sem ressaltar:

— Este é um lugar de encontro para aqueles que acreditam que só relaxam, após um dia ou semana de trabalho, em um lugar como este. É um período do dia conhecido como *happy hour* ou hora feliz. Porém, aqui, infelizmente, é onde podem começar os transtornos, em diversos sentidos, para muitos. — Todos observaram atentamente e a instrutora disse: — Olhando à volta, vamos ver moças e rapazes, mulheres e homens, senhoras e senhores, bem arrumados, bonitos, elegantes e, em alguns casos, bem ricos.

Tudo é muito alegre e bonito para os encarnados que não conseguem ver as companhias espirituais que podem encontrar e adquirir aqui. Ofereceu uma pausa breve e prosseguiu, como sempre, bem tranquila: — Vejam só, não é um lugar vulgar, pobre, tampouco feio para os encarnados, mas, na espiritualidade, os desencarnados que aqui estão são espíritos vis, lascivos, maliciosos. Na grande maioria são erotomaníacos, ou seja, têm uma exageração mórbida dos sentimentos e reações sexuais. São maliciosos. Pelos desvios praticados em relação ao sexo, quando encarnados, todos apresentam deformidades nos centros genésicos, região dos órgãos sexuais, bem ressaltadas. Esses espíritos procuram os encarnados com tendências ao desequilíbrio, ou já desequilibrados, na área sexual. Outros espíritos, viciados no álcool, quando encarnados, ligam-se àqueles que ingerem bebidas alcoólicas para deles sugarem-lhes as energias e trocarem fluidos. Os espíritos viciados em drogas, de qualquer tipo, quando encarnados, também se afinam com os encarnados que têm essa tendência ou prática, para trocarem fluidos e promoverem ainda maior compulsão.

Cada encarnado aqui tem suas tendências — continuou Elma —, digo, tendências que deveriam vencer para evoluir e, consequentemente, serem verdadeiramente felizes. Mas, num lugar desses, em vez de encontrarem motivo, razão e força para vencerem as más tendências, os encarnados podem encontrar quem os estimule a piorar ainda mais sua situação como espírito. Embora existam, são poucas as pessoas que, frequentando lugares como esses, deixam-se envolver por seu mentor e repelem as energias não elevadas desse tipo de ambiente, não se deixando seduzir por companheiros espirituais viciosos de qualquer nível.

Vejam aquela moça — mostrou a instrutora com simplicidade. — Ela não admitiria, mas não tem outro pensamento senão o de se prostituir, apesar de não estipular valor antecipado ou aparente. Observem seu desvio psicológico para o exibicionismo, pelas roupas justas e decotadas que ressaltam partes de seu corpo, pelo modo de sentar-se ou menear, pois ela faz questão de ser notada, com intenso desejo de que seus dotes físicos sejam ressaltados. Observem também os espíritos iguais a ela, influenciando-a fazer o que ela faz.

— A pessoa que faz questão de exibir o corpo com intensidade, com roupas chamativas e sensuais, demonstra um desvio de comportamento? — perguntou Silmara.

— Sim — respondeu a instrutora. — Todo excesso é prejudicial. Todo excesso é a manifestação de desvio de caráter, desvio psicológico, em maior ou menor intensidade, conforme o caso. E o exibicionismo é um deles. Apesar de a pessoa quase nunca admitir. Lógico que existem pessoas que cuidam de si, da aparência, usam roupas bonitas, elegantes, atraentes e não têm desvio de comportamento nem desvio de caráter. Arrumar-se para ficar bonito, ficar bem, aparentar beleza não é errado, desde que a pessoa faça isso para si, para se sentir bem consigo mesma. Uma coisa é vestir-se e comportar-se de maneira elegante; outra é vestir-se e comportar-se vulgarmente.

— E o fato de você dizer que ela não tem outro pensamento senão o de prostituir-se, como isso acontece? — interrompeu Romildo.

— Ela trabalha e até tem boa colocação — explicou Elma, que já conhecia o caso. — Ganha satisfatoriamente bem, mas está à procura de um homem que a assuma, que assuma suas despesas. Ele deve estar bem de vida. Ter uma casa na praia ou condições para tê-la.

Ela deseja ter nome de casada e, se possível, deixar de trabalhar, ser sustentada e ter todas as suas necessidades atendidas. Para conquistar esse homem, ela está disposta a propor-se a qualquer atividade sexual para atraí-lo, envolvê-lo em prazeres pela sedução. Atraído, conquistado e dependente dos prazeres sexuais que só ela saberia proporcionar-lhe, esse homem se colocaria a sua disposição para satisfazer suas vontades. Podemos afirmar que aquela moça bonita tem um distúrbio de exibicionismo e prostituição na compostura moral, porque, apesar do preço para seus préstimos sexuais não serem previamente estabelecidos, há um ou vários valores estipulados por suas intenções em dispor-se a práticas sexuais.

Se não conseguir o que pretende com um, ela certamente vai mudar de parceiro e tentar com outro. Mas não vai mudar a intenção nem o comportamento. É aí que se configura a prostituição — explicou a instrutora. — Essa permuta de parceiro nunca fará parte da concepção feminina, da natureza feminina, por mais que ela se diga com os mesmos direitos dos homens. A mulher, espiritualmente falando, tem a função sagrada de perpetuar a espécie humana com seleção natural de amor e carinho.

Ela pode ter a necessidade emocional de entregar-se a um desconhecido, entretanto, no final do relacionamento, sempre lhe restará a dúvida pelo amor que um desconhecido jamais proporcionará. Sempre surgirão sentimentos fragmentados pela busca constante de amor, por querer ser correspondida, o que jamais acontecerá com um desconhecido. Por isso sempre existirá a frustração por mentir sobre um prazer que não sentiu — explicou Elma.

Ninguém é capaz de amar parceiros diferentes a cada dia — prosseguiu a benfeitora. — Não é saudável física, moral e espiritualmente servir-se de objeto sexual. Nessa pessoa haverá, sempre, uma busca desesperada por algo que não sabe o que é. Reinará em seu ser um vazio imenso, uma dor incalculável que aparecerá com o tempo pelos desvarios em suas atitudes sexuais, pois a mente dessa criatura se perverte e perde o sentido do amor verdadeiro, do amor espiritual e demorará muito tempo para se reaver novamente com os sentimentos puros.

Essa moça, apesar de seu corpo belo e escultural, traz consigo um grande vazio e muita experiência dolorosa para viver. Ela é portadora do HIV, só que ainda não sabe.

O silêncio foi total quando Elma disse isso. Os alunos ficaram perplexos, e ela continuou depois de breve pausa:

— Observem a maneira como ela está alegre, feliz e como se diverte com as amigas do mesmo nível espiritual que ela. Agora vejam o protegido de nosso amigo Gustavo. Olhem como o rapaz está admirado e disposto a conquistá-la.

Como proposta reeducativa para esta encarnação, Tomás se propôs a enfrentar o desafio do sexo porque não harmonizou sua compulsividade em outros tempos. Ele reencarnou com o compromisso de não se deixar inclinar pela ilusão das aparências físicas, para não cometer novamente o erro de utilizar a mulher como objeto descartável, mesmo quando ela tivesse qualquer intuito de ser leviana, prostituta; ou de submeter a mulher a infelicitações de toda sorte, à sordidez de seus atos, ao desequilíbrio emocional e espiritual. Quando uma pessoa decente, que não tem intuito de se vulgarizar, é envolvida, seduzida e utilizada como objeto, sendo ou não por estupro, ela certamente vai sentir-se destroçada, inútil, envergonhada e será bem difícil sua recomposição, sua reaquisição da autoestima e sua conquista da valorização moral. — A instrutora ofereceu breve silêncio, mas ninguém se manifestou, por isso prosseguiu: — Tomás é uma criatura que sempre quis ressaltar seus dotes e ser o melhor por causa do vazio que sente. Ele não tem motivos nem objetivos saudáveis para se concentrar e, descontroladamente, procura algo que o satisfaça, complete e sacie sua sede de emoções. Sempre busca algo novo, diferente, que em pouco tempo cai na rotina, na repetitividade, no comum e perde a graça. Quando isso acontece, volta ao ponto de partida, da insatisfação pessoal, emocional, espiritual e acaba procurando algo ainda mais diferente.

Tomás não se satisfaz com nenhuma mulher. Seu relacionamento com elas é mecânico, frio, não é de amor pleno. Tanto que, normalmente, antes do relacionamento sexual, ingere alguma bebida alcoólica, estimulando-se para o ato sexual vulgar, puramente físico e até animalizado. Ao terminá-lo, vira-se de lado na cama e, muito cansado, procura acender um cigarro, com a desculpa de querer relaxar.

Os alunos não se pronunciavam e Elma acrescentou:

— Ninguém, que tenha uma relação sexual saudável, precisa relaxar ou descansar de modo a fazer pouco caso do outro. A pessoa equilibrada há de sentir-se repleta de prazer, plena de amor e, normalmente, procura o parceiro ou a parceira para olhar nos olhos e fazer doce e delicado carinho, sorrindo, como se dissesse: "Obrigado. Você me completou. Sinto-me satisfeito". Sentir-se satisfeito, relaxado, pleno de amor e tranquilo pelo ato sexual não é sentir-se cansado. Não é virar para o lado como se dissesse: "Terminou. Não tenho mais nada a fazer".

Diante do silêncio, ela ainda disse:

— A postura de Tomás não é de uma pessoa com atuação equilibrada. Ele é heterossexual, está longe do equilíbrio, da harmonização e desperdiça mais essa oportunidade de elevação.

— Então — interferiu Silmara aproveitando-se da pausa —, por estar em busca de algo que não sabe o que é, ele entrega-se aos desvarios vulgares do sexo e continua infelicitando mulheres para abandoná-las depois?

— Agora, nesta experiência terrena — respondeu Gustavo, mentor de Tomás, por sua vez —, atrai para si os encarnados e desencarnados de seu nível. Vamos lembrar que os semelhantes se atraem. Para sua prática do sexo desregrado, desvitalizado, sem amor e vulgar, Tomás tem a mente voltada para a procura da beleza física e, sem perceber, sai em busca de parceiras em locais dos mais inferiores, espiritualmente falando, mesmo com todo o luxo que apresenta. Não admitiria sair com uma prostituta declarada, pois ela estipularia o preço antes de aceitar o programa. Inconscientemente, porém, ele aceita sair com aquelas que não são tão diferentes das prostitutas assumidas. As moças com quem sai têm valores em segredo a cobrar depois, pois usam o sexo para obterem aumento de salário, passeios, viagens, *status*, posição social, destaques em jornais e revistas etc... Essas mulheres, que se prostituem em segredo, não são encontradas em ruas ou bordéis, mas em lugares de luxo, quase acima de qualquer suspeita. Por isso não podemos dizer que Tomás vai infelicitá-las. Mas encontrará muitas dificuldades por não conter seus desvios.

Se um homem procura uma parceira digna, uma boa e fiel companheira, que possa ser sua esposa e mãe de seus filhos, certamente, não vai procurá-la em locais como esses onde mulheres interesseiras expõem-se com exuberância, exibindo-se livres e descomprometidas para qualquer coisa — prosseguiu o mentor, comentando como se escolhesse as palavras. — Os homens que se inclinam aos prazeres exorbitantes, momentâneos, vulgares e desequilibrados, o que geralmente não admitem, acreditam que nesses pontos de encontro, em bares como esses, podem encontrar suas companheiras.

— Precisamos lembrar que nem todas as mulheres que frequentam bares ou barezinhos têm desvio de comportamento, procuram homens que as proveem, pensam em se usarem para obtenção de alguma vantagem. Isso não é uma regra. Existem grupos de mulheres amigas que saem para se divertirem sem a pretensão de arrumarem um provedor. São mulheres maduras, conscientes, estabilizadas, com profissão. Isso é possível. Porém, existem aquelas que têm os pensamentos já voltados para interesses pessoais, ou seja, de encontrarem alguém que as sustentem — disse Elma, completando. — Assim como não encontramos mulheres que se prostituem secretamente só nos bares. Vamos nos lembrar também de que essas mulheres se colocam à disposição em locais que acreditam serem frequentados por homens que possam ter considerável posição social e serem seus possíveis provedores. — Oferecendo uma trégua, perguntou: — O que moça bonita e sozinha está fazendo num barzinho luxuoso? Certamente está em busca de diversões mais intensas.

Enquanto as inúmeras lições eram passadas, na espiritualidade, por Elma e Gustavo, Tomás já havia se aproximado da moça em questão.

Eles bebiam e sorriam, iniciando uma calorosa aproximação. Mesmo sem se conhecerem.

Na espiritualidade, espíritos com intenções obscuras, perversas e vampirizadoras já estavam bem próximos, estimulando, convencendo e reforçando a atração entre os encarnados e participando dela, criando um campo magnético propício à volúpia perniciosa e degradante.

Não demoraria muito para que os desejos compulsivos e as intenções lascivas do casal deixassem de ser controlados.

# 8

## Sexo: dignidade e respeito

POUCO TEMPO depois, apesar de terem se conhecido horas antes, Tomás e a moça decidiram que um luxuoso motel lhes serviria bem para outras intimidades.

Embora soubessem dos objetivos dos dois, Elma, junto com sua equipe e o espírito Gustavo, mentor de Tomás, foram com eles sem serem percebidos pelos espíritos inferiores que seguiam o casal.

Chegaram ao local destinado. O ambiente do quarto de motel era bem suntuoso, com espelhos, luzes, brilhos, música e aroma que oferecia um toque especial e de imenso conforto no plano físico. Na espiritualidade, a imagem era bem outra.

Os espíritos que os acompanhavam, sabendo se tratar de uma prática promíscua de sexo casual, tomaram conta do lugar, impregnando tudo. Momento em que, matéria espiritual, imperceptível aos encarnados, aderia-se em objetos e, principalmente, ao leito, como substância leitosa escura, repugnante pela cor e pelo odor fétido. Tais espíritos começavam suas práticas antes dos encarnados.

Essa substância miasmática era o fluido, energia que impregnava tudo e também o casal.

Mesmo com o local higienizado no plano físico, esses fluidos pestilentos, carregados de uma fauna microbiana e energias pesadas, existiam no plano imperceptível aos encarnados. Incontáveis espíritos viciosos, vulgares, maliciosos e inescrupulosos, cujos centros de força genésicos estavam completamente deformados em horrores indizíveis, faziam do quarto de motel um verdadeiro teatro para o espetáculo que seria realizado pelos encarnados, irresponsáveis em sua decisão.

Formava-se uma plateia de espíritos perniciosos e vampirizadores que, afinados pela atração psíquica dos encarnados por causa do sexo promíscuo e casual, agora se deleitariam, como se estivessem encarnados, misturando-se, abraçando-se ao casal durante a cópula para sugarem seus fluidos espirituais, enquanto lhes transmitiriam suas energias torpes, enfermas e extremamente desequilibradas.

São esses os tipos e níveis espirituais que se unem a pessoas com práticas sexuais vulgares, sem compromisso verdadeiro.

Os dois mundos, o mundo físico para o encarnado e o mundo dos espíritos, nesse instante, se interpenetravam, ainda que o casal não percebesse. Espíritos desrespeitosos e inoportunos participariam do ato sexual vulgarizado, envolvendo-se, inclusive, na descarga orgástica, como se estivessem encarnados, pois, pelo perispírito, esses espíritos podem sentir mentalmente todas as impressões com que se afinam[7].

---

7. N.A.E.: Da questão 237 a 257 de *O Livro dos Espíritos* explicam sobre as percepções, sensações e sofrimentos dos espíritos fora do mundo corpóreo, oferecendo compreensão das sensações dos espíritos e que estas provêm das lembranças do corpo onde experimentam como uma espécie de impressão mais forte do que os sentimentos físicos.

Uma obsessão das mais perversas e cruéis seria instalada com o poder de arrastar o indivíduo encarnado a profundas amarguras, depressões, ansiedades, pânico, desequilíbrios infinitamente perturbadores e conflitos íntimos a curto ou longo prazo. Seja enquanto encarnado, seja desencarnado. As dores mentais experimentadas por um espírito após o desencarne são, incrivelmente, piores do que no plano físico.

Elma, observando os instantes preliminares, achou desnecessário que permanecessem ali, pois o grupo de estudo já havia recebido explicações suficientes.

Despedindo-se de Gustavo, que também se retiraria para outro lugar, todos se foram, lamentando as condições de Tomás, por sua falta de autocontrole.

A caminho do posto de serviço onde o grupo se instalava, Romildo, imerso em profundas reflexões, não conseguia deixar de expô-las para sanar sua curiosidade. Com seu jeito quase inquieto, perguntou:

— Elma, todas as relações sexuais vulgares ocorrem de forma espetacular para os espíritos inferiores?

— Não — respondeu a instrutora. — Nunca é do mesmo jeito. Existem envolvimentos bem piores, extremamente indignos, realizados por espíritos enlouquecidos, verdadeiros dementes. — Sempre cautelosa e tranquila, explicou: — Quando uma pessoa como o Tomás, por exemplo, começa a se envolver com espíritos sórdidos, viciosos e lascivos, começa a ficar fraca, sem vitalidade, sem estímulo e entra num estado decadente, vazio, de decepções e insatisfação... Muitos podem se transformar em farrapos humanos. Apesar de a aparência exterior indicar elegância, psicologicamente estão destruídos. Embora nem todos que vivem essa experiência admitam. Outros se tornam depressivos, ansiosos. Desenvolvem transtornos emocionais e podem ser sérios candidatos ao suicídio. Há ainda os que entram em desequilíbrio, loucura e aflições com a frigidez, no caso da mulher, ou a impotência, no caso do homem, ou com tantos outros transtornos. — Breve instante e explicou: — É bom ressaltar que nem todos que enfrentam problemas e transtorno emocional, psicológico são por causa de desvio de comportamento na área sexual. Que fique bem claro isso. No entanto, os que possuem desvios de comportamento sexual enfrentam transtornos emocionais, psicológicos.

Ninguém indagou nada e a instrutora prosseguiu:

— Usando nosso exemplo, quando Tomás estiver decadente, propondo-se a outros processos de manifestação sexual, não haverá somente aqueles espíritos devassos e levianos que hoje o envolvem e obsediam. Certamente, espíritos mais cruéis, extremamente dese-quilibrados, doentes, verdadeiros loucos, serão os que vão incentivá--lo a atos sexuais ainda mais animalescos, selvagens, degradantes e viciosos porque, daqui a algum tempo, o tipo de comportamento sexual que ele tem hoje não trará mais satisfação. Ele procurará outras companhias, parceiras, sexo em grupo, as chamadas orgias. Vai acabar necessitando de mais álcool para sentir mais emoção. Não satisfeito, vai procurar usar drogas, imaginando que terá mais prazer. Ele pode procurar o masoquismo, que é sentir prazer pela dor; o sadismo, que é sentir prazer em fazer alguém sofrer, e muitos outros desvios. Esse é o caminho de Tomás. Essa pode ser a jornada a ser trilhada por muitos dos encarnados que não se equilibram ou não procuram se frear no que diz respeito ao sexo promíscuo e dese-quilibrado. Por isso é preciso procurar ajuda psicológica e assistência espiritual, quando se encontrar em situações desse nível.

— É comum o ato sexual ser visto pelos espíritos? — indagou Silmara.

— Depende — respondeu Elma. — Espíritos com elevação e boa moral não têm necessidade de observar a prática sexual de ninguém.

— Então, só os espíritos vulgares assistem à intimidade alheia?

— É lógico que um casal com respeito, amor sem interesses e motivado pela ternura e dignidade, quando se entrega ao ato sexual saudável, não se torna espetáculo de ninguém. Ao contrário, existe sempre um mentor do lar nas residências em que prevalece a moral sadia. Assim, o mentor do lar ou o mentor de um dos cônjuges, dos parceiros, coloca-se elevadamente como sentinela quando o casal começa a envolver-se com ternura, com carinho e intencionam a troca de energias perispíriticas, que finaliza com o ato sexual. O recinto utilizado para esse fim jamais será invadido por espíritos vulgares, vagabundos, vampirizadores, pois a presença sagrada de um mentor nobre é garantida naquele momento sublime de gratidão e verdadeiro amor. O quarto do casal é protegido como uma espécie de redoma e, logicamente, nem o mentor observa.

Muito diferente do que ocorre com um casal que pratica o ato sexual de forma leviana, desequilibrada e vulgar — prosseguiu a instrutora. — O sexo, a relação sexual não são sujos, pecaminosos nem errado. Deus não nos ofereceu órgãos sexuais para nós nos abstermos, castrarmos física ou psicologicamente. Embora alguns, por opção ou religiosidade, propõem-se a abstinência sexual. Se é isso o que a pessoa deseja, tal decisão não fará mal a ela nem a ninguém. A prática da relação sexual é sublime e elevada, quando exercida com amor verdadeiro, ternura, dignidade e respeito, compreendendo que o outro merece amor de nossa parte e nós merecemos amor por parte do outro.

Sexo não é mercado de seleção de parceiros ou parceiras pela beleza ou por qualquer outro interesse obscuro. A relação sexual é troca de energias perispirituais superiores, quando dignificamos o sexo e temos nobreza de sentimentos.

O relacionamento sexual é desequilibrado e desviado da harmonia, se realizado por barganha e interesse de qualquer espécie, se realizado apenas pela seleção da beleza, sem interesse sentimentais ou respeito pela pessoa, como o fazem os bichinhos. Os animais praticam o ato sexual, ou melhor, fazem o cruzamento sem sentimento nem apego, mas apenas pela força magnética de atração, pelas necessidades físicas e afastam-se terminado o ato.

Devemos lembrar que somos espíritos superiores aos animais irracionais que ainda estão na fase do princípio inteligente da Criação. Temos capacidade e discernimento. Tivemos Jesus, entre muitos outros espíritos grandiosos e missionários em diversas partes do mundo, que nos trouxe ensinamentos morais e bons princípios, além da valorização da vida. Infelizmente, algumas pessoas ainda não se atentaram para esse fato e agem pelo instinto inferior, tal qual animais irracionais, e não pela razão dos sentimentos — desfechou Elma com terna sabedoria e firmeza.

Todos refletiam em silêncio.

Álvaro, após considerável pausa, lembrou:

— Se o desequilíbrio sexual é encontrado em pessoas como Tomás e aquela moça, o que dizer de homens e mulheres que se prostituem e recebem o nome de garoto ou garota de programa?

No mesmo tom, Elma respondeu:

— Os que se propõem ao mercado do sexo são criaturas extremamente infelizes pela vulgaridade. Esses homens e mulheres que se prostituem, chamados erroneamente de garotos ou garotas de programa, sempre trazem consigo espíritos deformados que se grudam literalmente a eles, dominando-lhes as atividades psicomotoras. Esses espíritos, que se aderem ao encarnado, já perderam, muitas vezes, a forma perispiritual humana e mais se parecem com vermes repugnantes que, como parasitas, geram energias funestas e sugam as energias daqueles a quem envolvem. É uma obsessão tão grande, absurda, traumática e sórdida que, muitas vezes, em novas reencarnações, esses espíritos podem nascer num corpo com organização biológica de siameses, ou seja, são gêmeos que nascem ligados por uma parte do corpo.

— É por esse motivo que todos os gêmeos siameses têm essa experiência reencarnatória? — perguntou Silmara, que parecia surpresa.

— Não — informou a orientadora. — Cada caso é um caso. Na maioria, os siameses se ligam por excesso de obsessão de ambas as partes. Essa obsessão pode ser sexual, como falamos, ou intelectual, quando ambos praticaram grandes maldades, como genocídios, torturas, experiências científicas indevidas com seres humanos, tudo com prazer e de comum acordo entre eles. Pode ocorrer pelo ódio excessivo de ambas as partes, em que um perseguiu o outro por reencarnações seguidas, sem um instante de paz. Mas esse caso é o que menos acontece. Pode ser também uma obsessão que denominaram amor, um apego excessivo pelo qual foram capazes até de tirar a própria vida, porque outras pessoas, normalmente familiares, impediriam que ficassem juntos. Agora estão juntos, ligados de verdade como tanto desejaram, provando que os pensamentos têm energia e atraem acontecimentos que tanto queremos.

— E existem até trigêmeos siameses! — exclamou Romildo. — Pode nos dar um único exemplo?

— Sim — tornou a instrutora. — Conheci um caso em que dois espíritos tinham um apego excessivo e compulsividade sexual. Vamos chamar um de Jonas e o outro de Margô. Enquanto um estava encarnado e outro desencarnado, esse se aderia de forma impressionante, como um parasita. Jonas reencarnou e casou-se com Vanora. Margô, também encarnada na mesma época, casou-se com outro homem. Quando Jonas e Margô se reencontraram nessa encarnação, não resistiram. Largaram família e filhos. Apesar de todo o choque, o marido de Margô perdoou. Vanora, no entanto, não esqueceu por um único dia a traição sofrida. Seu amor havia se transformado em ódio, e ela lhes desejava todo o mal, embora não quisesse o marido de volta, se um dia ele retornasse. O tempo passou. Desencarnados, a mente de Vanora não se desprendia da situação. Ela acabou ligando-se a eles pelo ódio obsessivo. Após muito tempo, não vencida a obsessão de Vanora nem a compulsividade sexual obsessiva de Margô e Jonas, os três reencarnaram como siameses. Mas cada caso é um caso — alertou novamente a instrutora.

— E os garotos e as garotas de programa — insistiu Silmara, interessada no assunto —, repletos de energias e miasmas inferiores, eles passam ou impregnam os parceiros com quem se relacionam?

— Sem dúvida alguma — respondeu Elma sem grande surpresa. Em seguida, esclareceu: — O envolvimento com a prostituição propicia energias pesadas e torpes, funestas para a evolução daquele que pediu o programa e daquele que se ofereceu para o mercado do sexo também. Os solicitantes compartilham os obsessores do plano espiritual dos prostitutos, pela afinidade psíquica, ou seja, por gostarem e terem paixão por práticas semelhantes. Acabam se ligando e, muitas vezes, já ficando com ele, mesmo que tenha solicitado o programa uma única vez.

— Como o encarnado faz para se livrar desses obsessores? — perguntou Álvaro, interessado.

— O arrependimento é o primeiro passo. Depois, ele precisa deixar de praticar o sexo promíscuo, rever conceitos, mudar costumes, elevar suas atitudes, mudar pensamentos, palavras... Ele tem que se reformar intimamente. Pelo fato de todos nós caminharmos para a evolução. Isso vai ter de acontecer um dia e quanto antes, melhor. — Na pausa não houve perguntas e Elma continuou: — No caso de Tomás e Lavíneo, eles estão muito sujeitos não só a experiências dolorosas de doenças sexualmente transmissíveis, mas também a enfermidades piores no espírito.

A cada dia, homens e mulheres que se entregam ao sexo vulgar, ao fetichismo, sentem-se mais vazios e são motivados, pelos espíritos perversos e lascivos que os acompanham, a procurarem novas práticas sexuais, novos parceiros e fetiches mais exóticos — comentou Elma. — O desregramento é tão grande que, normalmente, a depressão é a enfermidade psicológica mais branda que sofrem. Espiritualmente falando, vão se tornar aberrações espirituais ainda encarnados. Estarão perturbados pelo arrependimento, pela falta de amor-próprio e autoestima, de autorrespeito e fé.

— Um psicoterapeuta ou psicólogo podem ajudar pessoas desequilibradas sexualmente? — indagou Romildo, curioso.

— Certamente que sim — afirmou Elma, com simplicidade —, entretanto, há de se tomar muito cuidado. O psicoterapeuta ou psicanalista deve orientar a pessoa para que ela mesma encontre seu equilíbrio psicológico e espiritual. Porém, alguns profissionais, até por falta de espiritualização, acabam induzindo o paciente a acreditar que ele é normal dentro de seus desvios e desequilíbrios. Com isso, incentivam o desregramento pelo sexo com deturpação das mais diversas, pelo voyeurismo, em que a pessoa se excita assistindo a outros praticarem sexo ou observando o ato sexual. Incontáveis profissionais consideram os erotomaníacos normais – aqueles que em tudo pensam, falam, descrevem e comparam situações e coisas com o sexo. Alguns psicólogos ou psicanalistas consideram os exibicionistas naturais. Exibicionistas são aqueles que gostam e têm prazer em exibir os órgãos sexuais, em serem vistos praticando sexo. Sentem-se satisfeitos quando, com roupas chamativas, percebem-se olhados e desejados sexualmente. Gostam de chamar atenção e por isso expõem partes do corpo com sensualidade ou acreditam que o onanismo seja natural.

— O que é onanismo? — perguntou Álvaro.

— É o vício da masturbação, relação incompleta, ou interrompida para se tentar evitar a gravidez — orientou Elma, com tranquilidade. Logo completou: — Existem ainda profissionais, que cuidam da saúde psicológica, que consideram normal a aberração da zoofilia ou bestialismo, isto é, a prática sexual com animais. Sem mencionarmos o masoquismo, que é o prazer de sentir dor; o sadismo, em que se obtém prazer pelo sofrimento do outro no ato sexual, chegando ao extremo de levar o parceiro ou parceira à morte.

O fetichismo, ou seja, a veneração intensa por alguma coisa, roupa, cabelo, peças íntimas, apetrechos e muitas outras coisas, na grande maioria das vezes, é considerado normal pelo comércio nessa área, pois está se tornando muito lucrativo. Nem preciso tecer maiores comentários, não é? — considerou a instrutora. E prosseguiu: — Tudo isso, e muito mais, são desvios que muitos ignoram. Um bom psicólogo nessa área ajudaria muito, logicamente se este tiver equilíbrio, princípios morais e espiritualização. A espiritualização daquele que deseja mudar e equilibrar-se mais também ajuda muito. Geralmente, o problema é quando a pessoa desequilibrada, seja na área sexual ou qualquer outra, procura o auxílio de um psicólogo, e quer que, em poucas sessões de psicoterapia, seu problema seja solucionado. Assim como quando procura assistência espiritual em uma casa espírita ou em uma igreja, ela deseja que tudo se normalize em sua vida como em um passe de mágica. Melhora, evolução, elevação exigem determinação, persistência e reforma íntima. Não foi do dia para a noite que se desequilibrou. Logo, não será do dia para a noite que vai se harmonizar.

— Perdoe-me a interrupção, Elma — disse Romildo atento à explicação —, mas parece que quase não restam muitas alternativas de prazer sexual para um casal, se é que me entende...

— Como não? — esclareceu generosa. — Normalidade e equilíbrio sexual entre um casal é amar e ser amado, ser correspondido. É ter prazer de proporcionar e sentir, utilizando-se dos sentidos. Entre um casal que dignifica a relação sexual, que se ama e não tem segundos interesses, deve haver, sim, a utilização do tato, com as carícias; da visão, para admirar o companheiro ou a companheira, que pode, naquele momento, usar uma vestimenta adequada à conquista; do olfato, para sentir o aroma que tanto eleva como excita de modo equilibrado; da audição, para ouvir palavras de carinho e ternura, para ouvir o prazer do outro; o paladar, pelos beijos que os unem expressando amor. Isso tudo oferece prazer, quando os dois se amam e estão de comum acordo. Sexo com dignidade, amor e respeito tem de haver sedução, lógico! Tem de haver conquista, carinho em regiões específicas e que agradam ao outro.

Se você não corrompe, não prostitui o sexo, se é sexualmente saudável, já é o suficiente para ter a troca de energias perispíríticas satisfatórias, plena de emoções salutares. — Breve pausa e Elma ainda disse: — No final de um ato sexual equilibrado, os parceiros sentem-se satisfeitos, plenos, agradecidos um ao outro pelo momento. Não que isso precise ser comentado necessariamente, mas eles jamais se sentem cansados ou exauridos.

— E por que alguns se sentem cansados e outros ainda tristes, amargurados, arrependidos e com aquele nó no peito? — perguntou Álvaro.

— Existe diferença entre relaxado e cansado, exaurido de forças. Relaxado é o estado de sentir-se satisfeito e agradecido pela troca de energias perispíríticas no ato sexual, que o levou a um orgasmo equilibrado. A criatura sente-se cansada, exaurida, esgotada, não pelo ato sexual mas pela vampirização que sofreu dos espíritos lascivos, vis que lhe sugavam as energias no sexo desequilibrado ou promíscuo. O arrependimento, o nó no peito, a amargura a tristeza que paira em seus sentimentos são resultados de saber, inconscientemente, que corrompeu seus princípios morais. Em outras palavras, a pessoa sabe e sente que o que fez não é correto moral, física e espiritualmente falando.

— Elma, o que dizer sobre casais que mantêm relação sexual perto dos filhos, ou que, de alguma forma, deixam os pequenos ouvir o que se passa? — indagou Romildo.

Estampando na face expressão de preocupação, a instrutora comentou, ponderada:

— Esse é um grande problema. Sem sombra de dúvida, é um ato criminoso praticado pelo casal. Além de crime perante as leis dos homens, é um inenarrável crime nas Leis de Deus. Essa irresponsabilidade por parte de adultos, sejam pais ou não, não tem nome.

A criança que observa ou ouve um ato sexual pode sofrer tendências viciosas de desvio sexual, perda de valores morais e espirituais, de respeito pelos pais, de valores pela vida, pelos bons princípios. Essa criança tem grande tendência a ser um adulto promíscuo ou desregrado, pervertido, insatisfeito, deprimido etc. Pode tornar-se estuprador, sádico-maníaco, masoquista, pois sem entender o motivo dos gemidos que, porventura, possam existir durante o ato que ouvem, pode associá-los à tortura, prazer pela dor etc... Pode tornar-se uma criatura que odeia sexo e abomina o relacionamento sexual ou ter tendência à pedofilia e a incontáveis outros desequilíbrios psíquicos.

Todos os casais — prosseguiu Elma —, por respeito aos pequenos que estão a seus cuidados, por respeito a Deus que lhes confiou sua proteção, devem sempre garantir que o ato sexual seja de total privacidade.

— Mesmo sabendo que o filho está dormindo, é errado manter relação no mesmo quarto onde está a criança? — perguntou Silmara, em seguida.

— Obviamente. Quem garante que a criança esteja realmente dormindo? Quem garante que não vá acordar? Além disso, a privacidade é uma questão de respeito a si mesmo.

— Elma — chamou novamente a aluna interessada —, hoje os meios de comunicação exibem cada vez mais cenas picantes, corpos nus, casais se relacionando em horário em que as crianças estão despertas, acordadas e, muitas vezes, os pais não conseguem proibir que assistam essas cenas. Existe até prostituição pela Internet! O que me diz sobre isso?

Silmara mostrava-se impressionada. A instrutora pensou, por alguns segundos, e explicou convincente:

— Vou tornar a repetir que os filhos, os netos, os sobrinhos, enteados e todas as crianças que estão próximas a nós são criaturas que Deus nos confiou para cuidar. Cuidar significa ter desvelo, solicitude, atenção, responsabilidade. É pensar em tudo o que de melhor devemos oferecer a essa criança. Os pais, ou quem tenha condições, podem e devem inibir, de alguma forma, tudo o que é degradante, imoral e desequilibrado para uma criança. Eles são responsáveis por tudo o que a criança aprende ou deixa de aprender, por isso é dever dos adultos monitorarem os programas de televisão, as revistas, os jogos e o acesso à Internet. Uma grande amiga espiritual já nos ensinou: "A criança aprende o que vive"[8]. Então, vamos pensar: se uma criança aprende o que vive, mais tarde ela vai viver aperfeiçoando exatamente o que aprendeu.

— É por isso que a cada dia — lembrou Romildo — aumenta, incrivelmente, o número de adolescentes grávidas, portadores do HIV ou já com as consequências da Aids.

— Tudo está sendo muito precoce hoje — considerou Elma. — É caso que merece nossa observação. Creio que devamos observar mais de perto, porém, por agora, vamos encerrar.

— Amanhã acompanharemos algum caso assim? — quis saber Romildo.

— Talvez, Romildo. Talvez.

E assim, repletos de ansiedade, todos buscaram o santuário do descanso necessário para o recolhimento na prece de agradecimento a Deus, por mais um dia de aprendizado produtivo, que haveria de lhes oferecer, mais tarde, sagrados trabalhos de orientação e discernimento pessoal.

---

8. N.A.E.: O grande espírito, autor dessa frase, é Irma de Castro, mais conhecida como Meimei.

# 9

## Abraço sem medo

NO DIA imediato, os raios do sol espalhavam beleza inexprimível e grande sensação de reconforto, que não se sabia explicar.

Logo cedo, Elma foi ao encontro de Lisete e Djalma que, carinhosamente, cuidavam, atentos, de Marília e seu filhinho.

Havia dias o pequeno Higor ardia em febre, e sua infecção resistia a rigorosos medicamentos, deixando sua jovem mãe em desespero.

— Marília está quase insana, Elma — comentou Lisete comovida com o que presenciava. — Ela acabou de retornar do hospital com o pequeno filho e sabe que, se ele não reagir, deverá interná-lo novamente.

— Podemos observar, com a visão espiritual — relatou Djalma, colocando em evidência sua preocupação —, que a carga viral do pequeno Higor é alta, muito alta, enquanto suas células com receptores CD4 são minoria. Apesar de não terem realizado análises laboratoriais e clínicas para essas contagens, os médicos sabem, pelo quadro clínico apresentado, que o menino está excessivamente vulnerável às infecções oportunistas que, na verdade, são doenças relacionadas à Aids.

Sabendo que Elma, no momento, seria quem melhor poderia ajudar, por sua elevação e dons peculiares, caso algo pudesse ser feito, Lisete disse sem demora, quase implorando, bondosa, mas ansiosa por uma solução:

— O problema é que, além do estado crítico do pobre Higor, tememos por Marília que está perdendo o juízo, enlouquecendo com tantos pensamentos ansiosos e conflitantes... Pensa em matar o filho para acabar com o sofrimento dele e suicidar-se em seguida para não passar por mais tormentos. Já tentamos, junto com o mentor dela e o do pequeno Higor, acalmá-la com energias serenas, mas está sendo bem difícil. Marília blasfema, grita desesperada, quase insana. Revoltada, vibra com extrema negatividade para Lúcio, ignorando que, quando desejamos ou pensamos no mal para os outros, essas energias pairam sobre nós antes de alcançarem a quem endereçamos.

— Já tomei providências para que sua amiga Laura lembre-se dela e deseje vê-la o quanto antes — informou Djalma. — Mas essa moça tem outras coisas a fazer no momento. Talvez, venha só mais tarde.

Elma, sabiamente, conservava viva serenidade, parecendo refletir sobre o ocorrido enquanto Lisete a observava como quem aguarda, angustiada, por uma resposta.

Sem conseguir suportar, Lisete comentou:

— Veja o nível dos espíritos inferiores que Marília atraiu para junto de si por causa de sua revolta e de seus palavrões, piorando ainda mais a situação do pequeno filho. Isso porque os espíritos sugam qualquer energia salutar ainda restante no garoto, deixando-o ainda mais enfermo. Os mentores não conseguem suprir com fluidos o que é retirado.

— São espíritos zombeteiros, malfeitores do pior nível e enfermos revoltados — informou Elma, com serenidade, ainda observando. — Se as mães soubessem como atraem para seus lares espíritos sem caráter, que retardam a evolução e prejudicam a saúde de todos da casa, com seus palavrões, conversas vulgares e pensamentos destrutivos como raiva, inveja e maledicência, mudariam completamente a forma de pensar e de agir. Entendo como é difícil a ação dos espíritos benfeitores num lar contaminado pelas palavras de baixo calão, pelas práticas promíscuas e pelos pensamentos revoltantes.

Nesse instante, Marília media novamente a febre de Higor. Confirmando um grau muito elevado, gritou em meio ao pranto desesperador.

— Não vou levá-lo ao hospital! Não! Chega! Chega de sofrimento! Vamos embora daqui, meu filho. Não merecemos isso! Todo esse sofrimento foi um engano! Não era para estarmos doentes.

Ao pegar o pequeno Higor nos braços e o aninhar em seu peito, percebeu que o filho estava completamente largado, molinho, indefeso e sem reação.

Pensando em como pôr fim àquele sofrimento, a mãe, em desespero, circunvagou o olhar pelo quarto, deu alguns passos hesitantes e ficou pensando no que faria, enquanto olhava para uma janela.

Na espiritualidade, Elma aproximou-se da jovem e com sua particular serenidade, de forma enternecedora, envolveu a encarnada em carinhoso abraço com o filho nos braços.

Marília chorava compulsivamente. Algo começava a tocar seu coração e, em meio aos soluços que entrecortavam sua voz, agora rouca, ela murmurou:

— Deus do céu, me socorra! O que eu faço, meu Deus?! Ajude meu filho!

Diante da cena comovedora, todos viram Marília ajoelhar-se no chão, chorando sobre o filho febril.

À Elma, juntaram-se os mentores elevados, unindo-se todos em prece santificante e fervorosa. Luzes cintilantes passaram a relampejar, constantes, no recinto, formando imagens disformes encantadoras. Algo difícil de explicar.

Mãe e filho passaram a ser envolvidos por uma energia que parecia descer do alto, produzindo agradável sensação de paz, espargindo-se no recinto como uma névoa clara e agradavelmente colorida.

Esses fluidos superiores, invocados com imensurável fé, imediatamente repeliram os espíritos inferiores ali presentes, que se assustaram com o que viam.

Com o passar de alguns minutos, Marília ficou mais calma, apesar de chorosa. Ignorava completamente a atividade espiritual que ocorria ali.

Naquele momento, Higor recebia passes magnéticos com generosa ternura. Não demorou muito, ela pôde perceber o suor abundante no rosto do filhinho querido.

Levantando-se do chão, tomou-o nos braços e, cuidadosamente, levou-o para a cama. Acariciou-lhe o rostinho miúdo, tocando-o em seguida com os próprios lábios para poder sentir sua temperatura.

Marília estranhou ao perceber que Higor estava quase gelado. Ligeira, pegou o termômetro para se certificar. Em minutos, confirmou que o filho tinha menos de 37°C de temperatura.

Sentindo-o molhado de suor frio, ela trocou suas roupas, envolveu-o em cobertas apropriadas e sentou-se a seu lado, acariciando-lhe constantemente a fronte e as mãozinhas.

Seus pensamentos agora pareciam fervilhar de questões:

"Deus ouviu meu pedido" — pensava. — "Que coisa estranha! Eu estava pensando num meio de acabar com todo esse sofrimento e... de repente... Oh! Deus, perdoe-me. Suicídio é pecado. Ninguém tem o direito de tirar a própria vida ou a vida do outro, principalmente de um filho"— refletia enquanto olhava para o pequenino e lágrimas copiosas corriam-lhe na face abatida. — "Perdoe-me, meu Deus! Perdoe-me" — pedia em aflitivo pensamento.

Um choro de arrependimento sincero alongou-se e, na espiritualidade, os elevados espíritos compadecidos da situação asseguravam que o ambiente continuasse salutar e sem invasores espirituais indesejáveis.

Passada mais de uma hora, o soar insistente do telefone forçou Marília a atendê-lo.

Era Laura querendo saber como ela estava e perguntando se poderia visitá-la naquele momento.

Pouco tempo depois, a amiga chegou e observou que a outra havia chorado muito, pois seu rosto rubro denunciava sofrimento e amargura.

Abraçando-se demoradamente à Laura, Marília chorou novamente.

Assim que se recompôs das emoções, explicou:

— Como você sabe, vou e volto do hospital com o Higor. Ele já ficou internado várias vezes neste último mês. Os médicos já não sabem mais o que fazer. Outra vez, ele teve problemas respiratórios, febre alta... Eu sei que deveria levá-lo para o hospital, mas não queria... Não quero mais que ele sofra. Não posso admitir tantos maus tratos para tentar curá-lo de algo que não tem cura. — Olhando para os olhos de Laura, que a ouvia com sagrada compaixão, Marília confessou: — Achei que era o momento de eu decidir pela vida dele e pela minha também. Decidi morrer e levar meu pequeno Higor comigo.

— Marília! — exclamou Laura sussurrando. — Pelo amor de Deus, não pense assim...

— Eu estava pronta para sair com ele nos braços... — interrompeu chorosa. — Pensei em me atirar sob um caminhão, mas lembrei que alguém com sentimento ou que um pai de família, talvez, tivesse que se culpar eternamente pelo que eu provocaria. Além disso, talvez eu não morresse. Depois, olhei pela janela e pensei em me atirar de um viaduto. Seria algo rápido e fatal. Eu estava decidida, porém fui dominada por uma covardia sem igual. Eu comecei a pensar em Deus, em Jesus. Ajoelhei-me no quarto e comecei a gritar por Deus, pedindo por meu filho...

Não sei por quanto tempo fiquei, ali, chorando — prosseguiu Marília —, de repente percebi que o Higor estava todo suado. Ele ainda estava molinho, mas frio, sem febre. Pensei que tivesse morrido, mas notei que respirava. Medi sua temperatura e realmente não havia mais febre. Eu acho que Deus ouviu minhas preces, que cuidou de meu filho... — disse, chorando muito.

— E, agora, como ele está?

— Eu estava sozinha até você telefonar. Depois disso a empregada chegou. Hoje é seu dia de folga... Como você sabe, ela nem imagina o problema de saúde que temos. O Higor acordou e demos banho nele. Ele ainda tomou metade de uma mamadeira! Veja só! E não vomitou! — sorriu. — Agora ele está dormindo e sem febre.

— E a moça, a empregada?

— Deve estar lá no quarto dela. Na edícula. Não há mais o que fazer aqui. Disse que, se eu precisasse de alguma coisa, era só chamar.

— É que... sabe — disse Laura um tanto constrangida, procurando um jeito para se expressar —, eu gostaria de conversar com você sem que alguém nos ouvisse, entende?

— Claro — concordou de imediato. — Pode falar. Aqui estamos seguras. A porta está fechada.

Laura respirou fundo para relaxar, depois falou:

— Sabe, Marília, devo admitir que levei um grande susto quando você me contou que era portadora do HIV. Nós sempre ouvimos falar do HIV, da Aids... Na verdade, apesar de muito comentário, temos pouco esclarecimento a respeito e muito preconceito. — Pensativa, afirmou: — Já tive razões para procurar saber mais sobre isso. Você sabe como é, às vezes, não queremos ouvir falar nesse assunto, nessa possibilidade... Mas cresci, e agora é o momento oportuno.

Com ar de tristeza e certo grau de revolta, Marília interrompeu:

— Na verdade, Laura, o HIV e a Aids têm dois sinônimos: sofrimento e morte certa.

— Calma, minha amiga, vamos devagar. Não compliquemos o que já é difícil. Não é assim como você está falando. Não veja as coisas de forma tão catastrófica. Você não pode pensar negativamente, maldizendo a vida, as pessoas ou os cientistas. Sejamos realistas, isso já aconteceu e não pode ser mudado. É bom lembrar que a revolta só vai fazer piorar a situação, os sentimentos. A revolta piora a qualidade de vida e o tratamento, seja do que for. Aliás, você faz tratamento, não faz?

— Sou só portadora do HIV. Não desenvolvi a Aids.

— E seu médico, o que diz?

Marília constrangeu-se, depois contou:

— Eu só levo o Higor ao médico. Penso que aquele desgraçado do Lúcio acabou com minha vida. Estou condenada, Laura! — chorou nervosa. Mesmo assim, continuou: — Não há o que fazer por mim! Só tenho de aguardar a morte. Para que lutar?

— Todos devemos lutar. Ficar acomodada, esperando que tudo aconteça pode ser suicídio, minha amiga — tentou convencer. E explicou: — O preconceito e a revolta são filhos da ignorância. Ignorar um assunto é o pior que pode acontecer quando temos um problema. Devemos buscar instrução que possa servir de luz a nosso caminho escuro. Apesar de já ter ouvido falar muito sobre o HIV e a Aids, eu descobri que muito se fala e pouco se sabe. Então, decidi pesquisar e procurar entender melhor como acontece. Você quer saber? — perguntou, tentando animá-la.

— Diga...

— Para obter conhecimento, resolvi começar do mais simples: o vírus. Já que a Aids é provocada por um vírus denominado HIV — disse olhando para alguns papéis que trazia. — Os vírus são agentes infecciosos que causam sérias doenças nos homens, nos animais e nas plantas desde eras bem remotas. O tamanho de um vírus é submicroscópico. Totalmente invisível a olho nu. Alguns vírus são organismos vivos. Outros são moléculas complexas que contêm ácidos nucléicos comparáveis a genes. Eles se situam no limite que separa a matéria viva da inerte. São capazes de se multiplicar somente quando invadem uma célula viva. Não precisa haver um macho e uma fêmea para essa multiplicação. Basta um vírus invadir uma célula para que haja uma replicação.

— Isso eu já sei. Um médico me explicou — admitiu Marília, aproveitando-se da pausa. — Os vírus são organismos invisíveis e extremamente prejudiciais à saúde de qualquer ser vivo.

— Resumindo, é isso mesmo. Nós sabemos que HIV é a abreviação de Vírus da Imunodeficiência Humana[9]. A partir do momento que o HIV penetra, de alguma forma, no corpo humano, ele procura invadir as células para se multiplicar e, normalmente, invade células como os linfócitos, um tipo de leucócito. Logo, o material genético do vírus é incorporado ao DNA da célula invadida e é no interior dessa célula, após essa replicação, que ele destrói a célula e libera novas partículas virais que vão sair em busca de novas células para fazer o mesmo processo.

O HIV normalmente invade as células que têm uma proteína receptora chamada CD4 — explicou Laura. — Essas células são chamadas CD4-positivas ou linfócitos T auxiliares. Na verdade, são essas células que ativam outras células do sistema imunológico, sendo que todas auxiliam na destruição de inúmeros microorganismos invasores e células cancerosas.

— Deixe-me ver se entendi — interrompeu Marília, agora interessada. — A partir do momento em que eu me contamino com o HIV, ou seja, sou infectada com o HIV, e ele começa a usar minhas células para se multiplicar, vou sofrendo uma falha em meu sistema

---

9. N.A.E.: do inglês: *Human Immunodeficiency Virus*.

imunológico, pois ele vai matando as células para se multiplicar. É por isso que meu corpo permite o desenvolvimento de infecções e cânceres raros?

— Exatamente — respondeu Laura. — Vamos dizer que seu sistema imunológico é composto por células que trabalham organizadas, como soldados, para combater qualquer outro organismo estranho que possa prejudicar sua saúde, por exemplo, uma bactéria ou até mesmo um vírus de gripe ou resfriado. Quando seu sistema imunológico é bom, talvez, você nem precise de remédios para combater os sintomas de uma gripe ou resfriado. Como o HIV danifica esse sistema de defesa do organismo, a pessoa vai ficando cada vez mais vulnerável a infecções, como a pneumonia, infecções cerebrais, infecções por fungos como a candidíase, que ataca a boca, o esôfago ou a vagina. No caso do portador do HIV, a candidíase se torna de difícil tratamento.

Com o tempo — Laura continuou depois de breve pausa —, os portadores do HIV que estão sem o devido tratamento vão ficando com pouca imunidade natural e pode iniciar-se um conjunto de sintomas que indicam a existência de diferentes infecções e doenças. Nesse ponto, o sistema imunológico defasado é incapaz de defender o organismo humano das doenças que o atacam pela falta de células de defesa. Esse estado é chamado de Aids, abreviatura de: Síndrome de Imunodeficiência Adquirida[10]. A Aids, em alguns países de origem latina, como Portugal, Espanha, França, é chamada de Sida. No Brasil é conhecida como Aids.

— Então, o chamado soropositivo assintomático, ou seja, aquele que tem o vírus sem sintomas, é a pessoa que só é portadora do HIV. Quando uma série de sintomas infecciosos e doenças começam a se manifestar ao mesmo tempo, porque o corpo não

---

10. N.A.E.: do inglês: *Acquired Immune Deficiency Syndrome.*

consegue defender-se, esse estado doentio é chamado de Aids? — indagou Marília, tentando entender.

— Isso mesmo — confirmou a amiga. — Embora o corpo combata o HIV, não é possível eliminá-lo ou destruí-lo. Existem exames que fazem a contagem das células CD4-positivas, o que ajuda o médico a saber se a pessoa tem o risco de desenvolver a Aids, ou seja, se a pessoa está perto de sofrer várias infecções oportunistas ou doenças ao mesmo tempo. Sabe-se que uma pessoa está vulnerável a infecções oportunistas porque sua contagem de células caem para menos de duzentas por microlitro de sangue — dizia, consultando os papéis que trazia consigo. — A infecção pelo HIV altera a função do sistema imunológico, que começa a produzir mais e mais anticorpos e esses anticorpos se voltam contra o próprio HIV e as infecções que a pessoa já teve, porém eles são inúteis para combater as diversas infecções novas que ocorrem com a Aids.

Enquanto isso acontece — continuou Laura —, a destruição constante das células CD4-positivas, para a produção de mais vírus, impede o sistema imunológico de reconhecer os novos invasores e identificá-los para atacá-los.

— E por que não conseguem atacá-lo? Por que eles confundem o sistema imunológico?

— Porque, quando o vírus HIV invade uma célula e nela se hospeda para se multiplicar, ele incorpora seu material genético, que é chamado de RNA, ao DNA da célula da pessoa. Quando ele mata essa célula e libera novas partículas virais, esses novos vírus sofreram uma transformação em seu material genético e agora tem algo parecido com o DNA da pessoa. É isso que confunde o sistema imunológico, que só combate os corpos estranhos e nunca combate o que tenha o código genético do próprio corpo.

— Por que desenvolveram uma vacina para a tão temível varíola? Para a rubéola, poliomielite, sarampo e não se consegue uma vacina para combater o HIV, uma vez que todos são vírus? — perguntou Marília.

— É que os vírus têm várias classificações. Isso se faz de acordo com o tipo de ácido nucleico que ele apresenta. Por exemplo, a varíola é da família do *poxvírus*. A poliomielite, os resfriados e a hepatite-A são vírus da família *picornavírus*. A rubéola é da família do *togavírus*. O sarampo e a caxumba são da família do *paramixovírus* e o HIV é da família do *retrovírus*.

Com exceção do HIV, os outros vírus mencionados são quase sempre constantes, ou melhor, quase sempre são os mesmos. Não sofrem mudanças genéticas, por isso podem ser combatidos. Os cientistas encontraram, com as vacinas, um meio de alertar o corpo humano, avisando para combater e atacar aquele tipo de agente viral. O vírus então é inativado no organismo — contou com tranquilidade para observar se a outra estava atenta. Depois continuou: — Entretanto, pelo que eu entendi, o *retrovírus*, família a que pertence o HIV, é um tipo de vírus que armazena suas informações genéticas e, ao invadir uma nova célula, acaba liberando essas informações. Em seguida, sintetiza, ou melhor, resume o DNA da pessoa que está contido na célula usando essas informações genéticas. Esse vírus faz sempre isso. Resultado: é criado um DNA do vírus que se incorpora ao DNA da célula hospedeira. Quando essa célula se divide, ela também produz uma nova cópia do DNA do vírus, que se mistura aos genes da célula, fazendo surgir novas partículas virais diferentes daquela primeira que entrou na célula. Em outras palavras, menos complicadas, podemos dizer que é criado um subvírus ou um vírus novo, que infecta outras células.

— Em outras palavras — interrompeu Marília —, quando o HIV infecta um corpo humano, ele utiliza o DNA da pessoa e faz sua informação genética ficar parecida com a da pessoa. O HIV sofre mutação de pessoa para pessoa. É isso?

— Exatamente. Por isso é complicado combatê-lo. O *retrovírus* nunca é o mesmo, apesar de causar os mesmos efeitos em suas vítimas. Por exemplo, se uma pessoa faz uso de um medicamento, o HIV é capaz de ficar resistente ao mesmo. Quando essa pessoa infectar outra, esse mesmo medicamento pode não fazer efeito, pois o vírus pode adquirir resistência a vários remédios e drogas para diferentes infecções.

Marília parecia desconsolada e, abaixando o olhar, ficou pensativa por algum tempo. Finalmente perguntou:

— Por anos nunca ouvimos falar de HIV ou Aids. De que inferno saiu esse vírus?

— Nem os cientistas sabem dizer ao certo — respondeu Laura, paciente. — Sabe-se que no final dos anos 1970 e começo dos 1980 muitos homossexuais do sexo masculino apresentavam o sarcoma de Kaposi, um câncer raro que se manifesta em tumor de pele, de crescimento lento e se espalha por várias partes do corpo. Além disso, surgiram a síndrome de perda de peso, que ocorria sem dietas nem atividades físicas e as manifestações de sistema imunológico gravemente enfraquecido, pneumonia etc. Isso levou os infectologistas a concluirem que se tratava de uma nova doença infecciosa e transmissível. Com isso, houve necessidade de se admitir que havia uma Síndrome de Imunodeficiência Adquirida, ou seja, a Aids.

Em 1983, os cientistas franceses conseguiram, pela primeira vez, isolar e identificar o agente causador da Aids: um vírus, a que deram um nome muito complicado — prosseguiu Laura com tranquilidade natural. — Meses depois, cientistas norte-americanos também conseguiram isolar o mesmo vírus, a que também deram um nome diferente e complicado. A Organização Mundial de Saúde, considerou que se tratava do mesmo vírus e apresentou proposta de chamá-lo de Vírus da Imunodeficiência Humana cuja sigla em inglês é HIV, causador da Aids.

Marília não se manifestava e a amiga continuou:

— Há dois tipos de vírus que resultam na Aids: o HIV-1 e o HIV-2. O HIV-1, segundo cientista americano, é dez vezes mais mortal e mais rápido do que o HIV-2. O HIV-1, o vírus mais letal, é o mais comum nas Américas, na Europa, na Ásia e na África Central, Oriental e Meridional. Já na África Ocidental, embora haja a contaminação também pelo HIV-1, o HIV-2 lidera como principal vírus causador da Aids naquela região. Parece que o HIV-2, que é o vírus mais brando, mais lento, existe na África Ocidental e, embora seja de uma linhagem menos agressiva, é tão letal quanto o outro, só que leva mais tempo para levar à morte.

O HIV tem sido detectado em todos os líquidos do corpo: o sangue, o sêmen, as secreções vaginais, o leite materno. O HIV também é encontrado na saliva, na lágrima, na urina, no suor e nas fezes de uma pessoa contaminada. — Olhando constantemente em um papel, Laura continuou: — Não existem provas científicas de que o HIV se propague pela saliva, lágrima e suor. Mas o Controle de Doenças Contagiosas — CDC — recomenda evitar o beijo de boca aberta ou beijo francês, como é conhecido, com pessoas com alto nível de infecção, já com sintomas da Aids. Eles lembram que corte e/ou ferida na boca pode ser uma porta de entrada para qualquer vírus.

Tem-se certeza de que o beijo no rosto, que é o beijo social e o beijo de selinho ou beijo de boca fechada, não transmitem o HIV. — E ainda disse: — Em minhas pesquisas, encontrei que o CDC investigou apenas um caso de contágio pelo HIV no beijo de boca aberta, mas você sabe, não se pode ter certeza.

— A princípio — interrompeu Marília —, acreditava-se que a Aids era uma doença específica de homossexuais.

— Isso é pura ilusão. Qualquer pessoa que contrair o HIV é um propagador desse vírus, seja homem, seja mulher, heterossexual ou homossexual. Já se comprovou que algumas pessoas infectadas permaneceram de dez a quinze anos sem que a Aids se manifestasse. Por isso, aqueles casos que serviram de estatísticas nos anos de 1970, como os primeiros casos de estudo, não servem de referência para o princípio do HIV e da Aids. O HIV vem de muito antes.

No caso de aquisição por relação sexual, uma pessoa saudável, homem ou mulher, adquire o HIV pela relação com parceiro infectado, seja por relação vaginal, anal e oral. Além disso, vamos lembrar que as pessoas podem contaminar-se também por compartilhar seringas ou agulhas para drogas ou medicamentos. Sem esquecer que a colher com a qual os usuários diluem a droga, também pode ser um objeto de contaminação. Não basta só a agulha e a seringa serem individuais, pois os viciados que compartilham o mesmo recipiente de diluição da droga podem se infectar com o vírus se alguém do grupo for soropositivo. Não podemos nos esquecer de que o HIV pode infectar alguém por meio de instrumentos cortantes contaminados como: instrumentos cirúrgicos, odontológicos, alicates de cutícula. Fora isso, qualquer um pode ser infectado pelo HIV por meio do transplante de órgãos, transfusão de sangue e seus derivados, se estiverem contaminados.

— É apavorante.

— Sim, Marília, eu também acho que isso é apavorante.

— É por isso que me sinto condenada. Você não imagina como é saber que se vai sofrer, ficar em uma cama esperando a morte.

— É importante, no meio disso tudo, você pensar em não se condenar. Existem tantas outras doenças tão letais quanto a Aids. Veja o câncer, a meningite, a hepatite e tantas outras que nos levam à morte, mas nem por isso nós devemos nos entregar. Acredito na vida além dessa vida e a Aids não vai poder acompanhá-la depois dessa experiência terrena, assim como o câncer, a meningite, a hepatite e tantas outras doenças não podem acompanhar as pessoas se elas não admitirem, se elas se amarem, em vez de se amargurarem, de se maltratarem com torturas íntimas do que ainda não aconteceu. Eu estou aqui hoje, mas não sei se amanhã estarei em um hospital com um derrame, com esclerose múltipla, com tuberculose... Posso ser atropelada e ficar tetraplégica em uma cama dependente de aparelhos até para respirar.

A outra nada disse e Laura acrescentou:

— O HIV e a Aids não são o fim. Você pode fazer dessa experiência o começo de uma nova vida. Diferente e difícil, sem dúvida, mas pode ser o começo do amor a si mesma, de cuidados todos especiais, repletos de generosidade. Não sabemos por que provamos determinadas amarguras, porém quando o medo da dor vier, lembre-se de Jesus que tanto sofreu sem merecer e nunca esmoreceu diante de nada. Com o tempo, nós vamos conversar mais a respeito disso. Acredito que vai se sentir melhor e será capaz de encarar o mundo com um sorriso, porque tem os ombros fortes para se erguer, tomar sua cruz e seguir o Mestre.

— Será difícil... Sabe, as pessoas me condenam... é como se eu fosse um monstro capaz de matar quem se encostar em mim.

— Não dê importância aos outros. Aliás, foi por isso que eu fui atrás dessas informações. Eu queria saber, ter certeza dos meus e dos seus limites. Descobri que não preciso ter qualquer medo. Não preciso me afastar de você e posso, devo, continuar sua amiga. Tenho certeza de que não corro risco algum. — Olhando-a nos olhos, Laura ainda disse: — Não será com seu abraço, com um beijo no rosto que eu vou me contaminar. Sempre fui e serei sua amiga.

Marília levantou o olhar choroso e, não resistindo, abraçou-se à Laura com força.

Carinhosamente, Laura a afagou e, com largo sorriso, elevado respeito e verdadeira amizade, aconselhou:

— Não quero que se sinta só, abandonada. Alguém que tem Jesus no coração jamais fica só. Ninguém pode enfrentar uma luta dessa sozinha. É importante buscar a Deus e as pessoas que não são ignorantes. Os ignorantes produzem a morte social àqueles que merecem atenção e carinho. Digo, ignorantes, não para ofender, mas para identificar aqueles que não têm conhecimento nem o procuram.

É importante sermos esclarecidos, conforme o Mestre alertou, para conhecermos a verdade que nos libertaria. Marília, tenha compaixão dos preconceituosos e não se iguale a eles, maldizendo-os. Deixe-os aprender com a vida. — Laura ainda finalizou: — Agora, quanto a você, peço que, acima de tudo, ame-se, trate-se com o maior carinho e o mais elevado amor e respeito. Todos nós, sem exceção, estamos na Terra para provarmos experiências que nos farão crescer para a vida eterna, principalmente, quando experimentamos a prova com dignidade e sabedoria, aproveitando a situação difícil para nos elevarmos na vida espiritual.

A jovem Marília sentia profunda emoção e em novo abraço apertado, sem palavras, agradeceu à amiga verdadeira, que estava disposta à prática do que Jesus ensinou: "Amar ao próximo como a si mesmo".

# 10

## Erro consciente

A PRESENÇA de Laura na vida de Marília havia sido uma providência Divina.

A moça, a partir de então, seria instruída e amparada pela elevada amiga que, sem recompensa terrena, era a própria caridade viva.

Marília, por sua vez, esforçava-se para elevar os pensamentos, as atitudes, apesar de toda a dificuldade pela dolorosa experiência que amargurava seus sentimentos. No entanto, ela não desistia. Isso auxiliava benfeitores espirituais que a envolviam com elevados fluidos, dando-lhe força e bom ânimo.

Como a situação estava sob controle, Elma continuou nos campos da crosta terrena, junto com sua equipe, para observar e estudar o procedimento dos encarnados que permanecem vibrando em diferentes graus da evolução a que pretenderam antes do reencarne, almejando crescimento e libertação dos vícios.

Passado um tempo, em determinada ocasião, Romildo, dedicado estudante, em companhia da instrutora, comentou:

— Reencarnamos ora como homem, ora como mulher. Os espíritos não são criados por Deus com um sexo determinado, mas quando reencarnam, o corpo físico determina um sexo a eles. Por quê?

— Os espíritos reencarnam homens ou mulheres, como é explicado em *O Livro dos Espíritos* nas questões 200 a 202. Eles precisam de diversas experiências e diversas provas diferentes. Se um espírito nascesse sempre com o mesmo sexo, não aprenderia nada sobre o outro. Não aprenderia nada sobre compreender, amar, entender as dificuldades, os problemas, as dores... Se, numa encarnação, um homem foi bruto e agressivo, acreditava que as mulheres são seres inferiores, que podem ser subjugadas e consideradas propriedade, não respeitava seus sentimentos e problemas, na próxima encarnação, ele experimentará nascer como mulher para aprender que esse procedimento não é correto e, certamente, encontrará alguém que lhe fará o que ele fez com sua mulher numa experiência passada. A Doutrina Espírita nos explica, com a lei de causa e efeito, que sofremos aquilo que fizemos o outro sofrer quando não nos corrigimos nem harmonizamos os erros cometidos.

— Então é na Doutrina Espírita que se pode ter mais chance de aprender sobre o equilíbrio sexual? — perguntou Silmara.

— Aprender sobre o equilíbrio sexual não significa ter equilíbrio sexual. Como já ouvimos dizer, "a religião não faz do homem um grande espírito". O sexo é algo inerente, inseparável do espírito. O genésico, região dos órgãos sexuais, é um centro de força do espírito. Ele mostra e exibe o que o espírito é. Não depende da religião ou da filosofia que ele segue, mas sim de sua boa vontade em ter moral, em se esforçar para não agir por impulso dos prazeres vulgares. Por exemplo, é comum ouvirmos dizer que uma pessoa perdeu a paciência. Ninguém perde aquilo que já conquistou, se já é uma qualidade moral. Se a criatura já se elevou na paciência, na tranquilidade, ela passará por inúmeras provas e dificuldades sem se desequilibrar. Assim é a compulsividade sexual e todos os biótipos e desvios relacionados a ela. Não adianta aprender sobre equilíbrio sexual e não se esforçar para se livrar dos próprios desvios.

— Existem pessoas que pensam que basta aprender sobre o desequilíbrio; outras, que basta pedir perdão a Deus depois de cometerem leviandades e que irão para o céu... — interrompeu Romildo.

— Nós temos de nos esforçar para nos livrarmos de nossos desvios, evoluirmos e seguirmos para mundos melhores.

— Precisamos nos libertar, principalmente, do vício de criticar o irmão do caminho... — tornou a orientadora, com serenidade, imprimindo entonação agradável na voz maternal. — Não sabemos o que fomos no passado, meus queridos, nem as provações que nos aguardam no futuro. Quem pode garantir que não reagiríamos com maior desequilíbrio, na mesma experiência, do que alguém que criticamos? Nem o Mestre Jesus, com toda a sua elevação, julgou ou condenou a mulher adúltera. Quem somos nós para fazê-lo? Se estamos neste planeta, é porque somos devedores a nossa consciência e não nos cabe criticar a vida dos outros, se não podemos ajudar.

A argumentação de Elma era bem sugestiva e necessária. Após pequena pausa, avisou com a mesma tranquilidade:

— Nós vamos hoje a um Centro Espírita observar melhor o comportamento de alguns companheiros que, apesar do conhecimento, desviam-se do equilíbrio. Quero lembrar que estamos aqui só para aprender e observar sem críticas.

\* \* \*

Decorridos minutos, a equipe já se encontrava em um Centro Espírita onde várias pessoas se reuniam para o estudo da Doutrina.

Previamente informados sobre os objetivos que os levavam ali, os alunos de Elma observaram, já do lado de fora dos limites do portão daquele centro espírita, entre tantos outros, um grupo de espíritos em especial. A aparência animalizada e o comportamento, expresso em devaneios horripilantes, desses espíritos faziam suas mentes moldar--lhes o corpo espiritual de forma quase que totalmente animalesca e feia. Quando encarnados, suas paixões e vícios sexuais os levaram à prática do bestialismo ou zoofilia, resultando, agora que estavam na espiritualidade, em aspecto monstruoso, arrasador e doloroso.

Esse grupo, inferiorizado por tais concepções, ligava-se especialmente a um encarnado que frequentava as seções de estudo da Doutrina Espírita, absorvendo-lhe fluidos e consumindo suas reservas de forças, sem serem ainda percebidos.

Ermiro, o espírita em questão, afinava-se tristemente a essas criaturas por pura compatibilidade das práticas e pensamentos.

— Ermiro é espírita desde a adolescência — explicou a instrutora, com respeito e compreensão ao desvio a ser comentado. — Ele tem muito conhecimento. É estudioso da Doutrina Espírita e sabe bem como ocorre a influência dos espíritos inferiores e ignorantes em nossa vida. Além disso, Ermiro tem informações sobre o prejuízo que um desequilíbrio, principalmente desse porte, traz a qualquer um.

— Será que ele não sabe que a prática de sexo de um ser humano com um animal é algo que, além de repugnante, traz graves doenças e vai certamente arrastá-lo a um vale de lamentações após o desencarne, por causa de tanto desequilíbrio? Isso vai lhe trazer deformações perispiríticas e muito sofrimento, muito a corrigir... — comentou Álvaro, inconformado com o caso. — Já ouvi casos desse tipo em que, na encarnação seguinte, a pessoa nasceu deformada ou com deformidades na coluna por estar exposta, torta... por passar ali a descarga orgástica obtida com animais, pela energia pesada do animal. Em outros casos mais brandos, a impotência foi o que vigorou.

— A impotência sexual masculina ou a frigidez feminina — falou a orientadora — podem ser decorrentes também do abuso das funções sexuais, compulsividade sexual, do excesso de prática sexual no caso da prostituição e sexo sem compromisso, e não somente do relacionamento com animais.

— Mas será que ele não tem conhecimento disso? — insistiu Álvaro.

— Ele sabe de tudo isso — confirmou Elma com explícita tristeza. — Sabe que suas funções, seus desejos de praticar sexo com animais são um desequilíbrio com terríveis consequências psíquicas, o que equivale dizer que ele se prende a forças inferiores de inigualável poder. Um grande instrutor da espiritualidade[11] nos ensinou, em seus livros, que, encarnados, sofremos a influência dos espíritos inferiores nas regiões em que estão situados o sexo e o estômago e recebemos estímulos dos espíritos um pouco mais evoluídos na região do coração e do cérebro. Esse instrutor ainda nos legou que: "Quando a criatura busca manejar a própria vontade, escolhe a companhia que prefere e lança-se no caminho que deseja". — Decorrida breve e propositada pausa para reflexão, Elma explicou: — Muitos daqueles que têm acesso ao conhecimento, e mesmo assim deslizam e cometem erros alarmantes, nunca admitem que a lei de causa e efeito vai funcionar também para eles. O orgulho os faz acreditar que sempre estão corretos e que não estão fazendo nada de errado.

— Que grande engano — lembrou Romildo, lamentando. — Aquele que tem conhecimento e insiste em fazer algo errado terá muito mais o que consertar, muito mais débito do que o ignorante, que errou por falta de conhecimento.

— Elma — perguntou Álvaro —, por que esses espíritos inferiores que acompanham o Ermiro não entram na casa espírita?

---

11. N.A.E.: Trata-se do espírito André Luiz, que trouxe incontáveis informações da vida espiritual através da psicografia do querido médium Francisco Candido Xavier.

— Suponhamos que você seja um defensor de nossos irmãozinhos em evolução como os animais — exemplificou a instrutora —, amando e defendendo os bichinhos, por acaso assistiria a uma tourada onde um animal acuado e indefeso é apunhalado e golpeado cruelmente? Acaso não acha que é um prazer macabro e uma demonstração da inferioridade humana, em vez de diversão? Se você fosse a um evento tão sanguinário, horrendo como esse, certamente, seria para defender os touros, defender seus conceitos, sua crença.

Assim são eles — prosseguiu a benfeitora —, mas, diferentes dos defensores de causas nobres, esses espíritos têm medo do caminho de Luz. Não querem acordar para a revelação Divina, pois amam a vida inferior que experimentaram, comprazendo-se com ela e gostando dela, principalmente quando encontram encarnados a quem usam como escravos, para vampirizar, sugar seus fluidos energéticos, principalmente, nos momentos de suas práticas animalescas, inferiores e vis.

— Normalmente — comentou Silmara —, as pessoas com desequilíbrio sexual têm em torno de si uma aura que incomoda aqueles que têm certo equilíbrio.

Não conseguindo se conter, Romildo comentou:

— As pessoas comuns, de boa moral, normalmente repelem aqueles que se desequilibram sexualmente, não só pela energia que as circundam, mas também pelo próprio comportamento. Muitas vezes, o desequilíbrio sexual chega repleto de gentilezas sedutoras, toques e contatos excessivamente generosos, fala mansa, baixa, constantes e incômodos elogios... Essa pessoa aproxima-se de outra, abraça-a e permanece abraçada, falando muito perto dela... parecendo querer colar o rosto... Isso é falta de respeito e educação, porque ele nem sabe se a outra pessoa quer ser tocada! E, para terminar, é demonstração de desequilíbrio querer sempre seduzir com toques, contato direto...

— Ah! Isso é verdade! — concordou Silmara. — É simplesmente horrível quando alguém chega perto, e mais perto, e começa a falar manso, baixinho, pondo a mão na gente... Eu tinha pavor de gente assim e quando...

— Pessoal! — interrompeu Elma com semblante sério e grande firmeza na voz. — Não seria razoável nós nos determos no assunto que nos trouxe aqui?

Constrangida, Silmara abaixou o olhar, mas Romildo, com articulação simples, sorriu sem graça e nada disse.

— Elma — perguntou Álvaro —, por acaso nós voltaremos a acompanhar o caso do Lavíneo, do Tomás e da Rejane? Não sabemos qual o desfecho de suas experiências e decisões.

— Vamos vê-los, novamente, sim. Mas, antes, já que nos embrenhamos no lado religioso da questão dos desvios, vamos primeiro aprender um pouco mais sobre o assunto. — Breve pausa e Elma sugeriu: — Aproveitando que estamos em uma Casa Espírita, vamos observar, não a desarmonia que Ermiro provoca para si e sim a harmonização que outra estudante e tarefeira promove. — Ao indicar a mulher, comentou com sensatez: — Aquela é Francisca, uma mulher muito ativa, dedicada. Ela é viúva. Tem uma filha casada e netinhos. Francisca casou-se no tempo em que as famílias pressionavam e oprimiam os filhos, principalmente as filhas, a contraírem matrimônio, com ou sem amor, por interesses inúmeros. E foi isso o que aconteceu.

Ainda jovem, Francisca começou a perceber que havia algo diferente com seus sentimentos e que, apesar de seu corpo ter constituição feminina, sua mente, psicologia e forma comportamental eram masculinas. — Todos observaram e a instrutora acrescentou um longo relato: — Francisca, em outras reencarnações, experimentando nascer como homem, foi um parceiro que só trouxe infelicidade às companheiras, usando as mulheres com zombarias, como algo descartável e desprezível, humilhando e desdenhando-as num tempo em que a virtude de uma mulher era representada pela virgindade. Por sentir-se superior como homem, submeteu inúmeras jovens a sua sedução, conquistando-as, usando-as e abandonando-as, sem desenvolver nenhum sentimento de amor e compaixão.

Hoje, ela encarnou com essa conduta homossexual e teve um marido que, apesar de regulamentar sua situação civil, casando--se com ela, usou-a como objeto para suas necessidades físicas, o que para ela era sempre repulsivo, por sua psicologia. Logo após o nascimento da filha querida, seguida da viuvez precoce, Francisca descobriu o Espiritismo Consolador que lhe trouxe, vagarosamente, explicações satisfatórias sobre o querer e não poder.

Resignada, Francisca não brigou com sua natureza. Dedicou-se, com ternura, a desenvolver grande sentimento maternal pela filha querida e por outros filhos do mundo.

Ela é firme, competente e prudente. Não se queixa de suas condições psicológicas, desconformes com a organização biológica.

Compreende que a Natureza não errou. Ela entende que precisa harmonizar-se de alguma forma para logo ser feliz de verdade, pois a felicidade não é deste mundo. Enquanto isso, ela cuida, protege e orienta a muitos que ainda não encontraram um caminho correto e harmonioso a seguir, para focalizar suas energias e não desperdiçá-las de modo a se corromper.

Elma silenciou e, aproveitando-se da pausa, Romildo indagou:

— Assim como Dirso, o rapaz que tocava violão para crianças especiais, quando o desejo sexual aparece, Francisca também se resigna em prece para evitar os assédios espirituais inferiores?

A instrutora sorriu, generosa, e explicou:

— Francisca encontra-se em um nível tão elevado que não tem tempo para pensar em desejos. Isso foi escolha e conquista própria. Foi o que acreditou ser o certo para a sua consciência, embora ela não tenha conhecimento do passado ou do planejamento reencarnatório. Por ter maltratado, infelicitado e zombado de outras mulheres, no passado, decidiu, em planejamento reencarnatório, ter um marido que a usasse como usou outras pessoas e ficar sozinha. Vejam, isso foi escolha para harmonizar o que precisava. Não significa que todas as pessoas homossexuais necessitem ficar sozinhas para buscarem harmonia. Afinal, ser homossexual não significa ter algo para harmonizar no sentido sexual. Ser homossexual significa passar por uma experiência terrena, assim como ser mulher ou homem. — Um instante de pausa e prosseguiu: — Hoje, Francisca trabalha e dedica-se arduamente a tarefas nobres, ocupando tanto seu tempo e sua atividade mental que não lhe sobra muito tempo para conflitos. Assim, não há tempo para ouvir os obsessores em pensamentos.

Nesse momento, a reunião de estudos no Centro Espírita havia terminado.

Uns se despediam; outros conversavam animados em rodinhas, outros ainda se reservavam para conversar em particular.

Observador, Romildo comentou sem exaltação:

— Naquela moça — apontou —, podemos verificar que o centro genésico traz grande comprometimento. Isso se dá por seu comportamento e psiquismo, em querer sempre chamar a atenção para si, conquistar, seduzir e atrair alguém para o sexo?

— Exatamente — confirmou a instrutora sem hesitar. — Ao contrário do seu jeito recatado, ela mascara o desvio, o distúrbio emocional para a prática de sexo excessivo e casual, consequentemente, promíscuo, que não deseja controlar. Muito pelo contrário. Para todos, na espiritualidade, é impossível não ver a compulsão. Aliás, no caso dessa moça, sua compulsão sexual é menor do que o desejo ardente de ser notada, de exibir-se, de conquistar e relacionar-se mesmo sem prazer, embora o finja. É distúrbio da emoção. Constantemente, ela se força para comportar-se com determinados gestos e olhares, sorriso treinado, voz generosa, quando, na verdade, quer apenas conquistar, por fetiche, uma multiplicidade de parceiros. Apesar dos ensinamentos que encontra no Espiritismo, essa pobre irmã não se valoriza e torna-se cada dia mais vulgar, passando de "mão em mão".

— Ainda que não haja comércio, ou seja, qualquer preço estipulado — tornou Romildo —, esse tipo de atitude é prostituição, não é?

— Ninguém se satisfaz com paixões mecânicas. Ninguém é completo com o sexo mecânico, sem intenções. Eu penso que essa moça, mesmo não estipulando preço, quando não se valoriza e se entrega a um e a outro em busca e em troca de necessidades emocionais, acredita que a qualquer momento encontrará um príncipe encantado que cuide dela eternamente. Essa ilusão e ingenuidade não deixam de ser uma forma de pensar em estabilidade financeira e acaba praticando sexo vulgar, casual. Além disso, ela tem como mania, ou melhor dizendo, como desvio psicológico, o desejo de "colecionar" um grande número de parceiros diferentes.

— O dia em que essa moça se defrontar com a própria imagem no plano espiritual, por tudo o que ela faz... — apiedou-se Álvaro. — Ela é tão bonita no corpo de carne, mas seu perispírito...

— Devemos ter compaixão e piedade de nossos irmãos que se desvirtuam do caminho correto — aconselhou Elma, com bondade.

— Não só ela, mas também muitos de nós nos envergonharíamos, extremamente, se nos assistíssemos em atuações e condições degradantes de sensualismo, exibicionismo vulgar e efêmero. É por essa razão que muitos, mesmo desencarnados, não sabem do próprio passado. Ocorreriam inenarráveis distúrbios. Eles seriam atormentados terrivelmente pela consciência, detestariam ter vivido e se alongariam em profunda depressão espiritual. Essa pobre moça está vazia, como todos aqueles que buscam, incessantemente, algo que não sabem o que é, direcionando essa atenção ao sexo, à atividade sexual sem amor, portanto corrompida, que só lhes traz distúrbio e desarmonia.

— Mas, Elma — perguntou Romildo, inquieto —, há pessoas que nem sabem que estão agindo errado. Ainda assim elas experimentarão perturbações e desequilíbrio por isso?

Sem pensar muito, a instrutora respondeu:

— Lembre-se de que é a consciência que vai implorar harmonia e refazimento. Não é o fato de relacionar-se sexualmente, ou não, que fará de você um santo, mas o importante é com que intuito se pratica ou se deixa de praticar o ato sexual. Tudo, exatamente tudo, que você faz com desequilíbrio, de forma excessiva, perturbada, anormal ou com segundas intenções, vai lhe trazer limitações sérias. Tudo que você pratica com desrespeito a você ou a outra pessoa terá de harmonizar com difíceis carências futuras. O sentimento de amor deve ser o prelúdio do ato sexual, mas muitos só pensam no sexo como mecanismo de prazer pela descarga que ele promove ou por interesses pessoais.

— Mas, e no caso dessa moça, ela não tem um parceiro, um namorado e deseja um. E aí? O que ela deveria fazer? — perguntou o aluno novamente.

— Enquanto se aguarda o companheiro para uma vida repleta de plenitude e amor, alguém que seja seu complemento, o ideal seria canalizar a energia sexual para realizações elevadas, abraçar tarefas nas artes, na literatura, na cultura, na caridade ou instrução de um modo geral. Essa atitude não deve ser de sacrifícios e conflitos, mas sim de gosto e realizações. Sem queixas nem promoções aos próprios atos. Se for para essa criatura ter um parceiro ideal, ele aparecerá de qualquer forma. Quando procuramos, desesperadamente, esse parceiro ou parceira, podemos nos distanciar dele, ou ainda, quando ele aparecer, não vai nos querer pelos desatinos que fizemos. As energias do que pensamos, praticamos e falamos nos envolvem sempre e podem ser sentidas por outras pessoas mesmo quando elas não sabem ou não entendem o que sentem perto de nós. Isso em todos os sentidos. Pessoas que deveriam estar em nossas vidas, podem se sentir repelidas por nossas práticas antes de conhecê-las. Se não for para termos parceiro nenhum nessa existência, ao menos não teremos nos desarmonizado moral e espiritualmente.

— Outra coisa — lembrou Romildo —, não podemos complicar nossa existência com pensamentos mesquinhos, julgando que ao fazermos caridade, dedicarmo-nos ao estudo de elevação ou à tarefa fraterna, somos heróis, salvadores de um grupo. Isso porque nossa caridade não passa de uma atuação disciplinadora para nós mesmos e nosso auxilio ao próximo, provavelmente, seja o pagamento de uma dívida do passado.

— Bem lembrado, Romildo — sorriu Elma. — Tudo é questão de disciplina. Tanto Ermiro quanto essa moça, apesar do conhecimento de uma doutrina tão esclarecedora e consoladora como o Espiritismo, não fazem nada para se melhorarem e se reformarem intimamente. Para não se verem tentados, poderiam voltar suas atenções a assuntos caridosos, mas não. Por perceberem que não conseguem sair sozinhos desse desequilíbrio, pois ambos têm conhecimento de que o que fazem não é elevado, deveriam procurar o auxílio de um psicólogo. Com a atitude que têm, estão atraindo espíritos inferiores e serão vitimados por eles e pela própria consciência em regiões estranhas, macabras, vivendo incrível sofrimento e dor pelo desregramento em torno do sexo. É bom lembrar que sexo é necessidade biológica, psicológica e espiritual de carinho, compreensão, ternura de nós mesmos e do parceiro ou parceira e não trato com aberrações mecanizadas, animalescas, promíscuas ou prostituição de qualquer nível.

— Podemos observar agora que os dois estão em conversa um tanto... bem, parece que querem se aproximar mais, intimamente falando — disse Romildo.

— Os semelhantes se atraem, Romildo — lembrou a instrutora. — Principalmente quando não se resguardam, quando não se educam e deixam que suas tendências ressaltem. Essa pobre moça é portadora do HIV pela falta de prudência moral. Ela não venceu o desafio de manter-se em equilíbrio sexual, como propôs para esse reencarne. É lamentável...

— Ela sabe que é portadora do vírus HIV?! — alarmou-se Silmara ao perguntar.

— Não — respondeu a instrutora, compadecida. — Como sabemos, uma pessoa pode ser portadora do HIV por anos antes de descobrir que está infectada com esse vírus. Essa moça não deu atenção aos primeiros sintomas que, algumas vezes, aparecem quando se contrai o vírus, como perda de peso, diarreia, cansaço, febres e suores, além de infecções fúngicas orais e vaginais, a candidíase, conhecida como "sapinho" nas infecções orais. Esses sintomas podem surgir e desaparecer rapidamente quando se contrai o vírus HIV. Poderá apresentar também erupções cutâneas persistentes, herpes, descamação da pele e muitas outras infecções oportunistas. É importante lembrar que qualquer pessoa, que não esteja contaminada pelo HIV, também pode ter esses sintomas no organismo e sofrer desses problemas de saúde cujas causas são bem conhecidas e manifestações nada têm a ver com o HIV ou a Aids. Por isso, é importante consultar um médico diante de qualquer quadro clínico. — Um momento de pausa e Elma comentou: — No caso dessa moça, ela vai se achar importante e atraente quando Ermiro usar seus modos mansos e sedutores para conquistá-la. Eles vão se conhecer melhor e, consequentemente, ficarão mais íntimos. E como temos conhecimento de que a transmissão do vírus HIV ocorre pela transferência de líquidos corpóreos, principalmente sêmen, secreções vaginais, sangue e seus derivados, já sabemos o que vai acontecer.

— Destacamos muito os casos aqui nesse Centro Espírita, talvez pelo fato de essa doutrina ser de muito estudo e esclarecimento. Embora saibamos que a moral de um espírito não depende de sua religião, como já nos ensinou, será que poderíamos observar outras pessoas, de outras religiões ou filosofias que não se harmonizam com o equilíbrio sexual? — pediu Romildo todo cauteloso, porém com profunda curiosidade.

— Sem dúvida. Não estamos aqui para estudarmos as religiões ou as filosofias de vida, mas sim o comportamento humano nos desafios para as provas e expiações em torno do sexo. E falaremos das religiões ou filosofias para, sobretudo, mostrarmos que, apesar dos ensinamentos morais que a maioria delas apresentam, a inclinação para práticas desequilibradas ou a resignação para a harmonização dependem unicamente do comportamento moral de cada um — explicou Elma, com um sorriso gracioso, compreendendo o esforço do aluno para não se demonstrar curioso.

# 11

## Afastando-se do caminho

ALGUNS DIAS se passaram e, em cada estudo em particular, descobriam que qualidades morais e virtudes excelsas não eram simples decorrência da religiosidade.

No campo da crosta planetária, Elma sintonizava-se em busca de situações e ensinamentos que pudesse oferecer a seu grupo. Assim, eles chegaram a uma residência cujos moradores, apesar de praticarem determinados conceitos religiosos, serviram de grande exemplo para todos.

Ninguém do plano físico podia perceber a chegada dos visitantes espirituais. Somente os mentores dos encarnados identificavam a presença da instrutora e de sua equipe.

Após as devidas saudações, Elma explicou sua visita a Ivo, mentor da dona da casa. Com muita disposição, ele recordou com semblante saudoso e suave sorriso:

— Lembro-me dos meus tempos de aprendiz, quando pude contar com os nobres ensinamentos de uma benfeitora amorosa e gentil que não poupou esforços para orientar e instruir a mim e aos demais. Como lhe sou grato... — Depois de breves segundos, prosseguiu: — Vamos ao que interessa. Almira, a dona desta casa, é uma alma querida que luta para elevar-se. Já conseguiu algum progresso, mas tem muito que rever e harmonizar. O que lhe falta é perseverança em detalhes para uma boa elevação moral. E eu temo que esses detalhes sejam a maior razão de seu envolvimento com o que é degradante.

Almira é casada há quase trinta anos com Juvenal — Ivo relatou enquanto apresentava o lar. — Ambos têm dois filhos: Raul, de 17 anos e Rita, de 15. Toda a família abraça a doutrina católica como religião e são praticantes assíduos. Frequentam as missas dominicais e todos os eventos. Rita e Raul fazem parte do grupo de jovens, além de tocar instrumentos como violão e bateria nas missas.

Como sabemos, o catolicismo segue os ensinamentos de Jesus Cristo — ressaltou o mentor. — O catolicismo romano é a religião que contém o maior número de fiéis do cristianismo ocidental, principalmente por ter sido espalhada por colonizadores europeus pelas Américas. Os católicos romanos estão em comunhão com o papado que sempre, apesar dos dogmas e do ritualismo, desde o final da Santa Inquisição, em 1821, passou a pregar a paz, a boa moral e os bons costumes, ainda que existam algumas arbitrariedades. Porém, não tão ostensivas quanto antes. Seus fiéis aprendem que algumas práticas não são valorosas para o espírito. O catolicismo ensina que a alma sobrevive após a morte do corpo físico, mas acredita que se aguarda o julgamento final no purgatório ou se vai direto para o céu ou para o inferno. Então, se você transgredir um dos Dez Mandamentos, estará pecando e, consequentemente, não será um bom cristão, correndo o risco de não ir para o céu quando morrer. — Ivo fez breve pausa. Como não houve interrupção, continuou: — Eu costumo dizer que a elevação moral inicia-se em detalhes, pequenas práticas e inúmeros pensamentos. Tudo é questão de treino, de pensar e repensar no que está certo ou errado para a paz e harmonia interior. Vejamos o que temos neste lar, apesar de eles serem crentes nos ensinamentos cristãos pregados pela Igreja Católica.

Almira, esposa e mãe, prende-se excessivamente às tarefas da paróquia não por amor à causa, mas pela parceria das companheiras que se dedicam exclusivamente a comentários que desabonam a moral e a conduta alheia.

Aproveitando-se da breve pausa de Ivo, Silmara comentou:

— A maledicência é terrível.

— Maledicência, mais conhecida como fofoca — esclareceu Romildo com seu jeito irreverente. — Para dizer mais claramente, Almira e as amigas da igreja fazem fofoca da vida dos outros.

Elma olhou para o aluno, que percebeu imediatamente sua repreensão sem palavras, e ele calou-se.

Ivo sorriu. Conhecia muito a instrutora e continuou:

— Almira criou um mundo de prazer, de satisfação pessoal com as tarefas e os cursos que realiza no salão paroquial.

— Que curso? — perguntou Álvaro. — Curso de Evangelho?

— Não — respondeu Ivo. — São cursos de pintura em tecido, crochê, tricô, tapeçaria, pintura em tela e muitos outros. Elas não realizam nenhum tipo de estudo do Evangelho de Jesus. E são por esses cursos que Almira deixa o lar à mercê da empregada; os filhos à disposição dos meios de comunicação e da informática, ou melhor, da Internet; o marido, carente sem sua atenção, carinho e dedicação.

Juvenal não encontra mais prazer em conversar com a esposa, pois os assuntos de Almira giram sempre em torno dos problemas dos outros, dos acontecimentos da vida alheia. Agora, ele procura, fora do lar, preencher o "algo" de que sente falta. — Ivo ofereceu um instante de pausa. Por não haver comentários, continuou: — Muitas vezes, quando saía do trabalho e chegava em casa cansado, não encontrava a esposa. E as coisas feitas pela empregada ou pela filha nem sempre estavam a seu gosto. Sentindo-se sozinho, Juvenal passou a procurar distração com o que passava na televisão. Entretanto, insatisfeito com essa situação, procurou demonstrar o quanto a ausência de Almira não era salutar para a casa, os filhos e ele próprio. Mas a esposa não quis entender e foi aí que Juvenal passou a sair do trabalho e procurar distração em bares, pizzarias, restaurantes, choperias e outros lugares com amigos e amigas. As companhias que ele procura, após sair do trabalho, certamente, não vão lhe trazer nenhum tipo de ajuda ou progresso pessoal, pois em ambientes assim não encontramos nenhuma elevação. Juvenal procura algo para preencher o vazio deixado pela esposa, que não está mais presente. Não me refiro a ela estar presente somente em casa, mas na vida da família.

— Por que ele não reclama novamente, não conversa de forma bem calma e clara com a esposa, dizendo que ela cuida muito só da vida dos outros? Por que não pede mais sua presença? — perguntou Romildo.

Parecendo esperar por aquela pergunta, Ivo respondeu:

— Ele está tão errado quanto Almira por não conversar até esgotar o assunto. Ele falha quando acha que vai preencher o vazio com jogos, bebidas, amigos, comida ou amantes.

— Como? Ele não é católico? Não sabe que ter uma amante é cometer adultério? — indagou Romildo, sem conter a ansiedade.

— "Onde está aquele que adulterou contigo?". Lembrando também que o Mestre Jesus ensinou que "Aprendestes o que foi dito aos antigos: Não cometereis adultério. Eu, porém, vos digo, que aquele que houver olhado uma mulher com mau desejo para com ela, já em seu coração cometeu adultério". Com esses ensinamentos, devemos recordar que adultério é desejar algo ilícito. Juvenal é católico praticante, mas, como tantos outros, de tantas outras religiões, acredita que as Leis Divinas são para os outros e não para ele. — Ivo ainda disse: — Como se não bastasse, Almira não está atenta aos filhos que Deus lhe confiou aos cuidados. Principalmente, porque, desde pequenos, eles estão muito à vontade em tudo.

— Não podemos esquecer, caro Ivo — disse Elma, com generosa interrupção instrutiva —, que a educação dos filhos deve e tem de ser dividida com o casal. Juvenal tem grande parcela de responsabilidade pelo desvio da educação moral dos filhos.

— Isso é verdade — concordou o espírito Ivo. — Juvenal acredita que pagar escola, natação, judô, aulas de informática e inglês é o suficiente. Ele deveria estar mais presente. Porém, Almira, na grande parte do tempo em que Juvenal não está em casa, deveria cuidar de verificar o que os filhos estão fazendo.

Rita, por exemplo — prosseguiu Ivo —, foi acostumada a assistir a todos os programas de televisão que queria. As consequências foram um crescimento psicológico precoce, avançado e incorreto. Programas com temas de sexo, novelas com cenas de sexo, filmes com sexo explícito ou cenas bem acaloradas... tudo isso deveria ter sido controlado.

— Vamos lembrar que, apesar de os programas de televisão e o cinema, muitas vezes, apresentarem censura para determinada faixa etária, cabe aos pais selecionar o que é adequado para os filhos. Bem poucos o fazem, pois acreditam que basta ligar a televisão no horário do programa infantil, sem observar o que está sendo transmitido — considerou a instrutora atenta. — É incabível um programa, apesar de censura livre, mostrar libertinagem, luxúria, sedução, comentários e cenas maliciosas, inclinando ao sexo. Isso ocorre em horários em que os pequenos estão assistindo à televisão. Algo que acontece com imensa frequência sem que os pais fiquem atentos.

Podemos observar, da mesma forma — prosseguiu Elma—, que na programação para adolescentes se leva a entender que jovens, menores de idade, pela aparência física que apresentam, mantêm relacionamento sexual com muita tranquilidade e frequente troca de parceiros. Esse tipo de exposição provoca nas crianças e nos jovens

adolescentes a perda precoce da ingenuidade, movimentando energias psíquicas que provêm do instinto sexual e desvio da libido,
determinando uma conduta de vida, muitas vezes, incorreta. Na
televisão, nas novelas, filmes etc. o mocinho e a mocinha mantêm
relação sexual e trocam de parceiros habitualmente, incentivando,
principalmente, jovens à promiscuidade e à vulgaridade, numa história romântica, maquiada de boas intenções. Sempre são ricos, bonitos
e bem-sucedidos ou, de alguma forma, amparados financeiramente.
Eles nunca se infectam com o vírus HIV. Nunca sofrem com a Aids.

É raro quando mostram um personagem jovem, ou mesmo
adulto, contaminado com esse vírus — afirmou a benfeitora. —
Nesse caso, se ele não for pobre ou bandido, a produção e o autor da
dramaturgia oferecem à personagem um final feliz, rodeada por
amigos que parecem verdadeiros. Mas se esquecem de mostrar o
que acontecerá com ele depois, quando a Aids se manifestar impiedosamente, sobretudo no estado avançado da doença: as infecções
oportunistas se evidenciam terrivelmente, provocando mal-estar
generalizado; a fadiga excessiva mesmo em repouso; a diarreia
recorrente; as infecções bucais, vaginais que não reagem a tratamentos; o emagrecimento ríspido; os gânglios nas virilhas, axilas e pes-
coço; o Sarcoma de Kaposi, câncer raro que se manifesta em tumores
com manchas vermelhas na pele; a Pneumonia por *Pneumocystis*; a
tuberculose que apresenta grande risco de morte; a incapacidade de
andar e ficar em pé; a infecção viral no cérebro, que afeta a função
neurológica; a perda da coordenação motora ou do equilíbrio por
causa da infecção do sistema nervoso central; as dores fortíssimas
nas articulações e muito mais, infelizmente.

Nunca mostram nem comentam que aquele indivíduo com Aids
pode apresentar tumores no sistema imunológico, que aparecem
inicialmente no cérebro ou em outros órgãos internos — completou Elma. — Não exibem que, normalmente, as mulheres podem
desenvolver câncer do colo do útero e os homossexuais masculinos,

quase sempre, desenvolvem câncer coloretal. Isso, lamentavelmente, a programação da televisão, os filmes e as novelas **não mostram** por considerarem muito pesado e forte. Não admitem que incentivam muito as pessoas a se infectarem com o vírus de várias doenças sexualmente transmissíveis quando apresentam seus lindos atores em prática de sexo vulgar e troca leviana de parceiros.

— O que a querida Elma nos diz, apesar de dramático, triste e amargo, é a pura realidade — comentou Ivo, valendo-se da pausa. — Hoje, a televisão e o cinema promovem o sexo para atraírem a atenção e ganharem mais dinheiro. Não se preocupam se os espectadores estão preparados ou não para entenderem que aquilo é ficção, ilusão e que não trará consequência alguma para os atores por não ser real, mas se posto em prática na vida real, pode ser algo avassalador. Eles não se importam se quem assiste vai aplicar ou ser incentivado a aplicar tudo aquilo em sua vida.

— Vemos hoje muitas menininhas, que deveriam brincar de boneca, dançando e meneando o corpinho para provocar sedução, sem nem mesmo saber o que estão fazendo — continuou Ivo. — E os pais, sem ter uma opinião formada por falta de instrução, aplaudem. Mal sabem o quanto poderão chorar por isso. Menininhas que já querem usar sutiã, sem ao menos saberem para quê, que pensam em fazer plásticas para aumentarem os seios, que fixam suas energias e pensamentos em namoradinhos, em "ficar", beijar, sair, transar, como dizem. São crianças que sonham com algo impróprio e inadequado para sua idade, acelerando a sexualidade e envelhecendo precocemente. Tudo isso ocorre devido programas a que assistem.

— Os pais — interferiu Romildo — esquecem-se de que vão ter de prestar contas pela negligência, omissão e falta de orientação aos filhos.

— Os pais não têm instrução, Romildo — disse Ivo. — Eles não sabem como agir. Não têm informação. Em vez de programas de sexo, se as televisões exibissem programas instrutivos que orientassem como os pais deveriam educar seus filhos, muitos teriam opiniões, conhecimento e saberiam o que fazer.

— Em vez de mostrarem tantas cenas de sedução ou sexo — opinou Silmara, ponderada —, seria bom mostrarem como é o transtorno de quem está infectado pelo HIV e tem de conviver com as doenças relacionadas à Aids. Mostrar o abalo psicológico, a dor emocional que enfrentam por conta do preconceito e da própria crueldade da doença. Isso seria necessário para que as pessoas e os jovens não fossem tão relaxados e tão promíscuos com o sexo, o uso de drogas.

— Mas isso faria a mídia perder dinheiro — respondeu Romildo. — Às vezes penso que os grandes meios de comunicação gostam que muitas pessoas vivam enganadas. Se mostrarem a realidade vão perder a audiência, pois estarão ensinando moral e bons costumes.

— É por isso que o índice de jovens infectados com o HIV vem aumentando assustadoramente — informou Elma, com certa melancolia. — Os jovens, talvez, pela falta de visão do perigo e pelo fato de o HIV ser um vírus completamente silencioso, não acreditam que podem ser infectados. Eles confundem ainda Aids com HIV, pois pensam que vão reconhecer alguém infectado com HIV. Os portadores do HIV, que não apresentam os sintomas, são pessoas sadias, aptas e que, talvez, nem saibam que estão infectadas. Entretanto, e acima de tudo, eles podem e contaminam outras pessoas se transmitirem seus fluidos corpóreos para o interior do corpo do outro. E, por conta de pais invigilantes ou que não sabem como agir e dos meios de comunicação, que descobriram, no sexo, o melhor jeito de ganharem pontos na audiência, os jovens estão conhecendo a vida sexual muito promíscua e desvalorizada, sem sentimento e casual. Estão vulneráveis pela falta de informação.

Normalmente não usam preservativos quando o relacionamento começa a durar um pouco mais — continuou dizendo a instrutora no mesmo tom. — Os jovens, em vez de usarem preservativo, preferem a interrupção da relação sexual, no momento da ejaculação, na tentativa de evitarem a gravidez. Esquecem de que o líquido lubrificante, que sai do canal da uretra masculina antes da ejaculação, contém espermatozóides e o HIV, se o homem for portador do vírus, os parceiros ou parceiras podem ser contaminados e as parceiras podem engravidar. E se a mulher for portadora do HIV, pela secreção vaginal, o homem pode contaminar-se se, durante a relação, ocorrer-lhe qualquer fissura, corte, mesmo que imperceptível, no órgão genital. Quando praticam a relação sexual interrompida, não sabem ou desprezam o fato verdadeiro de que basta um único espermatozóide para fecundar um óvulo e conceber uma criança e basta um único vírus para se infectar com o HIV.

— É que o jovem se acha todo poderoso, imortal. Acredita que isso nunca vai acontecer com ele e, se acontecer, que se dane! É isso o que eles pensam. Depois que acontece, não arcam com as consequências nem assumem as responsabilidades. Vão procurar a mamãe e o papai, que eram considerados caretas, para ajudá-los, para socorrê-los. Nessa hora não tem muita coisa a ser feita — disse Romildo.

— É que lhe falta conscientização, Romildo — disse Elma.

— Isso é verdade. Não é comum os jovens negociarem, ou melhor, exigirem o uso do preservativo, embora tenham informações relativamente satisfatórias sobre a infecção pelo HIV. Falta-lhes conscientização — complementou Ivo. — Percebemos que isso acontece porque os jovens, apesar da informação que têm, só sabem que não existe cura para a Aids. Eles acham que, se forem infectados, só vão morrer e que tudo acaba após a morte. Ignoram o doloroso sofrimento pelas infecções oportunistas, as terríveis doenças que ocorrem quando o quadro clínico se agrava. Não sabem nem imaginam como é difícil ficar inerte sobre uma cama e experimentar, além do sofrimento físico, terríveis dores morais, perguntas sem respostas, revolta indevida, abandono impiedoso e muito mais. É muito baixo o número de jovens, de todas as classes sociais, que já fizeram o teste para saberem se são soropositivos ou não. E, em vista do início precoce da vida sexual, o HIV vem, silenciosamente, alastrando-se entre eles de uma forma assustadora.

— Ainda que o preservativo não seja totalmente seguro — esclareceu Elma —, não podemos deixar de reconhecer que ele ajuda a não propagar ainda mais as doenças sexualmente transmissíveis.

— Como Elma nos lembrou outro dia — argumentou Romildo —, as pessoas têm de lembrar que o uso do preservativo diminui a chance de contaminação, mas não garante totalmente, em vista dos acidentes que podem ocorrer, como o rompimento do látex. Além do mais, ninguém pode responsabilizar-se em dizer que um vírus ultramicroscópico não possa passar pelas paredes do látex, material com que são feitos os preservativos, pois toda matéria possui espaço entre as moléculas e o vírus é menor do que esse espaço. É possível acontecer, embora seja muito difícil.

— E como eu ia dizendo — prosseguiu Ivo, exprimindo certa vontade de esclarecer —, o número de pessoas, principalmente jovens, infectadas com o HIV, vem crescendo por causa da falta de informação, da falta da orientação dos pais e familiares, do incentivo direto e indireto a uma vida sexual promíscua pelos principais meios de comunicação. O número de adolescentes grávidas, com menos de 19 anos, cresceu assustadoramente. Sinal de que não usam preservativos. Vamos lembrar ainda que há jovens usando contraceptivos, ou melhor, anticoncepcionais e por isso não engravidam. Por terem certeza de que não vão engravidar, essas moças abrem mão do uso do preservativo pelo parceiro. Imaginem então como o risco de se infectar com o HIV aumentou.

— Sabemos que, infelizmente, milhares de jovens são infectados diariamente por esse vírus e, por serem saudáveis, bonitos e vistosos, propagam o HIV com muita rapidez a outros jovens — afirmou Elma com certa tristeza no olhar. — Isso ocorre pelo descaso, por acharem que nunca vai acontecer com eles. Aliás é o que todos nós pensamos quando não agimos corretamente: "Nunca vai acontecer comigo".

Após segundos, quando todos refletiam preocupados, Ivo propôs:

— Sei que não vieram aqui para falarmos de estatísticas, consequências ou contágio. Vamos lá! Vou apresentar melhor esta família.

Com argumentações afetuosas, o mentor de Almira levaria o grupo para melhor observação daquela casa, concedendo grande colaboração e ensinamento a todos.

# 12

## Convivência familiar

EMBORA JÁ conhecesse os fatos sobre aquela família, Elma, aceitando a proposta do espírito Ivo, acreditou ser útil aos alunos da espiritualidade acompanhar bem de perto os detalhes e anotar, em silêncio, o enredo de todos, para calcularem, com antecipação, os processos da invigilância que nos arrastam a terríveis tormentos.

Almira, conversava ao telefone com uma amiga e não percebeu a chegada de Rita, que parecia excessivamente nervosa, descontando nas portas e nos móveis sua agressividade, lidando com eles sem qualquer delicadeza.

O barulho incomodou a mãe, que não podia ouvir direito o que a amiga lhe contava. Logo Almira se despediu. Desligou o telefone e foi atrás da filha.

Entrando abruptamente no quarto da jovem, ela reclamou aos gritos:

— Precisa fazer tanto barulho assim ao chegar em casa?! O que a Levi vai pensar ouvindo isso?! Que não temos educação, claro!!!

— Estou me lixando para o que ela vai pensar! — Após mencionar alguns palavrões, sem que a mãe a repreendesse, Rita explicou irritada: — Aquele cretino, aquele... — completou com novas palavras de baixo valor moral —, aquele professor de Matemática tirou um ponto da minha média. O idiota me deixou em recuperação! Imbecil!...

Imediatamente, na espiritualidade, espíritos de incrível inferioridade aproximaram-se da garota. Alguns a envolviam em abraço, enquanto outros batiam em sua cabeça, dando-lhe tapas, como se ela pudesse sentir. Zombavam da jovem e a deixavam impregnada de vibrações irritantes, agressivas, ao mesmo tempo que lhe diziam palavras de baixo calão para que repetisse.

Rita sentia-se aquecer. Seu rosto queimava, tamanha raiva que sentia.

Os espíritos inferiores prosseguiam incansáveis com frases de baixo valor moral. Ofendiam, xingavam os piores nomes. Rita pensava e repetia, quase exatamente o que lhe era dito, criando um campo vibratório repleto de energias pesadas, inqualificáveis, enchendo a casa de miasmas densos e atraindo tudo de mais hostil.

Apesar dos conceitos cristãos, Almira não reverteu a situação, conversando com a filha e fazendo-a entender que não adiantaria nada aquela revolta expressa em palavras tão inferiores. Aquilo só exibiria sua própria inferioridade e despreparo para lidar com a realidade da vida, pois o Mestre Jesus já ensinou que: "A boca sempre fala do que está cheio o coração".

Alterada e impaciente, a mãe reclamou:

— E precisa fazer isso quando chega em casa, caramba?!

— E não?! Eu fiquei naquela... — novos palavrões — Naquela recuperação!!! Quero que aquele professor... — novas palavras indignas.

— Isso é pra você aprender a não ficar mais socada na casa de suas amiguinhas, em vez de estudar! Vá lá ver se elas ficaram em recuperação, vá?

— Oh! Não enche você também não, tá!!! Já estou cheia! Dá um tempo, falô!!!

— Vou contar pro seu pai que ele paga um colégio tão caro pra você jogar fora a oportunidade de estudar e...

— Vai começar com essa... — e mais palavras impróprias — ...dessa ladainha, vai?!

— Vou sim! Você pensa que dinheiro é capim? Que dá em árvore?!

Depois de um gesto enfadado, repleto de grosseria e mais algumas palavras indecentes, Rita levantou-se da cama, pegou uma mochila e saiu deixando a mãe falando sozinha.

Na espiritualidade, Ivo olhou, com compaixão, a cena degradante, e lembrou:

— Aqueles que acreditam em Jesus jamais deveriam esquecer esse Seu ensinamento: "Todo reino dividido contra si mesmo é devastado e toda cidade ou casa dividida contra si mesma não subsistirá". Mais além, o Mestre ensina: "Quem não é comigo é contra mim, e quem comigo não ajunta, espalha". Em situações difíceis, devemos ser instrumento de paz — disse, olhando o que sua protegida iria fazer.

Almira, em seguida, pegou o telefone e ligou para o marido. Com termos degradantes, contou o ocorrido, deixando-o também nervoso.

Nesse tempo, o filho Raul chegou a sua casa e, após terminar a ligação, a mãe inquiriu nervosa:

— Vai me dizer que ficou em recuperação também?!

— Ah, mãe! Não enche, tá! — dizendo isso, Raul foi para seu quarto e se trancou lá, deixando a mãe falando novamente sozinha.

Quando olhou no relógio, Almira lembrou-se de que já estava atrasada para seu curso de pintura em tecido, realizado no salão da igreja.

Transformando-se completamente enquanto se arrumava, a mulher parecia outra pessoa, treinando um sorriso agradável, fala mansa e rosto com expressão angelical, superior, mas, ao mesmo tempo, humilde.

Chegando ao salão paroquial, Almira sorria gentil, enquanto cumprimentava as amigas de sempre, em meio ao que faziam.

Acomodando-se perto da amiga Levi, pois sempre teciam um e outro comentário com que se afinavam, Almira argumentou:

— Nossa, Levi, estou tão chateada, menina...

— O que foi? — perguntou a outra, demonstrando preocupação.

— A Ritinha, minha filha. Coitada... você sabe que ela ficou em recuperação de Matemática por causa de um ponto?

— Nossa! Coitada. Por causa de um ponto é injustiça, não é?

— Ela está arrasada. Estudou tanto... Também esse colégio é muito exigente. Tenho vontade até de tirá-la de lá. Mas você sabe... é um colégio muito bom e tradicional. Tem nome — considerou Almira.

— Ah, mas ela vai conseguir. Se Deus quiser! A Rita é esforçada, inteligente — afirmou Levi.

— Se Deus quiser, vai sim! Vou rezar muito e até fazer uma promessa. Deus vai ouvir minhas preces.

— Menina — sussurrou Levi, em tom de maledicência —, parece que as filhas da Dilma também vão ficar em recuperação.

— Jura?!!! As duas?!!! Ah... mas é bem feito. Eu fico admirada... Aquelas meninas não saem de casa, não se misturam... são metidas! Você nem imagina. Fiquei sabendo que elas disseram para a filha da Leonora que não gostavam da minha Rita, porque ela é muito moderninha! Nem querem a amizade dela.

— Nossa! — admirou-se Levi. — Acho que ela nem veio hoje por vergonha de as filhas terem ficado em recuperação, se é que não repetiram direto!

— Eu digo que é preferível ser moderninha a ser caipira. Melhor do que passar por boba como as filhas dela. Elas têm é inveja da Rita que sabe cantar, tocar, faz parte de tudo aqui na igreja... Você viu como o padre João dá uma atenção especial aos meus filhos?

— Isso é inveja mesmo! Não liga, boba — aconselhou Levi. — Ah! Eu ia me esquecendo. Sabe a Telma?... Menina! Nem conto!

E ali Almira entrava, prazerosamente, num mundo de pequenas e mesquinhas ilusões, desperdiçando energias psíquicas e embrenhando-se em muita aquisição para reformar-se intimamente.

Mal sabia ela que poderia direcionar aquelas energias para controlar, orientar e harmonizar situações que se conturbavam dentro de seu próprio lar.

Sem demora e com o intuito de auxiliar, o espírito Ivo propôs:

— O que os companheiros acham de visitarmos Dilma e suas filhas? Isso, cara Elma, seria para esclarecer que não é a religião que eleva ou atravanca um espírito, mas sim sua condição de pensar, refletir e agir sobre os desafios do cotidiano.

— Se nos der a honra de sua companhia — aceitou Elma, sorrindo gentil.

Ante o olhar admirado de todos, em questão de segundos, chegaram à residência onde Dilma morava com as filhas.

Após pedirem permissão aos mentores presentes, observaram a mãe orientando:

— Marlene, minha filha — dizia Dilma com inflexão amorosa na voz maternal —, não adianta chorar. O que você tem a fazer é estudar muito.

— Mas, mãe, eu não entendo... Não consigo aprender aquilo. Nunca fui boa em Matemática e Física — defendia-se, enquanto chorava. — Sou burra mesmo!

— Não diga isso! Todos nós temos capacidade para aprender, porém uns necessitam de mais esforço, mais perseverança e muita disciplina.

— Por que tem de ser assim?

— Porque somos pessoas diferentes umas das outras, minha filha. Você pode ter dificuldade em Matemática e Física, mas com toda a certeza tem facilidade bem maior para outra coisa.

— O quê? Não tenho aptidão para nada... — chorava.

— É lógico que tem. A área de exatas, o mundo dos números são para pessoas que gostam da razão, de tudo dentro de normas. Isso funciona para tudo o que é material, mas não funciona para os sentimentos humanos, para os quais toda regra tem muitas exceções, sempre. Eu, talvez, não tenha palavras bonitas e certinhas para explicar, filha, mas eu entendo que as pessoas nunca são exatas, nunca são feitas em formas e com mentes matematicamente projetadas. Ninguém age como robô — disse, fazendo um gesto mecânico de que Marlene riu. — Deus nos criou diferentes e com tendências diferentes, minha filha. Eu não quero que você seja um gênio. Você não é nenhum troféu para ficar exibindo. Eu a amo do jeito que é e não vou deixar que acredite que é um nada. Você tem capacidade, competência, amor pelos outros. Não vai ser uma Matemática ou Física qualquer que a fará perder a autoestima.

Olhando-a com bondade, Marlene falou em tom brando:

— Filha, muitas coisas, na vida, não precisam de razão matemática, mas sim de sentimento sincero, de equilíbrio. Pense em conseguir sua nota em Matemática e Física, mas não se prenda a sua dificuldade. Volte sua atenção, concentre-se no que você pode fazer de melhor por si mesma e pelos outros e que Matemática nenhuma, com a frieza dos cálculos, pode fazer.

A jovem ergueu o olhar expressivo, num rosto mais sereno, e Dilma ressaltou:

— A Matemática é importante. Fará você mexer com cálculos, com informática e tudo mais. Todos nós podemos fazer com um pouco de treino, mas oferecer amor, atenção, simpatia, honestidade, solidariedade não é para qualquer um. E você tem um coração amoroso.

— O que o papai vai dizer?

— Vai dizer para você ficar calma, pois do contrário não vai conseguir estudar.

Nesse instante, a outra filha de Dilma, Margarete, chegou alegre e eufórica, gritando:

— Passei!!! Eu consegui! — Quando olhou para a irmã, chorando, e a mãe a seu lado abraçando-a, logo deduziu: — Não vai dizer que ficou?...

Houve nova crise de choro, e Marlene abraçou a mãe.

Sentando-se ao lado de Marlene, Margarete acariciou-a:

— Não fique assim! Você vai tirar de letra! Vai ver!

Dilma, paciente e controlada, não se esqueceu de beijar Margarete e, após parabenizar a filha, perguntou:

— Você não é capaz de ensinar sua irmã?

— É mãe... — explicou sem jeito. — Aprendi isso no ano passado e... sabe como foi, passei raspando. — Um segundo depois, Margarete lembrou animada: — Ah! Já sei! Vamos falar com o Rony. Ele é nosso amigo e ótimo em Matemática. Não vai se negar a ensiná-la, tenho certeza.

— Mas será que...

— Deixe de ser pessimista! "Pede e te será dado". Quantas vezes ele precisou de material para fazer seus trabalhos e nós ajudamos? O Rony é muito animado. Ele vai topar! Melhore essa cara, que eu vou falar com ele agora.

— Eu só tenho quinze dias para...

— Que seja uma semana, minha filha. Vai dar certo, você vai aprender tudo o que precisa. Vai ver!

— E vê se reza um pouco, Marlene, pelo menos para se livrar desse pessimismo, tá? — lembrou a irmã bem-humorada.

— Naturalmente que devemos rezar a Deus para pedir auxílio em nossas dificuldades, mas antes de tudo devemos agradecer as bênçãos e lembrar que devemos fazer nossa parte para que os Céus nos ajudem. Se ficar parada só rezando, minha filha, você não vai sair do lugar.

— Você vai lá falar com ele? — perguntou Marlene, mais animada.

— Agora mesmo! — decidiu Margarete, saindo às pressas.

Sorrindo mais satisfeita, Dilma propôs:

— Levante daí e vá tomar um banho, enquanto eu vou preparar um lanche para vocês.

— Mãe, sabe a Rita, filha da dona Almira? — antes de esperar uma resposta da mãe, avisou: — Ela também ficou em recuperação.

— É pena. Mas não vamos nos preocupar com os outros. Concentre seus pensamentos para encontrar soluções para você. Certo? — sugeriu, sorridente.

Na espiritualidade, todos observavam silenciosamente e com muita atenção, até Elma comentar:

— É extraordinário o que ocorre numa família em que os princípios cristãos são empregados. Não observamos nenhum foco de vibrações negativas atuando nesses encarnados, nem espíritos malfazejos envolvendo-os, zombando ou aproveitando oportunidade para se instalarem aqui.

— Como sabemos, Dilma e sua família também são católicos praticantes — explicou Ivo, propositadamente. — Porém com a diferença de que eles praticam, na vida diária, os ensinamentos que aprendem no evangelho do Cristo. Dilma, o marido e as filhas conseguem deixar-se tocar e elevar pelo que aprendem. Eles não xingam nem se agridem com palavras ásperas. Se observarmos bem, eles não aumentam o tom da voz, mas sim diminuem a distância quando querem ser ouvidos. Isso também ocorre em momentos alegres, não só nos instantes de insatisfação, quando por exemplo alguém não encontra algo. O comportamento de Dilma, orientando com paciência e dedicação amorosa, e adotado por todos da família, vem introduzindo no lar, constantemente, sem perceber, um modo de agir salutar, elevado e evangelizado. Os palavrões são abomináveis para essa família. Sem regras impostas e sem determinações rigorosas, existe naturalmente uma seleção do que assistem na televisão, das músicas que escutam, dos filmes que escolhem. Isso acontece porque a elevação moral e espiritual de cada um não permite que eles gostem de cenas e músicas exóticas, agradáveis aos espíritos inferiores e perversos, impróprias aos bons princípios.

— Viram só como Dilma não deixou que a filha perdesse a autoestima, nem tecesse comentários sobre a Rita? — observou Romildo.

— Como eu disse — comentou Ivo —, são nos detalhes, nas pequenas atitudes e nos muitos pensamentos que começamos a exibir nossa evolução como espírito. Dilma não foi ao curso de pintura em tecido porque sabia que seria um dia muito importante para as filhas. Sabia que as meninas poderiam precisar dela. E, quando isso ocorreu, como mãe e amiga, ela estava presente. Dilma não reclamou por pagar a escola. Não exigiu a perfeição nem a inteligência máxima da filha. Ela entendeu suas dificuldades momentâneas, apontou suas virtudes e ofereceu apoio, falando sobre suas qualidades como pessoa normal, de sua capacidade de amar e entender, sem dizer que ela seria anormal por não aprender determinada coisa.

— Filho que não se sente frustrado, pressionado, carente de atenção e carinho, não foge dos pais e vê neles um abrigo seguro para qualquer situação, para qualquer comentário, por mais irrelevante que seja, pois sabe que será entendido, ajudado e orientado corretamente — ensinou Elma com bondade. — Quando um filho foge dos pais, é por não se sentir compreendido por eles. Entende que os pais sempre têm algo mais importante a fazer e que ele fica em segundo ou terceiro plano. Quando um filho não encara os pais, não os procura para conversar sobre suas particularidades, busca guarida e refúgio nas drogas, nos amigos duvidosos que o ouvem e estimulam a revolta. — A instrutora ofereceu uma pausa ao que dizia, depois continuou: — Os pais que exigem ou que não oferecem atenção e carinho, que sempre estão preocupados e não têm tempo para os filhos, entregam seus tesouros para o tráfico, o sexo vulgar, promíscuo e tantos outros desvios que trarão muito sofrimento e dor a todos. Com o exemplo de atenção e carinho que pudemos observar em Dilma, nós nos certificamos de que é a vigilância constante que nos faz prosperar espiritualmente, seja qual for a religião que praticamos. Suas atitudes nobres, suas palavras mansas, seu carinho e atenção evidentes ajudam os elevados mentores, emissários de Jesus, a envolver esse lar que, na espiritualidade, torna-se um ponto de luz esplendorosa que repele espíritos perversos.

Aproximando-se deles, o mentor daquela casa sorriu e esclareceu:

— Esse é um lar abençoado tanto que é comum recebermos a visita de nobres grupos de tarefeiros espirituais como vocês, para observarem, aprenderem ou até mesmo se refazerem, enquanto aguardam para prosseguirem em algum trabalho na crosta — comentou, satisfeito.

O sentimento de paz era indescritível, mesmo diante da situação problemática para as encarnadas, que, pela elevada postura, mantinham luzente harmonia no lar, onde todos se beneficiavam recebendo sagradas energias.

Decorrido algum tempo mais de conversa salutar entre os tarefeiros espirituais, firmes no propósito de prosseguir, Elma agradeceu generosamente a dadivosa permissão de poder estar ali com sua equipe e decidiu que era momento de partir. Despediu-se educada e fraternalmente de todos.

# O vício vem do passado

ASSIM QUE deixaram o abençoado lar de Dilma, ganhando novamente as ruas, que percorriam ao modo dos encarnados, Elma reforçava explicações ao grupo sobre o fato de não ser a religião que provocava desequilíbrio nas pessoas, mas sim as escolhas pessoais na qualidade de vida que escolhiam para si mesmas. Embora muitas religiões auxiliem no equilíbrio e na harmonização conforme seus ensinamentos.

O espírito Ivo, sabendo das ocorrências na casa de sua pupila, novamente, convidou a instrutora e seu grupo para que retornassem à casa de Almira.

Chegando lá, imediatamente os alunos de Elma, não tão acostumados a bruscas mudanças, puderam sentir impressões aflitivas, intoxicantes e súbito mal-estar pela vibração que cercava toda a residência. Porém, diante da orientação providencial da instrutora, eles se harmonizaram sob a elevação do pensamento em respeitável prece, que os deixaria menos sensíveis às vibrações provocadas pelo tipo de música no ambiente, para que ficassem sem ouvi-la[12].

Espíritos inferiores, praticamente, dominavam a casa. Trancado em seu quarto, junto com outros dois amigos, Raul, jovem de 17 anos, ouvia bem alto uma música eletrônica, entre outros tipos que já havia tocado, chamada *techno*.

Esse tipo de som, assim como outros tipos de música de baixo padrão que mencionam palavreado de nível inferior, provocava alterações psicoespirituais, que abalavam os ouvintes, alterando-os, conduzindo-os a uma sensação de euforia agressiva e castigando as fibras do entendimento e da razão, forçando-os a um delírio insano de agitações físicas convulsivas.

No quarto havia vastíssima aglomeração de espíritos ensandecidos e animalizados, que vibravam euforicamente pelo som tormentoso.

Era abominável! A visão era de arrepiar!

Para tolerarem tal panorama, as entidades elevadas, que se encontravam ali por tarefa e necessidade de aprendizado, socorriam-se em prece, pois necessitavam permanecer naquele ambiente para aprender.

A multidão de espíritos rebeldes e deformados, com comportamento primitivo, ao que chamavam de dança, exibia miserável aspecto e impressionou o grupo de estudo, que não era visto por esses espíritos. Sabiamente, a instrutora explicou:

— Em nosso campo visual, temos algo que os encarnados ignoram completamente, quando ouvem alguns tipos de música. As canções que falam de sexo, direta ou indiretamente, que propõem sedução, erotismo, baixa moral, com letras que agridem e incentivam a desordem, insultos, palavrões e muito mais, atraem espíritos

12. N.A.E.: Mais detalhes sobre as percepções e sensibilidades dos espíritos quanto a ouvir e deixar de ouvir os sons, entre outros atributos, podem ser encontrados em *O Livro dos Espíritos*, nas questões 248 a 251.

vulgares de mesmo nível e outros ainda mais inferiores. Estes sentem prazer ao ouvir o que gostam e, como sabemos, não são capazes de compreender e sentir algo mais sublime, leve, belo e celestial.

— Parecem um bando de viciados, monstruosos pelas deformidades perispirituais provocadas pelas drogas — comentou Silmara.

— E são — afirmou a instrutora. — As monstruosidades que apresentam, as debilidades que notamos em seu psiquismo, os aleijamentos, as vísceras expostas com aspecto de putrefação, inclusive, o centro de força genésico em lamentável exposição e aspecto tenebroso, são as consequências do uso de drogas para esses espíritos após o desencarne. Como sabemos, nós levamos para além da vida terrena o que oferecemos a nós mesmos, moral, física e espiritualmente. Com eles, não seria diferente. Todos merecem compaixão e amor por insistirem nesse mundo hostil.

— Por que não se socorrem? Por que não se elevaram após a morte do corpo? — perguntou Álvaro, preocupado.

— Antes da morte do corpo — esclareceu Elma convincente —, se não buscamos a mudança interior, não elevamos nossa moral e nos prejudicamos ou prejudicamos os outros, não conseguimos, desencarnados, encarar a realidade por medo e vergonha, por uma carga de vibrações, energias negativas e débitos terríveis que nos afundam num pantanal de misérias. Nenhuma palavra, nenhum pensamento pode ser mascarado. É impossível enganar a própria consciência. Somos devedores de nós mesmos.

Todo espírito desencarnado vive na miséria ou na elevação que procurou e promoveu quando encarnado. — Os alunos ficaram em silêncio e ela ainda disse: — Após a perda do corpo carnal, desmascarado, ele depara, primeiro, com o peso da própria consciência; depois, com incontáveis inimigos que o esperam por vingança ou com comparsas miseráveis dos vícios decadentes e mundanos. Como sabemos, não podemos socorrer aqueles que não desejam ser ajudados. Um dia, eles vão buscar socorro e evoluir. Enquanto isso, afinam-se com encarnados que compartilham o mesmo prazer e mesmos gostos, buscando-os para sugar-lhes as forças vitais, as energias.

Nesse momento, Elma olhou para Romildo. Como se lesse seus pensamentos e avisou:

— Não podemos julgar, meu querido. Quantos de nós já nos envolvemos nos charcos das aflições antes de nos erguermos a Jesus, pedir perdão, compreender Seus ensinamentos e buscar aprender e agir melhor?

Todos silenciaram. Ao fim de alguns segundos, Ivo apresentou:

— Esta é Valda. Um espírito muito querido, mentora de Raul.

Após os cumprimentos, a mentora do jovem explicou a finalidade proposta por seu pupilo para aquele reencarne:

— Após rogativas e lágrimas, Raul implorou por essa nova experiência terrena a fim de passar por inúmeros desafios e verdadeiramente evoluir e aliviar a consciência. Mas não está conseguindo — lamentou, com olhar meigo e triste. — Meu protegido afina-se, a cada dia, com pobres irmãos desencarnados deformados na moral, que se enfileiram para dominar suas vontades e fazer prevalecer desejos mórbidos em experiências extremamente inferiores, como podem ver.

— Como já comentamos — interrompeu Ivo educadamente —, a falta de orientação e de atenção, as exigências e as dúvidas, nessa idade, geram uma vontade intensa de fugir de dificuldades e responsabilidade. No caso de Raul, sua fuga está sendo para as drogas.

— O problema maior — esclareceu Valda —, como podemos observar pela visão espiritual, é que o querido Raul é reincidente no vício das drogas.

— Como reincidente? — questionou Romildo, curioso. — As drogas não eram tão comuns antigamente. Como, em encarnações passadas, ele pôde ser viciado?

Valda sorriu docemente e explicou:

— Não é como você pensa, meu amigo. Na espiritualidade, os "arquivos do tempo" podem indicar bem melhor o surgimento da dependência das drogas. Romildo, as pesquisas científicas, principalmente arqueológicas e antropológicas, já podem provar que há mais de 4.000 anos antes de Cristo se usavam entorpecentes no Oriente. Se formos mais além, considerando mais do que drogas em folha ou fibras, mais de 5.500 anos antes de Cristo já havia bebida alcoólica, como o vinho. Sabe-se que povos da Mesopotâmia, em torno de 3.500 anos antes de Cristo, usavam o ópio extraído da papoula. A folha de coca e a cerveja também eram usadas há mais de 2.000 anos antes de Cristo. Os hindus e os gregos também, antes de Cristo, usavam cânhamo em forma medicinal e consideravam a maconha um "presente dos deuses". Cristóvão Colombo narra que os índios fumavam; Américo Vespúcio conta que os espanhóis comercializavam a coca e relata seu uso e que os portugueses fumavam ópio.

Entre os séculos XVII e XVIII surgiu um grave problema de alcoolismo entre homens e mulheres, quando os holandeses descobriram uma bebida chamada gim. — Observando que todos se interessaram pelo assunto que ela dominava, Valda continuou: — Entre os séculos XVIII e XIX existiram experiências com drogas em seres humanos, realizadas por médicos que tentavam descobrir algo que nem mesmo sabiam e denominavam simplesmente de experiências. Isso acabou gerando inúmeros viciados, destruição de vidas e muitas calamidades em famílias, que não entendiam o que se passava.

Em meados de 1840, depois do fim da Santa Inquisição, quando os homens da ciência puderam manifestar-se mais abertamente, surgiram os primeiros estudos mais rigorosos sobre as drogas e seus efeitos alucinógenos — acrescentou, parecendo muito bem informada. — Uma década e meia depois surgiu a coca como anestésico. Mais ou menos por volta de 1873, a heroína foi descoberta. Seu uso provocou decadências, que passaram despercebidas, mas arrasaram criaturas que lutaram, e até hoje lutam, no plano físico e espiritual, para se harmonizarem por causa dessa dependência.

Sabia-se que o produto causaria agrado e prazer, se é que me entende — enfatizou Valda, com um sorriso maneiroso —, como se não bastasse, para obtenção de lucros gigantescos, em 1886, foi produzida uma mistura com cafeína e cocaína que era vendida e servida como refresco. Após a silenciosa viciação que rendeu fortunas, somente quinze ou dezesseis anos depois a cocaína foi retirada do xarope. Tal produto existe até hoje e ainda, em leve escala, proporciona vício, embora não tão evidente.

A princípio, usaram-se incontáveis drogas como remédio, mas, por volta de 1900, os médicos e pesquisadores começaram a relacionar os vícios, os danos orgânicos, psicológicos e óbitos ao emprego das drogas — ainda acrescentou Valda. — O mundo começou lentamente a alertar-se, para o bem e para o mal, sobre os efeitos dos narcóticos.

— Como assim, o alerta foi para o bem ou para o mal? — indagou Romildo, interessado e aproveitando-se da pausa.

— O alerta para o bem foi o anúncio de que as drogas lesionavam, viciavam e matavam. O alerta para o mal foi o interesse e a ganância comercial despertados, pois se paga mais quando um produto é escasso ou proibido. — Percebendo o interesse, informou: — A indústria das drogas não parou por aí. Com a intenção de se descobrirem novos medicamentos, em 1912 criou-se o *ecstasy*, em seguida é provado o LSD e seu alto poder como droga alucinógena. A ciência, porém, trabalhou para alertar e provar que a maconha e a cocaína são prejudiciais à saúde e então foi iniciada uma luta para retirá-las de vários países. O mesmo aconteceu com o LSD e a heroína. No entanto, o *ecstasy* é trabalhado e testado, e surgem outras drogas sintéticas. Nos anos 1970, a cocaína virou moda e sinal de *status*, mas levou e leva à decadência pessoal, moral, espiritual e à morte prematura do corpo.

Para aqueles que resistiram a esses psicotrópicos e necessitavam de mais e mais para sentir os efeitos do falso e turbulento prazer, restavam as novas fórmulas do *ecstasy*, cujo poder de dependência foi previamente testado em seres humanos, sem que o mundo soubesse. Logo, nos anos 1980, apareceu a cocaína em forma de pedra, chamada de *crack*, que, com seu poderoso teor de dependência, vem, seguramente, viciando e aniquilando os usuários e suas famílias. — Valda ofereceu uma pausa para reflexão. Depois, continuou: — Como podemos ver, hoje, somos o efeito do que fomos ontem. As drogas surgiram há cerca de 7.000 anos e desenvolveu-se por intermédio do homem, com o homem e seus vícios.

— Sabemos as dificuldades que essa família passa hoje — interrompeu Romildo —, mas podemos saber quais os laços que os unem? Percebemos que é difícil imaginar como e por que se ligam.

Com a impressão de que o aluno de Elma necessitava daquelas informações para aperfeiçoar sua compreensão, Valda, pacientemente, explicou:

— Em vida muito remota, Raul foi seguidor e também uma espécie de sacerdote de uma seita que fazia uso de substância que agia nas células nervosas, provocando o que eles chamavam de "leveza da alma" ou "prazer dos deuses". A história é longa, mas, em resumo... Com uma dependência que se desenvolveu pela necessidade de chegar-se a esse estágio de prazer, os seguidores dessa seita ofereciam trocas, favores e benefícios inúmeros a Raul, que controlava, pela crença, quem poderia ou quem deveria receber dos deuses tais "bênçãos" com o uso da substância.

— Em outras palavras — comentou Romildo —, Raul viciava todos.

— Sim, foi isso. Ele fazia questão dos mais exóticos benefícios. Em nome da seita e da crença daquele povo, proporcionavam-lhe orgias pessoais em que se deleitava. Bem... Raul vem enfrentando, por séculos, uma luta constante contra o desequilíbrio gerado pelo sexo compulsivo, que até vem conseguindo controlar, porque em algumas encarnações a impotência sexual foi uma forma de harmonizá-lo muito. Mas as drogas estão sendo seu maior desafio.

— E onde seus pais entram nessa história? — perguntou o mesmo aluno de Elma.

— Bem, em tempos menos remotos, quem deveria ajudá-lo piorou sua situação. Viciado em ópio, junto com a irmã Rita, Raul procurou um boticário, equivalente ao farmacêutico de hoje, que prometeu ajudá-lo. Nessa época, as pesquisas realizadas na França e em outros países da Europa exibiam, com clareza, os efeitos de algumas drogas, suas dependências e seus efeitos fatais. Era o ano de 1885.

Com ganância — prosseguiu Valda —, Juvenal, que era o boticário, junto com a esposa que, também nessa época era Almira, propôs-se a tratar do rapaz, prometendo-lhe algo que o acalmaria e o afastaria da vontade de usar ópio. Avisaram que lhe custaria caro. Mas dinheiro não seria problema, pois o rapaz e sua irmã eram ricos. Confiantes no boticário, os jovens propuseram-se ao uso de cocaína como anestésico para o desejo violento de usar ópio. Porém, enganados pelo casal, tornaram-se ainda mais dependentes e desequilibrados.

— Nessa época, já se sabia dos efeitos e da dependência da cocaína? — perguntou Silmara.

— Lógico. Apesar de ela não ser proibida. Nessa época, os pesquisadores, médicos e as pessoas da área de saúde, inclusive os boticários, tinham conhecimento de que as pessoas que abusavam da cocaína sofriam dos mesmos efeitos de viciação e de uma necessidade incessante de usarem a droga, chegando à morte. A coca foi usada como anestésico, desde meados de 1850, em cirurgias de garganta e extração dentária, antes do uso da morfina.

Com o suposto tratamento — prosseguiu a mentora —, Raul entrou em profunda dependência e Rita tornou-se depressiva e desequilibrada. Em busca de preencher um vazio que sentia, ela passou a entregar-se a uma vida sexual desregrada, envolvendo-se com as mais baixas práticas morais. Almira, a mulher do boticário, por sua vez, interessada em benefícios pessoais, era a melhor amiga de Rita e a incentivava muito à vida mundana, dizendo que ela deveria aproveitar a juventude e viver como desejava para buscar felicidade. Juvenal, o boticário ambicioso, pensando nos lucros, conseguiu até heroína para vender a Raul, alegando ser outro medicamento para a cura de seu vício. A tragédia completou-se, quando os irmãos, na busca incessante e compulsiva do prazer de qualquer espécie, relacionaram-se sexualmente, transmitindo um ao outro doenças venéreas incuráveis naquele tempo.

Raul e Rita terminaram abandonados pelo boticário e por sua mulher, que lhes tinham subtraído tudo o que puderam e esquecidos pela família, que os deserdou. Ficaram na miséria e na sarjeta. Muito doentes, com sífilis e blenorragia, mais conhecida como gonorreia, que os castigavam incrivelmente. Além de outras infecções que surgiram.

Assim que Valda ofereceu uma pausa, Romildo lembrou:

— A sífilis, até hoje, tem alto poder de transmissão. A bactéria penetra no corpo pelo beijo, pela relação sexual, anal ou oral, e o infectado, raramente, percebe que está contaminado no primeiro estágio da doença.

— Isso mesmo — afirmou Valda, continuando: — Os irmãos passaram a viver como indigentes. Por causa da dependência química, prostituíram-se para conseguirem drogas ou álcool e aliviarem-se do que sentiam. Acabaram como loucos.

As consequências da blenorragia foram horrendas e dolorosas em torno da área dos órgãos genitais e excretores, que ficaram em carne viva — explicou Valda. — As drogas os condenaram à indigência e ao desequilíbrio; e as doenças, ao desespero enlouquecedor. Raul, sem suportar a hospedagem na miséria e o transtorno das doenças, foi o primeiro a cometer suicídio, seguido de sua irmã.

Hoje eles retornaram em família. — E ainda contou: — Juvenal dispõe aos filhos tudo o que lhes subtraiu. Almira, com a tarefa abençoada da maternidade, deveria orientar, ensinar, instruir, manter-se mais presente. Os pais, nesse caso, deveriam enriquecê-los moralmente, em razão de tudo o que lhes causaram no passado.

— Mas não é isso que está acontecendo, infelizmente — comentou Ivo, diante do silêncio que reinou. — Por mais que tentamos envolvê-los, não conseguimos êxito, pois todos, nesta casa, usam palavreado chulo, têm pensamentos mesquinhos e sórdidos, atitudes agressivas, com as quais os espíritos extremamente inferiores sentem prazer e se afinam.

— E o que vai acontecer? — mais uma vez, perguntou Romildo.

— Eles estão por conta do livre-arbítrio.

Jamais falta proteção celeste às almas endurecidas que se desviam do caminho proposto para a harmonização e elevação. Algumas, por insistirem nos tormentos e nas discórdias, semeando anarquia, sem empenho para livrar-se dos vícios, infelizmente, não ouvirão seu anjo guardião. Por essa razão, enfrentarão difíceis caminhos atrasando-se na evolução espiritual e permanecerão mais tempo entre as dores.

# 14

# A decadência de uma família

OS ALUNOS devotados que a benfeitora Elma trouxera à crosta, para aprendizados diversos, concentravam-se com afinco a cada lição preciosa, pois, num futuro, talvez próximo, poderiam ser muito úteis as reminiscências de acontecimentos que observavam.

Com o decorrer dos meses, vamos encontrá-los novamente no lar de Almira e os filhos, pois Ivo os havia convidado para atualização dos fatos.

Valda, mentora de Raul, com olhar compassivo e certa tristeza nas expressões explicava:

— Nosso querido Raul não resistiu às tentações. Não se forçou para uma vida saudável e mais tranquila. Preferiu os prazeres ilusórios, os vícios destruidores e faliu nessa tentativa de harmonização. Agora passará a sofrer as consequências do que procurou para si. — Após breve segundo, comentou: — Raul, ao compartilhar com os amigos drogas injetáveis, infectou-se com o HIV.

— Mesmo diante de tantas informações?! — lamentou Romildo, que não conseguiu conter-se. — Como pôde compartilhar agulhas ou seringas?

— Não. Ele não compartilhou agulhas nem seringas. Raul adquiriu o HIV quando compartilhou a droga diluída na colher em que outro companheiro, portador do vírus, encheu sua seringa, já utilizada, antes de Raul. Nessa colher, foi deixada imperceptível gotícula de fluido corpóreo que continha o vírus e, logo em seguida, foi aspirado para a seringa que Raul utilizou.

— Penso que ele já estava predestinado à infecção pelo HIV, por causa de seu passado, não é? — perguntou Silmara, que parecia sensibilizada.

— Meus amigos — interferiu Elma, com natural gentileza, propondo-se a responder —, o Pai da Vida é bom e justo. Sem dúvida que há incontáveis exceções, porém podemos dizer que nem todos nascem predestinados a adquirir o HIV e sofrer com a Aids ou precisar ter eternos cuidados para não desenvolvê-la, manifestá-la. Raul, assim como milhões de pessoas, não nasceu para contaminar--se. Jamais podemos julgar o comportamento de outra pessoa, pois no lugar dele, talvez, nossa atitude fosse bem pior senão a mesma. Temos de sentir as dificuldades dos outros como se fossem nossas e, quando possível, ajudar como queremos ser ajudados para que saibamos vencer nossos próprios obstáculos.

— Perdoe-me, Elma. Não entendi. Por que nos diz que muitos não nasceram para contraírem o HIV? Existem milhões de pessoas no mundo inteiro contaminadas, não posso crer que a Natureza errou! — protestou Romildo.

— Quantos milhares de pessoas adquiriram o HIV por não controlarem o instinto? Por quererem animalizar o espírito, em vez de espiritualizarem o corpo que lhes foi confiado? Quantos e quantos se desviaram do caminho do equilíbrio e da paz, buscando agitação, emoção radical e diversão ilícita, cometeram traições conjugais o que chamaram de aventuras fora da união e, hoje, estão infectados? Quantos se prostituíram, direta ou indiretamente, e pela emoção ou por qualquer intenção contraíram o HIV? Diante de tantos alertas e tantas informações, será que a emoção, a conquista, a aventura, a traição, a barganha ou qualquer outra aquisição de prazer ou numerário valeram a pena? Acho que não — disse a instrutora para a reflexão de todos.

— Apesar de não ter toda a orientação e apoio que deveria receber dos pais — explicou Valda, aproveitando-se da pausa —, Raul fazia parte de um grupo, com apoio e orientação religiosa, que ensinava moral e bons princípios. O grupo católico do qual participava, e que abandonou, falava sobre o suicídio pelas drogas, sobre sexo promíscuo, sobre amor-próprio, em não se perverter nem se corromper. Raul não pode dizer que não sabia. Ele escolheu o caminho errado quando buscou algo diferente, prazeroso, aventureiro e emocionante. Escolheu os amigos, o tipo de diversão que lhe traria prazer e, com isso, determinou os companheiros espirituais que o incentivaram, por afinidade, aos mesmos gostos e a segui-los. Consequentemente, foi encontrado pelos inimigos do passado que, por saberem dos efeitos das drogas e do risco de contaminação de inúmeras doenças, por vingança, procuraram animá-lo com energias intensas de prazer no que ele fazia. Sabiam que, a qualquer momento, Raul iria vitimar-se pelo vício incontrolado, provocado pelas drogas e pelas sérias consequências das múltiplas falências orgânicas e mentais, causadas pelos narcóticos, o que não deixa de ser suicídio. Ainda havia o risco de contrair um vírus como o HIV. Foi questão de tempo.

— Ele tem inimigos do passado? — interessou-se Álvaro, até então em silêncio.

— Quem não os tem? — respondeu Valda. — Você se esqueceu de que Raul viciou, como líder de seita, várias pessoas e cometeu inúmeras iniquidades? De que, para manter o vício, prostituiu-se por estar na miséria e contaminou inúmeros com a sífilis, blenorragia e outras doenças sexualmente transmissíveis? Hoje, na espiritualidade, esses algozes querem vingança e não desejam sua evolução. Como mentora de meu querido Raul — disse de modo carinhoso e triste —, posso garantir que ele não precisaria viciar-se nas drogas. Meu pupilo não nasceu para se infectar com o HIV e sofrer suas reações. Seus propósitos para essa vida foram outros, completamente diferentes. Ele escolheu caminhos imprudentes por falta de disciplina e de perseverança no bem e fé.

— Mas Raul foi suicida — lembrou Romildo. — Em outra existência, adquiriu doenças venéreas e não suportou o sofrimento gerado por elas e as torturas do vício nas drogas. Será que essa experiência trágica com o HIV não seria por causa do suicídio?

— Romildo — alertou Elma, sabiamente —, não creia que tenha sido Deus o criador da "Lei de Talião": "Olho por olho, dente por dente". Um ilustre Mestre, quando encarnado, ensinou-nos que "Olho por olho e o mundo inteiro estaria cego...". Não temos um Deus cruel. Jesus sempre nos falou sobre um Deus bom e justo. Isso significa que a bondade divina vem antes da justiça.

— Isso é verdade, Romildo — confirmou Valda. — Quando Raul se propôs ao reencarne, não foi para sofrer, mas sim para harmonizar--se. Ele não seria viciado, se não houvesse usado psicotrópicos. Ele usou porque quis, pois existem inúmeros alertas. Vamos lembrar que o vício iniciou com um cigarro comum, depois bebida alcoólica, logo em seguida, um "cigarrinho de maconha" e aí foi. Raul não contrairia o HIV se não se envolvesse com quem se envolveu. Meu protegido deveria procurar uma vida tranquila. Aprender com princípios cristãos que a igreja lhe proporcionava. Futuramente, ele abraçaria tarefas, trabalhos voluntários em ações de orientação a jovens viciados, jovens corrompidos pela prostituição, pela miséria.

Esses jovens, meninos e meninas, não seriam, nem mais nem menos, senão os inimigos do passado que, trazidos para a reencarnação e necessitando de uma experiência difícil, encontrariam em Raul uma pessoa com a capacidade de elevá-los, ampará-los e socorrê-los. Assim, com toda a certeza, seria quebrado qualquer vínculo de ódio existente. Mas, infelizmente, meu pupilo não conseguiu e dificultou, ainda mais, sua situação. Quanto à sua harmonização com o suicídio, ela poderia ser feita no final de seu tempo como encarnado, com uma doença difícil, talvez.

— Então não era para ele contrair o HIV? — insistiu Romildo.

— Deus necessita muito mais de trabalhadores do que de sofredores. Como a proposta, o planejamento reencarnatório de Raul foi para harmonizar os erros do passado. Não era para ele contrair o HIV, se não houvesse se deixado levar pelo uso de entorpecentes.

— Então, a Aids não ocorre porque Deus quer? — perguntou Álvaro.

— Nenhuma tragédia, nenhuma catástrofe, nenhuma miséria acontece pela vontade de Deus. As doenças e as calamidades ocorrem pela força de atração das consciências que insistem no erro — ensinou Ivo, atencioso. — Um dia elas imploram paz nos pensamentos e rogam por harmonia. Para obtê-la, para alcançar essa paz de espírito tão desejada, infelizmente, acabam propondo-se, inconscientemente, a experimentar o que causaram ao outro, por se negarem, conscientemente, a realizar o bem. É no corpo de carne que a criatura expia os erros não harmonizados, porque a matéria é o instrumento de trabalho para a elevação do espírito. Vamos lembrar que, enquanto somos imperfeitos, não alcançamos a altura desse mundo nem de mundos melhores. Quando sofremos, em vez de lamentarmos, devemos trabalhar nossa consciência e verificar o que podemos fazer em nossa pequenez para nos ajudar sem incomodar os outros com nossas lamúrias ou simples reclamações, porque Deus nunca erra.

Precisamos rever nossos conceitos errôneos e trabalharmos para os outros, o quanto possível, para nosso próprio bem.

— Este planeta é de provas e expiações — lembrou Elma. — Quando a criatura deixa de ser egoísta e vaidosa, ela adquire elevação espiritual e só pratica o bem. Há outras moradas na Casa do Pai, mundos mais felizes para ela. Não estamos aqui por engano. Em vez de perder tempo com revolta ou reclamações por termos dificuldades, devemos despender energias em muita disciplina para nossa reforma moral. Enquanto não fizermos isso, nenhum milagre, nenhum passe de mágica vai nos trazer a verdadeira felicidade e paz.

— Voltando ao caso de Raul — perguntou Silmara, depois de refletir sobre as últimas palavras —, os pais já sabem que ele é portador do HIV?

— Sabem — respondeu Ivo.

— Como reagiram?! Como souberam? — perguntou a aluna.

— A jovem Rita, filha caçula do casal — relatou Ivo, compadecido da situação — com sua personalidade rebelde e exigências egoísticas, no desejo de acompanhar a modernidade, a liberdade sexual que vê na televisão, começou a envolver-se com um rapaz sem compostura, digamos assim. O jovem não trabalha. Leva uma vida excessivamente liberal, promíscua e diz que "a felicidade está em não perder os bons prazeres da vida". As moças que o acompanham passam a acreditar nisso e adotam o mesmo estilo, desequilibrando-se no modo de ver a vida. Vamos lembrar que desequilíbrio e vício é perder o controle e não conseguir dizer não ao que se gosta. Sendo assim, esse rapaz, com desvios sexuais, era viciado em fantasias. Precisava delas e de materiais para o sexo que, quase sempre, praticava com duas parceiras ao mesmo tempo. Cada vez mais, necessitava de algo que o estimulasse de modo forte, diferente e exótico para sentir prazer, pois o desequilíbrio sempre exige mais daquilo que se gostou.

Rita, querendo ser moderna, embora equivocada sobre a liberdade feminina, procurando experiências diferentes para se autoafirmar e parecer dona de seus atos, envolveu-se com esse rapaz — continuou Ivo. — A dupla, porém, com ideias atribuladas, sem nenhuma noção de amor, sem respeito mútuo, submetia-se a animalescas práticas sexuais para suprir as necessidades viciosas de seus desvios. Entregando-se ao sexo insensato, atraíram criaturas espirituais que perderam o corpo físico, mas não perderam os seus vícios e os seus desejos desregrados, desequilibrados. Os espíritos, como aprendemos, são homens e mulheres desencarnados. Eles não são santos nem demônios. Com os mesmos gostos e vícios, procuram aproximar-se dos encarnados que têm as mesmas práticas de que se valiam. Isso porque têm necessidade de sentir as energias e os estímulos de sugar os fluidos vitais daqueles a quem se ligam, com quem se afinam, tornando-os suas vítimas. Ligados agora pelo pensamento, exigem compulsivamente atitudes e práticas grotescas, asselvajadas e inconsequentes. Não demora muito para se instalar entre encarnado e desencarnado a obsessão infinitamente perturbadora e sórdida. E foi com essas práticas modernas, segundo Rita, que ela engravidou.

— Eles não usavam preservativo? — indagou Romildo, com simplicidade.

— A princípio, sim. No calor dos acontecimentos, o preservativo rompeu. Com o uso de bebidas alcoólicas ou drogas, muito normal entre parceiros desse nível, perde-se a noção de responsabilidade e ignora-se o preservativo. Foi só depois de notarem que a filha estava grávida que os pais vieram a tomar conhecimento da vida irresponsável que ela levava. Ficaram chateados, mas acreditaram que a gravidez aconteceu pela vontade de Deus. Por serem contra o aborto, o que é muito louvável, decidiram que deveriam cuidar da filha e do bebê que iria nascer. Os primeiros exames solicitados, no pré-natal, confirmaram que Rita estava infectada pelo HIV. — Decorridos segundos de pausa, Ivo prosseguiu: — O pânico foi geral. Muito choro, muito desespero... Raul chegou a ficar revoltado com a irmã e até a agrediu fisicamente. — Breve instante e continuou: — Depois, a conselho de um médico, toda a família resolveu fazer o teste para saber se estavam infectados com HIV. Qual não foi a desagradável surpresa quando todos os exames de Raul comprovaram que ele também era soropositivo.

— E aí?! — perguntou Romildo, sem conter a curiosidade.

— Raul alega que contraiu o vírus da irmã. Algo muito difícil de acontecer. Eu diria quase impossível, uma vez que somente a convivência com o portador do vírus não compromete a saúde dos demais, a não ser pela troca de fluidos corpóreos. Mas Raul não admite isso. Esse lar tornou-se um inferno. Brigas, agressões, palavras indizíveis... Tudo aqui perdeu o controle. Todos perderam o bom senso. Almira e o marido deixaram de frequentar a comunidade religiosa, por vergonha, ainda que este seja o momento em que mais precisavam se evangelizar e se socorrer a Jesus.

— Raul não sabe que contraiu HIV com o uso de drogas? — perguntou Silmara, preocupada.

— Ele não aceita isso. Por sempre usar sua própria agulha e seringa, não acredita que se infectou quando dividiu uma colher já utilizada.

— O HIV não se transmite por contato social, por usarem o mesmo banheiro ou piscina. Eles não sabem disso? — novamente perguntou Silmara.

— Ele não quer admitir. É mais fácil acusar a irmã por tê-lo infectado do que confessar que é usuário de drogas. Essa revolta e essas brigas atraem para essas pessoas e essa casa ainda mais espíritos doentes, revoltados, inferiores, odiosos e tudo mais de ruim que possa existir no mundo invisível aos encarnados. — Um momento e Ivo acrescentou: — Insatisfeito, Juvenal agora quase não fica em casa, negando-se a tarefa de harmonizar, amparar e orientar os filhos nesse momento. E será essa negligência, essa recusa da tarefa, que lhe trará muita dor e muito a ter de harmonizar no futuro.

Todos estavam perplexos.

Diante da decadência daquela família, não havia nada mais para dizer e muito pouco a fazer. Somos socorridos e amparados pela espiritualidade maior assim que nos erguemos e desejamos com pensamentos elevados, quando decidimos ser pacíficos, humildes e prudentes diante da grande dificuldade, se nos socorrermos a Jesus, tendo, como remédio, a prática constante de seu Evangelho.

# 15

## Vítimas de vícios

AO ACOMPANHAR, desde o início, o motivo que levou aquela família a tantas experiências desagradáveis, a equipe de Elma obteve grandes lições nesses tristes e vastos ensinamentos, comovendo-se com os tormentos de várias espécies que aquelas pessoas passariam a viver.

A equipe verificou que, quando recusamos as pequenas e até insignificantes situações duvidosas, se não atentamos para o trabalho que Deus nos confiou como pais ou para a postura digna como filho, se não nos tornamos adversários de nós mesmos ao apreciar o prazer momentâneo de nossos pequenos vícios, não necessitaremos ser açoitados com torturas e desgostos pela falta de atenção a esses detalhes, nem destruiremos a felicidade almejada por termos nos entregado, inconsciente ou irresponsavelmente, às teias da loucura em busca de prazeres efêmeros, nem precisaremos rasgar nosso coração pela aflição impiedosa que vai nos castigar pelos atos impensados.

A obsessão em um lar é de imenso perigo. Entra sorrateira, imperceptível, prazerosa e mascarada pelo modismo e pelas ideias de promoção pessoal de qualquer espécie. A obsessão perseguirá aquele que se deixar envolver pelas tramas silenciosas dos espíritos vulgares, inferiores e vis que, pacientes, desejam destruir a paz redentora que promove união, elevação e felicidade verdadeira nos singelos momentos de agradável reunião em família.

A única arma contra esses irmãos que se comprazem no mal é nossa fé em Deus e a prática dos ensinamentos do Cristo. É ter no pensamento e nas palavras sempre algo elevado e produtivo, pois "a boca fala o que temos no coração". Nossas práticas e nossos gostos são de acordo com nosso caráter como espíritos. Necessitados de paz e evolução, precisamos vencer os vícios e os desvios mundanos. Se desejamos elevação, sempre haverá ajuda do alto e ajuda terrena, auxílio terapêutico, que há de orientar, trazer luz e guiar para os bons princípios morais.

Após deixarem aquele lar terreno, a equipe de Elma seguia em silêncio. Mas Romildo, inconformado, comentou:

— Como somos arrogantes! Como somos egoístas e vaidosos! Quando buscamos o prazer carnal, não enxergamos quanta dependência geramos em nós mesmos e dores para aqueles que nos acompanham. E, pior, teremos de nos livrar desses vícios se quisermos evoluir. Enquanto não o fizermos, vamos vagar entre o mundo material e o invisível, arrastando-nos como vermes num lodaçal de tenebrosos tormentos íntimos.

— Por que o ser humano cria dependências e vícios? — indagou Silmara. — Entendo que todos os vícios provocam desvios e desequilíbrios, então, por que nos viciamos?

Com sua tranquilidade, naturalmente singela, Elma explicou:

— Nós nos viciamos por causa do prazer. Quando a criatura tem determinados vícios, é porque se sente recompensada do que faz. Isso se chama prazer.

— Nem todas as pessoas que têm prazer em algo são viciadas, pois controlam suas vontades. Então, como surge um vício? — perguntou Romildo.

— Depende do vício, do caráter e da força interior da pessoa — explicou Elma. — O vício pode surgir por fuga. A princípio, a criatura o procura por curiosidade e, descoberto o prazer momentâneo, vai buscá-lo seguidas vezes para a obtenção de prazer em momentos que, para ela, podem ser de angústia, tristeza e ansiedade. Na verdade, a pessoa que busca, como fuga, algum tipo de prazer, deseja alterar seu sentimento diante da própria realidade. Apesar de saber das consequências, queremos mais tudo de que gostamos. Diante do que se faz para a obtenção de prazer, nosso psiquismo não se satisfaz mais com a dose igual a inicial e necessita cada vez mais.

Não pense que falo só dos vícios em torno de drogas e sexo — ressaltou a instrutora. — Ninguém pode julgar ou condenar os irmãos compulsivos nesses desvios. Cada um de nós, em diferentes graus, tem vícios, dependências e desvios. Se não os tivessem, não estariam reencarnando. Nenhum desses desvios podem ser considerados normais ou melhor do que os outros.

— Mencione algumas dependências, alguns vícios que podemos ter, Elma, por favor — pediu Silmara, com simplicidade.

— Por exemplo, é um vício, um desequilíbrio perigoso ser um torcedor fanático por determinado esporte e por ele desprezar família, filhos, lazer e trabalho e até ser agressivo em defesa dele; ser um jogador que não controla os limites de suas economias pessoais; comer de forma descontrolada chocolates, doces etc. tudo que encontra pela frente, ou seja, comer além do que o corpo necessita. Deixar de comer também é um desequilíbrio, sobretudo, em casos como o da anorexia e bulimia. É um vício também comprar, em demasia ou por compulsividade, coisas supérfluas assim como fumar, beber, xingar e agredir com palavras, gestos ou expressões fisionômicas, falar excessivamente e tecer comentários sobre — olhou para Romildo e acrescentou, com um sorrisinho: — como fazer fofoca e viver censurando o que os outros fazem. Não ser tolerante também é um problema. A lista é grande, porém são vícios e desequilíbrios que temos e, às vezes, nem percebemos. Precisaremos harmonizar isso em nós nem que levemos centenas de encarnações para tal. — Um instante de pausa e ainda disse: — Muitos não acreditam em seus vícios, em suas compulsividades ou não os assumem, porque acham que os termos vício, dependência e desequilíbrio servem somente para a falta de controle das outras pessoas, no entanto existem muitas vítimas de vícios diversos.

— Normalmente o viciado nunca se assume como tal — afirmou Álvaro, pensativo.

— Exatamente — confirmou a instrutora atenciosa.

— E como saber se temos um vício? — interessou-se Silmara.

— Quando temos frequentemente o hábito de não conseguirmos nos conter diante de determinada prática. Quando perdemos o controle e fazemos tudo pelo instinto. Por exemplo, o fofoqueiro nunca se contém em fazer uma observação ou censura sobre a vida alheia; o alcoólatra não consegue ficar muito tempo longe da bebida; o comprador compulsivo não resiste a comprar certas coisas; o glutão não consegue ficar sem comida por muito tempo; o jogador não resiste às apostas; o ambicioso não consegue deixar de querer mais do que tem etc. Verificamos, então, que nos sentimos felizes e obtemos o prazer momentâneo quando fazemos algo. Assim como o viciado em psicotrópicos e em sexo faz o que for possível para se realizar e se comprazer, da mesma forma os demais compulsivos. Lógico que todos em diferentes graus.

— Sabemos que existem muitos alcoólatras que nunca beberam e muitos dependentes de drogas que nunca fizeram uso de entorpecentes, mas no primeiro contato com a substância viciam-se rapidamente.

Por que uma pessoa se torna dependente química logo na primeira vez que usa drogas, enquanto outras pessoas demoram mais tempo para desenvolver o vício? — perguntou Romildo.

— A dependência e o desequilíbrio, muitas vezes, vêm de reencarnações passadas — explicou a instrutora, serena e sem hesitar.

— O espírito nunca reencarna para viciar-se e ser dependente. Ao contrário. Ele reencarna com o intuito de melhorar, de elevar-se, de livrar-se do vício, de conseguir equilíbrio e controle de seus desejos e ações. Se essa pessoa seguir o que se propôs a fazer no planejamento reencarnatório, talvez, não descubra, enquanto encarnado, que foi alcoólatra ou dependente químico, porque nunca ingeriu álcool ou drogas, pois seus planos e suas intenções para esta experiência foram de recusar aquilo que impedia seu equilíbrio.

Se em outras experiências de vida, um espírito já foi dependente de drogas ou alcoólatra e não venceu o vício, não se limpou, sua facilidade em se tornar um viciado em drogas ou álcool é imediata — explicou a benfeitora. — Ele deveria manter-se longe daquilo que o desequilibrou no passado, para harmonizar e vencer seus desejos e compulsões de sentir prazer com determinados efeitos. Agora, se um espírito que não foi dependente de drogas ou álcool fizer uso dessas substâncias, levará mais ou menos tempo, conforme o caso, para tornar-se dependente. Ainda que não se torne um dependente, será responsabilizado pelos danos orgânicos que causou em seu físico, mesmo que esses danos não se exibam nessa existência terrena, o que é muito comum acontecer. — Breve pausa e ainda ensinou: — Existe também aquele que, em encarnações passadas, já venceu um vício, como o do álcool, por exemplo. Essa pessoa aprendeu com a própria experiência ou com a experiência alheia. Por isso, na vida atual, sabe, sente que não precisa beber. Ela simplesmente não aceita beber nada etílico. Compreende que consegue ser feliz sem se iludir com o entorpecimento ou debilidade dos sentidos.

— Elma — lembrou Romildo, interessado —, há meses não visitamos Tomás, aquele rapaz que gostava de lugares requintados para relaxar após um dia de trabalho, pois sentia um vazio e buscava algo que lhe preenchesse. Com uma prática sexual descontrolada, procurava parceiras diferentes para satisfações momentâneas. Logo estas já não lhe proporcionavam mais emoções, por isso ele as descartava. Quando o deixamos junto com Gustavo, seu mentor, Tomás fora àquele motel luxuoso, no plano físico, porém vimos se formar ali o mais tenebroso panorama espiritual, e fluidos pestilentos aterrorizantes.

— É mesmo — interrompeu Silmara, impressionada. — Nossa! Devo confessar que, apesar de já ter visto muita coisa, nunca pude presenciar a ação de espíritos inferiores tão lascivos, maliciosos e sem escrúpulos, com o centro de força, o genésico ou região dos órgãos sexuais, tão deformado e purulento. Sem serem percebidos, em algazarra torpe e enferma loucura, envolviam-se com os encarnados que, na troca de energias do ato sexual vulgarizado, serviam de espetáculo para espíritos inferiores que os impregnavam com miasmas arrasadores, desgastando-os e contaminando-os... Que lamentável!

— Isso mesmo, Elma — tornou Romildo. — O que aconteceu com ele? Afinal, aquela mulher estava infectada com o HIV.

Atendendo à curiosidade do grupo, Elma anunciou:

— Vamos vê-lo.

\* \* \*

Sem demora, a afinidade de pensamento permitiu que eles encontrassem o espírito Gustavo que os abraçou, um a um, amorosamente. Após ouvir de Elma o motivo da visita, contou:

— Pobre Tomás. Que os céus o fortaleçam na jornada que resolveu seguir. — Decorridos breves segundos, nos quais parecia preparar-se para relatar os fatos, Gustavo prosseguiu com certa tristeza na expressão: — Querendo experiências novas e diferentes em torno do sexo, Tomás, um homem bonito e jovial com seus 30 anos, corpo atlético, musculoso, de personalidade marcante e carismático, procurou sempre, com certa compostura que usava como máscara, envolver mulheres bonitas, de preferência executivas e despojadas. Com o tempo, só isso não foi suficiente para satisfazer seu desejo pelo sexo. Assim como os psicotrópicos, o sexo vulgarizado, compulsivo, sem respeito ao parceiro ou à parceira também causa dependência. Com o tempo, a insatisfação que surge com o que já se pratica, a compulsão e a necessidade extrema de se ter mais e mais fazem a pessoa procurar práticas ainda mais diferentes e intensas. Por não controlar a vontade nem admitir que se tratava de desvio e desequilíbrio emocional, em vez de procurar ajuda de um psicólogo para equilibrar-se, Tomás acreditou que esses desejos intensos eram perfeitamente normais. Em defesa própria, dizia que "prazer é felicidade e eu posso pagar por isso. Sou homem. Ninguém tem nada a ver com minha vida". Tomás, além de ter parceiras diversas, passou a frequentar lugares requintados e luxuosos onde se pratica sexo coletivo com pessoas desconhecidas, um local onde muitos praticam e alguns olham. É um lugar de orgias repugnantes, onde mulheres, jovens e bonitas, muitas vezes universitárias ou pós-graduadas, não sabem nem conhecem o homem ou a mulher com quem praticaram sexo nem sabem dizer quantas vezes se relacionaram numa única visita. Lembremos que, provavelmente, nunca mais vão se encontrar. São homens, rapazes e até senhores, com situação financeira definida ou não, empresários ou universitários, aparentemente distintos no dia a dia que, animalescamente, relacionam-se com diversas mulheres e homens que não conhecem e talvez nunca mais encontrem. Foi isso que aconteceu.

— Isso não é novo — esclareceu Elma aos alunos, demonstrando a mesma serenidade superior. — Criaturas em desequilíbrio com o sexo se aglomeram para essas práticas desde o começo dos tempos.

— Recordemos de Sodoma e Gomorra, que sumiram do mapa por causa das orgias e práticas sexuais lascivas — alertou Romildo.

— Exatamente — continuou a instrutora. — É por isso que inúmeras doenças, chamadas doenças do sexo ou venéreas, vêm à humanidade como alerta para que as criaturas encarnadas se contenham quanto a práticas promíscuas. As doenças sexualmente transmissíveis existem porque as mentes desviadas e em desequilíbrio no sexo as atraem. Enquanto tiver promiscuidade e desequilíbrio sexual, essas doenças vão existir.

— E se acharem cura para elas? — inquietou-se Romildo. — Afinal, apesar de todo terror da sífilis e da blenorragia, hoje existe cura para essas doenças.

— Ainda que seja descoberta uma cura, havendo promiscuidade e vulgaridade, surgirão outras doenças sexualmente transmissíveis mais sérias e de difícil tratamento, para conter e tentar colocar freio nos desvios do uso das energias sexuais. Mas podemos falar disso depois. Deixemos nosso querido Gustavo prosseguir — disse a instrutora.

Após um sorriso e um meneio de cabeça, como se agradecesse, o mentor de Tomás continuou:

— Meu pupilo começou a viciar-se em frequentar esses lugares. Pouco tempo se passou e ele percebeu algumas diferenças em seu corpo atlético. Sentia cansaço constante, sofria algumas diarreias que não estavam de acordo com os alimentos saudáveis aos quais estava acostumado e alergias que nunca teve.

Ele não se incomodava com o que acontecia de diferente em seu corpo — prosseguiu Gustavo. — Precisei de muito esforço para que surgisse em seu pensamento alguma preocupação. Como vocês sabem, quando o encarnado se deixa envolver por espíritos inferiores é a eles que se liga em pensamentos e não a Deus. É difícil, quase impossível, inspirá-lo.

— Ele foi ao médico? — indagou Romildo, querendo logo o final dos acontecimentos.

— Foi. O médico, em vista da sua aparência saudável, não encontrou nada no exame clínico, por isso pediu exames laboratoriais de rotina. Quando esses resultados ficaram prontos, não foi encontrado nenhum tipo de anormalidade relacionado ao cansaço e à diarreia esporádica. Então o médico, depois de conversar um pouco com Tomás, sentiu que deveria solicitar um exame mais específico e resolveu pedir um teste chamado Elisa, para saber se ele possuía anticorpos específicos do HIV no soro.

Tomás riu, afinal, escolhia parceiras sempre jovens e bonitas. Além do mais, na maior parte das vezes, ele praticava o sexo chamado seguro, isto é, com o uso de preservativo. — O mentor ofereceu breve pausa, e logo continuou: — O médico, com responsabilidade e cautela, insistiu e acabou convencendo-o. O resultado não poderia ter sido outro. Constatou-se que Tomás era soropositivo e, apesar de toda preparação do médico para lhe informar o resultado, foi incrivelmente traumática a notícia de que estava infectado com HIV. Novos exames foram pedidos para se ter certeza. Uma dolorosa tortura o arrasava enquanto aguardava os resultados que seriam definitivos. Contra suas esperanças, foi confirmada a infecção pelo vírus incurável.

Meu protegido foi encaminhado para um valoroso infectologista que o esclareceu detalhadamente sobre sua nova condição — continuou o relato. — Livrar-se do vírus seria impossível. Mas, com qualidade de vida e os medicamentos adequados, a Aids, certamente, não se manifestaria. Para isso Tomás precisaria de muito empenho, bom ânimo e, principalmente, disciplina.

Quando se é soropositivo, o tratamento para manter a saúde estável exige muito amor-próprio e espiritualização. Os fortes conseguem! Os determinados são capazes de fazê-lo! — ressaltou Gustavo. Breve pausa e continuou: — A princípio, desnorteado, arrasado e sem amigos verdadeiros, Tomás deprimiu-se e desejou morrer. Mas logo uma revolta o dominou. Amaldiçoou a todos. Amaldiçoou a Deus e a própria vida. Não aceitava, de forma alguma, saber que a Aids poderia levá-lo a enfrentar, talvez, alguns cânceres, como o sarcoma de Kaposi ou a pneumonia por *Pneumocystis*, a perda da força dos membros, a coordenação motora, dores nas articulações, infecções no cérebro e muitas infecções bacterianas, as chamadas infecções oportunistas, a debilidade mental e que, além de tudo, ficaria dependente de outras pessoas.

Pensando que não adiantaria lutar — prosseguiu em tom triste —, pois, em suas crenças, o sofrimento até a morte lhe seria garantido, odiando a si e ao mundo, mascarando os sentimentos com sorriso singelo e palavras tranquilas, decidiu que não sofreria sozinho e passou, propositadamente, a infectar tantas pessoas quanto pudesse com o HIV.

— Meu Deus!!! — exclamou Silmara, não controlando a surpresa.

— Como lamentamos o que ele está fazendo — comentou Elma, piedosa e sem exaltação. — É tão difícil o resgate, quando condenamos os outros ou colocamos, de propósito e conscientes, vidas em riscos, por nossa revolta ou desprezo. Nós nos tornamos vítimas de grupos hostis e até estranhos, que em tenebrosa vingança ou como "juízes cruéis", punem-nos perversamente pelos crimes de homicídio hediondo e silencioso que praticamos no anonimato aos olhos do mundo, mas escandalosos aos registros da Natureza.

Desencarnados — continuou a instrutora —, o remorso nos persegue terrível e impiedoso, enquanto permanecemos longamente em esferas incrivelmente inferiores, quase impossíveis de descrever. A busca do alívio da consciência é tão aflitiva que somos levados a sombrias torturas íntimas. Sem contar nossas vítimas que, revoltadas pelo que lhes causamos, fazem-nos viver num inferno de cobranças, maus-tratos e ódio. Tudo é desesperador e parece eterno.

— As vibrações, preces e auxílios daqueles que o querem socorrer, quando em um estado de perturbação tão inferior, tão triste e doloroso, são quase nulos — acrescentou Gustavo.

— Mas nunca somos condenados eternamente a condições tão miseráveis, não é? — perguntou Romildo.

— Não. Claro que não — esclareceu Gustavo. — Porém esse estado de perturbação pode durar décadas, séculos... Quem sabe?... Se, quando estamos preocupados e perturbados, um dia é muito longo, imagine todo esse tempo!

Elma, sentindo a necessidade de partirem, informou amorosa na primeira pausa oportuna:

— Querido Gustavo, sinto interrompê-lo, mas precisamos ir a outro lugar. Voltaremos a nos encontrar, posso garantir.

— Obrigado, Elma. Só sua presença já nos fortalece e anima e sua luz nos enche de esperança e fé.

— Rogaremos para que você tenha êxito na missão de agora e que o bom Mestre Jesus ilumine a consciência de seu protegido — falou, fazendo entender que estava inteirada sobre o assunto, mas não queria entrar em detalhes. — Rogarei para que ele se erga, eleve-se o quanto antes. Conte comigo sempre que precisar. — Depois de agradável sorriso pediu: — E, quando não precisar, simplesmente, lembre-se de mim.

Após as despedidas, o grupo partiu, pois a presença deles em outro lugar, naquele momento, seria bem importante.

# 16

## Aids, varíola e índios

LOGO APÓS deixarem Gustavo, na primeira oportunidade, Romildo perguntou, demonstrando a mesma curiosidade de sempre:

— Elma, ao contaminar outras pessoas com o HIV, Tomás está cometendo homicídio, certo?

— Sem dúvida. Até nas leis dos homens, na justiça terrena, existe condenação para pessoas que cometem esse ato. Imagine pelas leis de Deus.

— Nem todos que se contaminam com o HIV, por causa de uma vida imprudente, condenam-se a um estado de perturbação tão terrível após o desencarne, não é? — interessou-se Álvaro.

— Logicamente que não — respondeu a bondosa instrutora. — No caso de se infectar por falta de vigilância, apesar da dor, dos transtornos, do desespero e de todos os problemas e dificuldades, a pessoa deve ter uma postura consciente de que sua nova situação e condição podem ser uma proposta regeneradora para si mesma como espírito eterno. Devemos lembrar que essa experiência terrena, por causa da infecção do HIV, não será a última. A pessoa que vive o HIV, que vive a Aids, deve aproveitar a situação para uma reforma interior, a fim de elevar-se mais ainda na escala evolutiva. Muitos conseguem uma condição espiritual mais consciente, bem melhor do que se não tivessem passado por essa prova ou expiação. Viver, é uma história que não tem fim. Cada capítulo do livro da existência é uma experiência que temos encarnados e desencarnados. Independentemente do que nos acontece, nosso livro da vida pode ser cada vez melhor. — Após alguns segundos, Elma decidiu: — Primeiro quero encontrar Lisete e Djalma, depois vamos encontrar aqueles que utilizam ou utilizaram a experiência do HIV como alavanca para a elevação espiritual.

* * *

Rapidamente Elma chegou ao hospital onde Lisete, Djalma e outros espíritos de luz acompanhavam Marília e sua amiga Laura, que aguardavam notícias do pequeno Higor, que havia tempo estava internado.

O garotinho, muito enfermo, ligado a aparelhos, era acompanhado pela equipe médica bem de perto. Na espiritualidade, achava-se assistido e amparado com cuidados intensos e apropriados.

Aproximando-se dele, Elma carinhosamente beijou-lhe a fronte, fez linda e vigorosa prece. Luzes cristalinas passaram a envolver Higor e o ambiente. Permaneceu em elevada meditação, entrando em contato com esferas mais altas.

Respeitoso silêncio reinou até que, com sua generosidade peculiar, a benfeitora avisou:

— Devemos preservar este momento com a própria alma contra qualquer malfeitor. É chegada a hora de o querido Higor deixar as tristes sensações físicas e vir, definitivamente, para a esfera espiritual com toda a segurança e amparo de que é meritório.

Enquanto o garotinho permanecia em profundo estado de sono, como que anestesiado, alguns tarefeiros espirituais colocavam-se em prece elevada.

Jorro de luz esplendorosa se fez, preservando a atuação dos socorristas que desligavam, cuidadosamente, cada liame que prendia o espírito Higor ao corpo de carne.

Logo o médico do plano físico diagnosticou a morte do corpo carnal do menino. Mas o desligamento do espírito prosseguia, na esfera espiritual.

Tempos depois, terminado todo o procedimento, Elma o tomou nos braços com grande carinho, apertou-o contra o peito, tal qual mãe amorosa que acolhe o filho ao coração, cerrou os olhos e quase com leve sorriso permaneceu aninhando-o nos braços por algum tempo.

Terminada linda prece de agradecimento a Deus pelo elevado amparo no ocorrido, Elma, depois de beijá-lo com prestimoso carinho, entregou o pequenino nos braços da amiga Gisela, que havia chegado de esferas superiores somente para esse recolhimento.

Com suave expressão, Elma solicitou:

— Recolha-o em colônia apropriada. O sono profundo servirá de proteção e refazimento. Nosso querido Higor não precisa de um estado de perturbação longo. Já experimentou o que sua consciência cobrava. Agora lhe resta aprender, aceitar e evoluir.

— Cuidarei dele como de um filho querido — disse Gisela, sorrindo docemente ao olhar com carinho o pequeno e apertando-o cuidadosamente contra o peito.

— Então vá, minha amiga. Será acompanhada de valorosos socorristas até se encontrar em segurança. Sabemos que espíritos inferiores, algozes de Higor, poderão tentar ainda interferir em sua evolução, mas estarão seguros pela providência Divina.

Terminado o socorro, a benfeitora voltou-se para Lisete e Djalma, quando a amiga, antecipando a pergunta, disse:

— Foi como nos avisou, Elma. Marília está arrasada. Uma mãe amorosa não poderia sentir-se diferente. Laura está sendo uma luz em sua vida. A amiga vinha preparando-a para as adversidades, inclusive esta.

Nesse mesmo instante, Marília chorava abraçada à Laura, que permanecia sabiamente em silêncio. Nenhuma palavra poderia consolar uma mãe naquela difícil separação.

\* \* \*

Passado um dia, logo após o enterro do corpo de Higor, Marília, calada e sem lágrimas, sentada em sua sala de estar, parecia anestesiada pelas recordações.

Laura, preocupada com os pensamentos da companheira, indagou:

— O que você tem em mente?

Após breves segundos, ela suspirou fundo e comentou:

— Não sei. Sinto um vazio, algo estranho. Sei que meu filho estava sofrendo, mas eu o desejaria a meu lado, gostaria de cuidar dele... — Algumas lágrimas correram por sua face alva. Com a voz embargada, continuou: — A todo momento, vou ao quarto, acreditando que ele está lá. Parece que ouço seu choro, sua vozinha fraca... Como será que ele está agora? Quem estará cuidando dele? Será que ele sofre?

— Não — esclareceu a amiga, bondosamente. — Sofrendo ele não está. O espírito de uma criança pode ser bem mais adiantado do que de um adulto e sua experiência difícil, nesta curta encarnação, serviu para seu progresso[13].

---

13. N.A.E.: Para saber mais sobre a sorte das crianças após a morte ver em *O Livro dos Espíritos* das questões 197 a 199-a.

— Por que uma criança sofre doenças tão terríveis como o câncer, problemas cardíacos, a própria Aids e outras mais?

— Já conversamos bastante sobre as várias experiências reencarnatórias que podemos ter. Só a crença na reencarnação justifica as diferentes experiências que cada de um nós tem. Se dissermos que uma criança sofre com câncer ou com a Aids porque Deus quer, diremos que Jesus mentiu ao nos ensinar que Deus era bom e Justo. Uma curta vivência terrena, talvez, signifique uma vida anterior interrompida, de alguma forma.

— Sabemos que hoje uma mulher infectada com o HIV tem cerca de trinta por cento de chance de passar o vírus para o filho, durante a gestação ou durante o parto, apesar dos medicamentos. Por que um espírito, sabendo que a mulher está infectada, pode querer ou deixar-se reencarnar, tendo a noção de que já pode nascer condenado à morte?

— Veja bem, Marília, quando nascemos, a única certeza de que temos é de que um dia vamos morrer, ou melhor, vamos deixar o corpo físico. Ninguém vive eternamente encarnado. A Doutrina em que acredito ensina que alguns espíritos, para harmonizarem suas consciências, solicitam provas difíceis e pedem determinadas expiações. Jesus mesmo ensinou, por parábolas, que: "Se o teu olho direito te serve de escândalo, arranca-o e lança-o fora de ti; porque melhor é que se perca um de teus membros, de que todo o teu corpo ser lançado no inferno". *O Evangelho Segundo o Espiritismo*, no capítulo VIII, ensina que, com a palavra escândalo, Jesus resumiu tudo o que vai contra a moral ou o decoro, dos vícios às imperfeições humanas mais discretas aos olhos do mundo. Mas isso não significa, de forma alguma, tomar a parábola ao pé da letra. Jesus quis ensinar que devemos arrancar de nós tudo aquilo que for motivo de escândalo, arrancar do coração tudo o que não é bom e da mente todas as tendências viciosas.

— Então, aqueles que nascem infectados com o HIV estão se livrando de seus escândalos?

— Eu acredito nisso. Não só os que nascem com esse vírus, mas com qualquer outra doença difícil de enfrentar. E aqueles que foram infectados com o HIV por acidente, digamos, eles também estão se livrando de seus escândalos.

— Como no caso daqueles que não se contaminaram por relação sexual, mas por transfusão de sangue ou medicamento injetável, cuja agulha ou seringa estavam infectadas?

— Isso. Porém, o agente da área de saúde que, por negligência ou imprudência, utiliza em um paciente um material já usado por outro e o contamina com um vírus ou bactérias que lhe serão prejudiciais será tão homicida, no caso do HIV e de outras doenças fatais, quanto aquele que puxa o gatilho de uma arma e atira em uma pessoa. Essa é minha opinião.

— E se foi sem querer?

— Há alguns anos, até podemos acreditar que um médico, dentista, farmacêutico ou enfermeiro poderiam contaminar um paciente com o vírus do HIV sem querer, apesar de saberem que toda higiene deveria prevalecer por conta das inúmeras doenças contagiosas e perigosas, como hepatite, tuberculose, sífilis, meningite etc. Esses profissionais tiveram, e têm, o dever de descartar todos os materiais utilizados. Sabendo-se que um vírus tão terrível como o HIV pode infectar uma pessoa, comprometendo o resto de sua vida, os profissionais da área de saúde passaram a ter não só obrigação, mas compromisso moral, um compromisso com Deus, de preservar e proteger a saúde de quem estiver sob seus cuidados. Eles serão responsabilizados por tudo e terão de prestar contas a Deus pelo que fizeram.

— Eu gosto de ouvir falar dessa doutrina reencarnacionista. Mas devo confessar que ainda duvido... — Breve pausa e perguntou em tom brando: — Como você pode acreditar tanto? Por que acredita tanto nisso?

— Eu acredito na reencarnação porque creio em um Deus bom e justo. Só a reencarnação explica as grandes diferenças entre nós, seres humanos, criados por um único Deus. Além disso, prefiro acreditar nisso a não acreditar em nada, ficar sem esperança, com o coração vazio, repleto de torturas íntimas e revoltas amargas por me recusar a aceitar determinadas situações.

— Sinto falta do meu filhinho... — Chorando, Marília perguntou: — O que faço da minha vida agora? Quem vai cuidar dele? Como saber se ele está bem?

— Lembre-se, minha amiga, antes de Higor ser seu filho, ele é filho de Deus. Após ter cumprido sua curta, porém valorosa experiência, encarnado, Deus o quis a Seu lado. Certamente Ele achou que Higor não precisava mais dos tormentos terrenos, pois já harmonizou tudo o que precisava expiar. Agora, o que tem a fazer é cuidar de você mesma. Se desejar valorizar essa experiência de vida, cuide de outros filhos de Deus que precisam ser orientados, instruídos e apoiados, pois seu filho está sendo cuidado por Ele. Há muito trabalho nessa área e poucos voluntários.

As palavras, proferidas com bondade e esperança, tocaram profundamente o coração de Marília que, muito emocionada, abraçou a amiga, murmurando:

— O que seria de mim se não fosse você?

Enquanto isso, na espiritualidade, Elma despedia-se de Lisete e de Djalma, seguindo com seus alunos para novos aprendizados.

\* \* \*

Longe da casa de Marília, Silmara, ainda refletindo sobre tudo o que ouviu, pediu:

— Elma, poderia exemplificar o motivo de tantos nascerem com HIV ou adquirirem o vírus, mesmo sendo pessoas que preservam a moral, como é o caso de hemofílicos?

— Quero lembrar, mais uma vez, que cada caso é um caso. Podemos relatar alguns exemplos. Tenho conhecimento de um caso em especial, de alguém que, após passar por sérios problemas de saúde na infância e na adolescência, chegando a ser desenganado pelos médicos, resistiu às previsões e tornou-se defensor ostensivo de causas nobres. Foi uma alma brilhante. Muito especial. Abraçou ideais e lutou pelos infortunados, para lhes garantir dignidade, respeito e abastecimento mínimo, para que não passassem fome. Aliás, ele foi um pioneiro nessa área. Que criatura linda! — exclamou emocionada, como se recordasse de alguma particularidade ou fortes laços de amizade. Mas logo prosseguiu: — Hemofílico, ele necessitava de transfusões de sangue ou plasma para conter hemorragias. A pessoa hemofílica tem coagulação sanguínea lenta ou inexistente, o que representa uma constante ameaça a sua vida, pois os pequenos traumatismos ou ferimentos podem matá-lo.

Ele contraiu o HIV em uma transfusão necessária, por causa da hemofilia — contou Elma. — Apesar de toda a problemática emocional que enfrentou, conseguiu pensar em salvar outras vidas. Participou de movimentos e ações inúmeras, entre elas, reivindicando que no país fosse efetuado o exame anti-HIV em todo sangue doado, para que ninguém mais fosse contaminado por transfusão. Essa criatura maravilhosa e digna de exemplo superou-se na proposta para aquela reencarnação, harmonizando sua consciência e elevando-se como espírito, de uma forma impressionante, na experiência que solicitou.

— O que ele tinha para expiar? O que o incomodava tanto para pedir uma prova tão difícil quanto essa? — interessou-se Romildo.

— Séculos atrás, os índios, em nosso país, viviam em conflito aberto com os colonizadores portugueses que, a qualquer custo, queriam tirá-los de suas terras. Os índios, torturados e escravizados com trabalhos contínuos e impiedosos, chegavam rapidamente à morte, em vista do abuso e das torturas. — A benfeitora ofereceu uma pausa e observou a atenção de seus alunos. — Tanto os colonizadores quanto os religiosos católicos, padres jesuítas que vinham para cá, consideravam os índios e os negros criaturas desprezíveis e sub-humanas. Era considerado normal tratá-los como animais, pois não acreditavam que tivessem alma. Embora, nem animais devam ser maltratados, pois eles são nossos irmãos menores e necessitamos deles. — Nova pausa e prosseguiu: — Os índios e os negros eram mortos perversamente ou torturados com requinte de crueldade para prazer de seus senhores e caprichos das senhoras ou sinhás.

Com o tempo, os colonizadores ou senhores de terras, perceberam que os índios eram muito mais vulneráveis a doenças de todos os tipos, principalmente, a infecções transmitidas pelos brancos. — Breve pausa e comentou: — Quando em contágio com determinada moléstia, os índios de uma região morriam e seu completo extermínio estava garantido.

Esse foi o meio que os colonizadores cristãos encontraram para tomarem as terras dos índios, explorarem o ouro e as pedras preciosas de nosso país. Nesse período, a varíola assombrava a Europa, dizimando famílias e infectando muitos em todo o continente. — Narrava a instrutora no mesmo tom brando. — Trazida para o Brasil nas embarcações diversas, a varíola chegou à Vila de Caxias e provocou terrível epidemia. Aqui não era comum chamá-la de varíola, mas sim de bexiga ou alastrim.

Como sabiam da sensibilidade dos nativos deste país, tiveram uma ideia infeliz. Usaram um pretexto qualquer para atrair os índios à Vila de Caxias, pois sabiam que a varíola os exterminaria. — Nova pausa e continuou no mesmo tom: — Depois de alguns dias na região, os índios foram emboscados, presos e espancados, inclusive as mulheres e as crianças. Os que conseguiram fugir para as matas levaram consigo o vírus da varíola e contaminaram todos os outros índios do sertão. Sabe-se que, da Vila de Caxias, a varíola chegou a atingir populações indígenas além do rio Tocantins, cerca de dois mil quilômetros a oeste, por causa desse evento.

A varíola, alastrim ou bexiga era chamada pelos índios daquela região de *Pira de Cupé*, ou seja, Sarna dos Cristãos. A cruel doença queimava-lhes todo o corpo, provocava fortíssimas dores na coluna, no abdômem e na cabeça, além da febre alta e delírios — detalhou Elma. — Os índios, desesperados, atiravam-se nos rios para se matar. Outros ainda, quando se percebiam doentes, assim que começavam os terríveis sintomas, colocavam a cabeça sobre uma pedra para que um amigo ou parente pudesse bater em sua cabeça com outra pedra grande, esmagando-lhe o cérebro e matando-o para livrá-lo do desespero da terrível varíola. — Após poucos segundos de pausa, revelou: — Essa prática de extermínio cruel não foi um fato isolado em nossas terras. E esse amigo, do qual falei, que experimentou incontáveis problemas com o HIV e mesmo assim lutou por ideais sublimes, foi, nesse passado distante, um dos colonizadores cristãos que idealizou e executou essa matança que acabei de lhes contar.

— Além de ser hemofílico, lutar em defesa dos pobres e contra a fome, ele precisava sofrer com a Aids? — perguntou Romildo.

— Ele não sofreu. Ele experimentou — respondeu a benfeitora com peculiar paciência. — Além disso, aconteceu com ele, em uma única existência, o que fez milhares de criaturas sofrer. Se compararmos o grau de sofrimento único dele ao dos milhares de índios, podemos ver que a expiação foi menor do que a causa e as consequências que ele provocou. Ela foi branda por suas ações humanitárias e sublimes em prol dos não-favorecidos. Foi sua consciência que se harmonizou e se elevou. — Esperou um instante e ainda contou: — Por ter invadido terras, apropriando-se indevidamente dos bens alheios, deixando incontáveis pessoas na total penúria e miséria extrema, quando atacava aldeias, sem poupar mulheres nem crianças, ele hoje lutou contra a fome para os desprovidos. O HIV e a Aids foram pelos milhares de semelhantes que condenou à tão horrenda e fatal varíola. Somente com essa experiência teve paz consigo mesmo.

Todos silenciaram em profunda reflexão, até Romildo perguntar:

— Então deve haver milhares de portadores de HIV que contraíram o vírus, não por contato sexual ou drogas, mas por transfusões ou cirurgias, e passam por essa expiação por terem, propositadamente, feito algo semelhante no passado, não é?

— Sim. Não só com acontecimentos referentes à varíola, como também a inúmeras outras doenças e pestes terríveis que surgiram em diversos períodos na história da humanidade.

— Pode contar-nos outros casos? — pediu Álvaro, com grande expectativa.

— Claro. Mas, antes, vamos ao posto espiritual que nos abriga. Precisamos nos refazer.

# 17

## A história de Elma

CHEGANDO AO valoroso lar terreno que lhes servia como oficina de trabalho espiritual superior, com exceção da amorosa instrutora, o grupo de estudo parecia um tanto cansado, necessitando de alimento espiritual. A companhia de amigos queridos, os cumprimentos afetuosos e a absorção de alimentos propícios ao estado de espírito de todos foram suficientes à manifestação da energia e animação, renovando o ânimo de cada um.

Elma, procurando isolar-se um pouco dos demais, imóvel, entregava-se a uma prece de elevação, manifestando ao Alto agradecimentos sinceros por todos os acontecimentos tranquilos durante os estudos e as observações, pois poderiam ter sido importunados e até atacados por malfeitores de considerável "poder", que não admitem a tarefa de esclarecimento ou elevação a ninguém. A benfeitora agradecia também o socorro oportuno do pequeno Higor que, agora, recompunha-se calmo e aliviado dos suplícios terrenos.

Observando-a a certa distância, Romildo permaneceu em respeitoso silêncio. Admirado e surpreso pela tocante concentração silenciosa que a instrutora imprimia na sublime prece, pôde perceber que a querida instrutora transformava-se radiosa, parecendo receber e espargir encantadora e brilhante luz de um azul intenso, magnífico, que não dá para ser comparado a nada conhecido no plano físico.

Com uma emoção inexplicável, Romildo não conseguiu deter as lágrimas rolando em seu rosto, ao observar e sentir tão elevada vibração. Intenso jorro de luz ainda se projetava em Elma, quando, com agradável serenidade, findou a prece e ergueu lentamente seu lindo olhar na direção do aluno que parecia petrificado de emoção.

Imediatamente, Romildo caminhou em sua direção, estendendo-lhe os braços quase trêmulos, em busca de um abraço para abrigar seu coração aturdido.

Ela sorriu docemente e envolveu-o com carinho, até seu protegido recompor-se.

Em pouco tempo, afastando-se do abraço, ainda com os olhos úmidos, Romildo comentou:

— Não há nisto mistério ou predileção — dizia, com as palavras embargadas pela emoção. — O que eu vi e senti foram as bênçãos Divinas respondendo à prece sincera daquela que trabalha com amor e esperança, incondicionalmente para o bem, mesmo quando poderia estar em esferas superiores, distante das desgraças que assolam este mundo. Mas não, oferece a si própria na construção da fraternidade, erguendo tarefeiros necessitados de saldar débitos ou, simplesmente, em solidariedade e exemplificando na tarefa de elevação. — Olhando-a nos olhos, perguntou emotivo: — Por quê?

Elma, sempre sustentando agradável sorriso, respondeu cautelosa:

— Como permanecer no céu, se aqueles que vivem, particularmente, em meu coração não podem dividir comigo o paraíso? — Breve pausa e o aluno não se manifestou. Em tom bondoso, disse: — Busco, há séculos sucessivos, auxiliar e elevar aquele que elegi como amor e também aos queridos filhos de minha alma que se perderam nas lutas, nos vícios, no orgulho ou egoísmo de qualquer tamanho. Devo admitir que estou distante deles para auxiliá-los. Não me podem perceber hoje... No entanto, quanta esperança trago no coração quando encontro grupos como o seu, alunos de fé, dedicados e repletos de ânimo para trabalharem e auxiliarem aqueles que se prendem na luta das experiências materiais. Chego a pensar e desejar que seus futuros protegidos e aprendizes, encarnados ou desencarnados, ou aqueles que, de alguma forma, aprenderão com vocês a viver o Evangelho do Cristo, podem ser um de meus amados. Quero, de todo o meu amor, que vocês saibam envolvê-los, mostrando-lhes que as impressões terrenas são passageiras, que os ensinamentos do Cristo são as regras para a elevação, que os vícios mundanos e a falta de equilíbrio nas vontades terrenas são o caminho para se perder mais tempo nas misérias humanas, reparando, sofrendo e harmonizando o que se fez de errado.

Romildo, meu querido, todo sofrimento existente tem sua explicação na bagagem tormentosa que trazemos do passado errante. — Olhando-o nos olhos, disse ainda: — Deus nunca erra nem nos pune. Deus não é cruel em achar que um merece a perfeição e outro o aleijamento, ou um merece a riqueza e outro a miséria, um a saúde e outro terríveis enfermidades. Deus é bom e justo, por isso nos oferece incontáveis oportunidades reencarnatórias para que possamos nos aperfeiçoar e harmonizar. Não sofremos injustamente. As experiências amargas que vivemos são tão somente expressões educativas para o espírito. Devemos enfrentar toda provação com resignação, sem revolta, ou teremos de nos reeducar, novamente, na mesma situação.

O aluno, ainda sob o efeito de forte impressão, com olhos lúcidos ousou perguntar:

— Aqueles que lhe são queridos vão passar pela experiência do HIV?

— Um, em especial, parece não se inclinar nem se atrair a esse vírus tão cruel. Se o fizer, certamente, terá de se reeducar com as dificuldades da Aids sim. Porém, sua força interior e sua fé são impressionantes, mesmo com terríveis conflitos íntimos, de toda a dor na consciência, das incontáveis dificuldades para entender e aceitar. Encarnados, não temos a capacidade de compreender determinadas provas para nossa evolução. Essa alma querida não se corrompeu em desequilíbrio e, apesar de tudo, harmoniza a consciência despendendo todo o seu tempo com tarefas saudáveis. Canaliza toda a sua energia para a arte de projetar e construir, trazendo alegria, beleza e luz. Também ajuda, como voluntário, irmãos especiais que necessitam de sua atenção, amor e carinho. Sem recusas nem reclamações. Os outros dois que busco socorrer não vão experimentar a difícil prova da Aids, já experimentaram e não vivem mais encarnados.

— Acaso fala de Lúcio? É ele uma dessas almas queridas?

— Sim — afirmou com doce emoção de júbilo. — Os que se amam no infinito mantêm as almas unidas e se buscam ajudar. Não fui criada nas esferas excelsas. Tive um passado de erros, padeci em resgates penosos e justos. Elevando o entendimento, compreendi a máxima de que: "Fora da caridade não há salvação". Eu havia me distanciado de Lúcio, que se demorou em conflitos íntimos, no orgulho, na vaidade, na vulgaridade e em tudo mais. Resgatei, aprendi e trabalhei, arduamente, para meu equilíbrio. Roguei, implorei em preces a Jesus para me conceder a oportunidade de, um dia, poder ajudar aqueles que guardava, com especial ternura, em meu coração. Então, há séculos, foi-me permitido cuidar de Lúcio, do pequeno Higor, acolhido hoje no plano espiritual, e de Dirso, o arquiteto que se dedica ao lazer de crianças especiais.

Dentre os três, o querido Dirso e o amoroso Higor são os que vêm se saindo melhor. E como se saíram bem! — A instrutora sorriu docemente. — O caso de Dirso você já conhece. Ele passa pela prova do corpo masculino com psicologia feminina, pelos abusos sexuais que cometeu no passado. Como mulher, com grande erotismo e seduções exorbitantes, desmanchou lares, desfez famílias e fez do sexo um meio de prosperar e adquirir bens. Após muito sofrimento na espiritualidade, depois do socorro e de aprender que a sedução e a energia sexual não foram permitidas à criatura humana para esses fins, Dirso reencarnou, nesse comportamento, para se reeducar, ou melhor, provar sua educação. E está conseguindo, com louvor, apesar de todos os conflitos íntimos para entender a razão de ser como é e dos assédios para uma vida vulgar, leviana, promíscua. No caso de Higor, ele reencarnou como filho de Marília, que já estava com HIV, porque eles têm ligações de um passado distante.

— Por que ele precisou dessa experiência? — perguntou Romildo, com simplicidade.

— Em um passado distante, por expiação, Higor experimentou a Hanseníase, conhecida como lepra, algo temido e assombroso na época. Mesmo sabendo do alto grau de contaminação, ele, revoltado, espalhou a doença o quanto pôde enquanto as pessoas não percebiam seu estado doentio. Quando a doença se tornou insuportável, ele se suicidou. Em nova oportunidade, uma doença desconhecida na época, mas que hoje sabemos ser câncer, o faria resgatar, no momento oportuno, o ato insano do suicídio. Mas, novamente, ao enfrentar as terríveis dores daquela expiação, ele se suicidou. Foi imensuravelmente lamentável.

Como louco, padeceu mais de um século no sofrimento contínuo e terrível das paisagens sombrias, indefinível na descrição humana, revivendo a agonia e o desespero do ato de suicídio. Seu socorro foi difícil — Ela deteve as palavras por um instante, como se pudesse rever mentalmente a situação. Em seguida, continuou: — Numa reencarnação, em que ficou preso nas deficiências mentais e físicas, com sérios problemas de saúde, resgatou os suicídios cometidos.

Retornando ao mundo espiritual — Elma ainda contou —, recompôs-se bem e, após décadas de aprendizado, rogou para resgatar o débito que outrora necessitava sofrer com a lepra, para harmonizar o que causou a outras pessoas, quando, propositadamente, espalhou a terrível doença. Então, Higor reencarnou com uma mãe portadora do HIV, que o infectou com o vírus. Em seu breve reencarne, experimentou a terrível expiação com a Aids, o que lhe restava pela encarnação interrompida que, apesar de todo o sofrimento, reeducou-o como espírito, harmonizando sua consciência.

Somente Lúcio ainda mergulha no pântano e no desespero da própria mente. Mas ele há de conseguir vencer a perturbação e buscar a elevação da consciência. — A aproximação de Silmara e Álvaro fez Elma concluir, dizendo: — As qualidades morais são forças vitais dos espíritos sublimes, lembre-se disso. O espírito elevado jamais retrograda. Jamais perde a superioridade. Moral é aprender e praticar o que é correto. É ter total controle dos desvios e desequilíbrios, sem se deixar corromper pelo sexo, fumo, álcool, drogas, comida, ganância, ciúme, vaidade, fofoca, fanatismo por esportes, jogo e outros incontáveis vícios. Nunca evoluiremos espiritualmente se formos devedores de alguma qualidade moral a nós mesmos.

— Elma, perdoe-me a interrupção — pediu Álvaro, com sua timidez. — Prometeu nos contar outros casos de pessoas que contraíram o HIV por outros meios, que não sexo e drogas. Pode fazê-lo agora?

— A criatura humana sempre disputa o direito de sobressair-se. Existem incontáveis casos bem semelhantes, mas vou lhes contar este: uma bela jovem, a quem vamos chamar de Síria, foi educada com cuidadoso primor. Seu pai, homem rico e bem influente, proporcionava-lhe tudo, numa época, no século XVIII, em que a grande maioria das pessoas vivia situações difíceis. Suas ordens eram rígidas e sua postura austera. Não oferecia liberdade à jovem, órfã de mãe e filha única. Ele desejava casá-la com alguém que lhe conviesse. Não deixava que ela namorasse, pois não queria que a filha ficasse falada, o que era inadmissível para a época. Entretanto, o pai, inflexível e conservador, morreu deixando para a filha toda a sua fortuna.

Portadora da síndrome que vem desviando gerações, Síria era compulsiva sexual — revelou a instrutora. — Logo que se viu liberta dos laços paternos, criou para si um mundo de prazeres sexuais. Diversos homens eram dominados por sua conquista. Outras jovens também passaram a fazer parte dos desvarios de perversões que Síria criou, quando instalou, aos poucos, uma casa de prostituição, em sua mansão.

Com o tempo, mesmo sabendo que "suas meninas", como ela as chamava, portavam doenças sexualmente transmissíveis, conhecidas por doenças venéreas, Síria deixou que sua casa de prostituição funcionasse normalmente. Com isso, muitos homens se contaminaram e infectaram suas esposas e filhos com sífilis e blenorragia.

Síria viveu sua vida de luxúria no prazer tentador do sexo promíscuo e leviano — continuou, vendo que todos estavam interessados. — Como ela queria, viveu feliz até que, após o desencarne, prendeu-se nos turbilhões de desesperos pelos atos irresponsáveis, pelo desvio no autoerotismo, na erotomania, na corrupção dos prazeres carnais, no emprego errôneo das energias sexuais. Sem contar o sofrimento experimentado pela agressão dos que queriam vingar-se por terem sido contaminados por tão selvagens doenças. — Após oferecer breve instante, prosseguiu: — Grupos hostis de espíritos revoltados atacaram-na cruel, impiedosa e ininterruptamente por décadas a fio. Suas lamentações estridentes de medo e dor não resolviam. Até que foi arrebatada pela loucura funesta, arrasadora, que a deixou paralisada, sem palavras nem ações, somente com as visões perturbadoras e horríveis de seus erros.

Aquele que havia sido seu pai austero e exigente trabalhou incansavelmente a seu favor, retirando-a daquele "lugar estranho", das "esferas inferiores" a muito custo e levando-a para uma câmara apropriada onde, lentamente, entre gritos atormentados e rogativas de piedade, ela passou a demonstrar reação.

Após uns cinquenta anos se recuperando desse estado, Síria reencarnou com severas dificuldades mentais em breve experiência terrena, cerca de trinta anos, para que voltasse mais recomposta à espiritualidade e também tivesse uma trégua aos ataques de seus algozes.

Mais outro considerável tempo na espiritualidade, recompondo--se e aprendendo, em vista de tudo o que fez Síria reencarnou há três décadas. Casou-se e manteve-se fiel em seu casamento. Porém, o marido não fez o mesmo. Foi em uma de suas diversas aventuras extraconjugais com mulheres de seu trabalho e também com prosti-tutas, que ele se infectou com o HIV, transmitindo o vírus à esposa.

Observando os alunos perplexos e interessados, Elma continuou:

— Após o choque e a dor de saber que foi traída, a mesma situação que ela proporcionou às inúmeras esposas dos homens com quem se envolveu no passado, Síria foi obrigada a equilibrar--se emocionalmente, apesar da tortura viva e constante que invadia seus pensamentos. Ela se forçou a não se revoltar, a procurar viver realmente de forma intensa. Intensa de cuidados, amor, carinho, atenção e respeito para com ela mesma, o que não fizera no passado.

— E o marido? Eles se separaram? — indagou Romildo, curioso.

— A princípio, sim. O marido foi viver com a mãe e os irmãos, mas sua carga viral aumentou, suas células de defesa caíram. As infecções oportunistas surgiram uma a uma. O marido não era bem cuidado pelos parentes que, talvez, por falta de conhecimento, tinham medo de adquirir o vírus. Mais calma e diante da situação deplorável dele, Síria levou-o de volta para sua casa e cuidou dele, sem descuidar de si mesma.

Foram dias difíceis para ele, que sofreu com diversas dores, com a pneumonia por *Pneumocystis*, a paralisação dos membros inferiores e a falta de coordenação, a demência causada por infecções no cére-bro, o câncer e outras infecções purulentas na pele que o castigaram até os últimos dias. — Nova pausa e a benfeitora revelou: — Para cuidar dele, Síria usava luvas tipo cirúrgicas, máscara e um jaleco que deixou só para esse fim. Ela tomou a postura certa. Além de cuidar corretamente do marido, ela buscou informações de todas as fontes possíveis e com muito ânimo para ganhar mais conhecimento de tudo o que vivia. Descobriu que, apesar de também estar infectada, seus medicamentos eram diferentes dos medicamentos do marido, por isso não poderia entrar em contato com os fluidos corpóreos dele, pois correria o risco de infectar-se novamente com o vírus já acostumado aos coquetéis antirretrovirais que o esposo tomava. Para ela seria um sério problema, por ser um vírus mutante, o HIV, caso ela se infectasse novamente, seria resistente aos medicamentos, que deixariam de fazer efeito.

Não é porque uma pessoa está infectada com o HIV que pode se relacionar sexualmente com alguém que também é soropositivo ou correr qualquer risco de infectar-se com fluidos corpóreos de quem é portador desse vírus. Em casos assim, os coquetéis antirretrovirais deixam de ser eficientes e a manifestação da Aids vai surgir. — explicou Elma.

Síria, além disso, descobriu que teria de viver saudavelmente com uma qualidade de vida que adotaria a partir de então. — E ainda contou: — Ela já não fumava e só bebia socialmente. Afastou-se de ambientes com fumaça de cigarro e passou a beber apenas água e sucos naturais. Alimenta-se de forma saudável, evita químicas, preferindo alimentos naturais e, principalmente, toma seus remédios pontualmente, sem diminuir ou esquecer as doses. Consulta o médico. Faz seus exames de rotina sem hesitar. Pratica natação e faz caminhadas. Além disso, ela se motiva para trabalhar com outras pessoas portadoras do HIV, em terapias de grupo de uma associação apropriada para esses casos, buscando ajudá-las, incentivá-las para viver com qualidade e amor a si mesmos, pois a vida é muito mais do que a experiência com HIV. Fora isso, Síria aceita pequenas palestras de advertência e alerta sobre o vírus e a Aids em escolas, para adolescentes, que nem sempre dão atenção a esse assunto. Ela realiza um trabalho cristão de amor ao próximo, quando, carregando sua cruz, segue os exemplos do Cristo.

— Contando dessa forma, pode parecer fácil — considerou Romildo —, mas o tratamento para se manter saudável, quando se é portador do HIV, não é nada fácil.

— Não mesmo! — confirmou a instrutora que pouco exclamava. — É por isso que o HIV e a Aids são experiências reeducativas. O amor a si mesmo é o remédio mais importante nessa prova. Cada um, de forma individual e sempre com a orientação do médico, vai tomar os remédios adequados a seu estado. Os efeitos colaterais desses medicamentos podem surgir. No entanto, cada um vai descobrir um modo de superar essa ocorrência ou tolerá-la, tomando um suco, quando ingerir o remédio ou uma colher de mel, para aliviar o gosto provocado pelo refluxo...

Infelizmente — disse ainda —, nem todas as pessoas têm informações ou desejam acompanhamento médico. Elas não sabem, mas essa atitude é muito perigosa e imprudente.

— É suicídio inconsciente também — comentou Silmara. — Vamos lembrar que deixar de promover a cura ou melhora de nosso estado de saúde é deixar-se morrer. É deixar sua oportunidade acabar antes do tempo proposto.

— São poucas as pessoas que recebem tratamento ao saberem que são portadoras do HIV — comentou a instrutora. — Dos portadores do HIV, a minoria sabe que são soropositivos. Dos que sabem, bem poucos procuram o tratamento. Dos que têm acesso ao tratamento, pequena parte toma os remédios apropriadamente ou possui instrução suficiente de sua nova condição de vida. Isso é tão lamentável...

— Talvez, alguns nem saibam que, se não tomar o medicamento corretamente, o vírus acaba ficando mais resistente, ganha muito mais força e ataca mais severamente — lembrou Álvaro.

— Além disso — tornou a instrutora —, os medicamentos param de fazer efeito e outros remédios, com outros componentes, podem ser menos eficazes, em vista da resistência que o vírus adquiriu. O maior problema enfrentado hoje é que muitos soropositivos deixam de tomar a medicação ou diminuem a dosagem por conta própria, por causa dos efeitos colaterais, o que vai lhes trazer sérios transtornos no futuro.

Breves segundos e Elma comentou:

— Isso me fez lembrar de um caso muito sério. Um rapaz descobriu que seu parceiro estava com Aids. Desesperado, realizou todos os exames, que confirmaram que também havia sido infectado com HIV. O jovem ficou confuso, arrasado, mas começou a tomar, rigorosamente, o coquetel adequado para seu caso e a seguir a orientação médica. Porém, sua irmã, uma fiel de uma linha religiosa do protestantismo, religiosos comumente conhecidos como evangélicos, disse-lhe que nada é impossível para Deus e o fez ir à igreja com ela. Nos cultos realizados especialmente para a cura, o rapaz começou a ser... digamos... exposto aos demais, para que todos gritassem a Deus pedindo pela cura de sua saúde, para que se livrasse desse vírus letal. Além disso, ele e a irmã fizeram ofertas generosas de dinheiro à igreja, para alcançarem o que solicitavam, em meio a um delírio eufórico e sem equilíbrio, razão ou bom senso. Com Jesus, aprendemos que para orar devemos entrar em nosso quarto e fechar a porta, orando em secreto. Ao orarmos para que sejamos vistos pelos homens, já recebemos o que desejávamos, ou seja, a demonstração e a exibição de nossos atos.

Pois bem — continuou ela —, esse rapaz não frequentava nenhum grupo de apoio, nem ouviu muitas orientações, nem procurou saber mais detalhes sobre a Aids e o HIV. Seu médico, homem de poucas palavras, prescrevia seus medicamentos, fazia-lhe algumas recomendações e pedia-lhe exames de rotina. Nada mais. Quase não havia perguntas. O jovem seguia à risca tudo o que lhe era indicado.

Com o tempo, esse rapaz realizou um exame. Abriu o resultado antes de levá-lo a seu médico. Em meio a inúmeras linguagens clínicas, entendeu como resultado: Carga viral indetectável. Eufórico, fanático e cego para a realidade, não recordou as poucas advertências médicas, nem levou o exame para que seu médico lesse. Não cabendo em si de contentamento, divulgou no meio do culto religioso que havia recebido um milagre, pois não era mais portador do HIV.

O pastor, diante do "milagre" ocorrido, passou a usar o rapaz para promover os tratamentos de cura nos cultos e solicitar numerários respectivos à graça que se desejava alcançar.

Convertido de forma fanática, o jovem e o pastor passaram a dar-se muito bem, a ficar muito próximos, se me entendem...

Vou resumir — disse Elma para desfechar a história. — Depois de algum tempo, eis que a esposa desse pastor, após apresentar alguns problemas de saúde e depois de diversas consultas ao médico, descobriu que fora infectada com HIV e já sofria a manifestação de algumas infecções comprometedoras. Ela garantia fidelidade ao marido que, para surpresa de todos, revelou-se homossexual atuante e ter contraído o vírus do rapaz que informou que seu exame apresentava carga viral indetectável. Mais uma vez, podemos confirmar que não é a religião que nos liga a Deus nem ao diabo. A boa conduta moral está no espírito humano.

— Uma vez confirmado o HIV no organismo, ele não some. Nenhum tratamento nos livra do HIV, mas impede a multiplicação desse vírus e diversas infecções, retardando a Aids. Por isso é muito importante iniciar o tratamento com remédios prescritos por médicos especialistas no assunto, antes que a pessoa apresente qualquer doença e tenha seu sistema imunológico enfraquecido — argumentou Álvaro. — Muitos soropositivos que se medicam rigorosamente e procuram uma boa qualidade de vida, em todos os sentidos, podem ter sua carga viral, que é a medida da quantidade de HIV circulante no sangue, indetectável em exames mas, ao mesmo tempo, o sistema imunológico alto. Se ele se descuidar, o vírus volta a se multiplicar e a atacar as células do sistema imunológico. Estar com a carga viral indetectável não significa deixar de ter o vírus no organismo.

— Elma — perguntou Silmara —, suponhamos que um casal seja soropositivo porque um infectou o outro. Eles moram juntos e fazem tratamento. Se tiverem relação sexual, pode haver algum problema, ou por serem soropositivos, podem ter uma vida sexual ativa?

— Há problemas, e muitos. Existe uma série de remédios usados para tratamentos que contêm as infecções oportunistas e diminuem a carga viral, ou seja, reduzem a multiplicação do HIV no organismo. Cada pessoa é um caso. Cada soropositivo deve ter um tipo de tratamento, um tipo de combinação de medicamentos diferentes. Se os soropositivos se relacionarem, estarão trocando vírus que já receberam determinada medicação e que vão tornar-se resistentes à droga, quando precisarem dela.

Fora isso — prosseguiu a instrutora, — o HIV tem alto poder de mutação. Após invadir o organismo e usar uma célula para se replicar, as novas partículas virais, ou seja, os novos vírus que vão surgir naquele corpo, não são mais iguais aos do vírus que entrou. Em um casal, quando o homem infecta a mulher, o vírus que se multiplica agora no organismo dela não é igual ao vírus do organismo dele. Assim como no caso dos medicamentos, o DNA, as proteínas, os nutrientes e tudo mais que um corpo possui implica a mutação desse vírus que pode ser, além de diferente, mais resistente.

Então — explicou ainda —, quando dois soropositivos se relacionam sexualmente sem o uso de preservativos ou transmitem um ao outro seus fluidos corpóreos contendo o vírus, haverá, no interior do organismo de cada um deles, um vírus ainda mais diferente e, provavelmente, ainda mais agressivo.

— Elma — pediu Silmara —, pode nos contar algum caso de pessoa que escapou de ser contaminado pelo HIV por ouvir o mentor?

— Existem diversos casos desse tipo. Um deles é do jovem Beto. Um rapaz bonito e maduro em seus 27 anos. Por ser de boa família, ou melhor, por ter tido pais que lhe ensinaram valores morais, ele trazia no imo da alma a vontade de constituir uma família. Ter casa, esposa e filhos e até um cachorro para completar a alegria da família.

Por motivo de emprego, precisou ir para a cidade grande e morar sozinho. Ganhando razoavelmente bem, logo entrou numa academia de ginástica, muito comum nos grandes centros, para acabar com a ociosidade. Beto entrou na academia e lá começou a reparar no corpo escultural das jovens bonitas e elegantes.

Uma moça em especial chamou-lhe muito a atenção — contou a instrutora. — Ela era muito bonita mesmo. Um corpo perfeito, sadio e malhado, como eles dizem. Beto tentava aproximar-se dela com certo cuidado, pois não estava acostumado ao modernismo das mulheres da cidade grande. Certo medo, porém, o fazia recatado, talvez, envergonhado. Era seu mentor que o intuía a ficar mais atento e alerta.

Observando o interesse de todos, Elma prosseguiu o longo relato:

— Como não poderia deixar de ser, os amigos incentivam-no a se aproximar rapidamente da moça, dizendo que ele precisava ser mais direto, convidando-a para sair logo na primeira conversa, pois era isso o que ela esperava.

Apesar de todo recatamento, Beto aproximou-se da bela moça que, sorridente, aceitou o convite para tomarem um aperitivo num barzinho.

Cheio de boas intenções, sentia-se apaixonado por ela, por seu corpo maravilhoso, por seus cabelos bonitos, pela boca bem-feita, pelo sorriso alvo. Era a mulher perfeita!

No encontro, apesar de um pouco nervoso, o rapaz começou a conversar e descobriu, com determinados assuntos, que a moça não possuía, em seu interior, cinco por cento da beleza que exibia no físico.

Era uma jovem vazia. Sem emoções nem sentimentos. Sem responsabilidade. Não tinha objetivos na vida, a não ser ter um corpo bonito, fazer cirurgias plásticas etc. Com isso, o rapaz percebeu que a jovem aceitara muito rápido o convite para saírem e que, se houvesse proposto algo mais íntimo, certamente, ela aceitaria. Ele não sabia, mas seu mentor o fazia perceber tudo isso na jovem.

Notou também que a moça ficou decepcionada quando ele, simplesmente, deixou-a na porta de sua casa, sem convite para que alongassem a noite.

A partir de então, Beto passou a ficar mais exigente com as moças que observava, pois havia se decepcionado com o vazio e a pobreza de espírito daquela por quem se sentiu atraído.

Com o tempo, numa visita aos pais, no interior, não tão longe da capital onde residia, tornou a rever uma amiga de infância que, naquele dia, visitava sua mãe. Ela foi a menina com quem ele havia brincado e brigado muito. Conversaram. Ela contou que havia terminado uma faculdade e procurava empregar-se na área. Mostrou-se produtiva, com responsabilidade, valores morais e ideias de prosperar.

Voltando para a capital, Beto não tirou a amiga da cabeça e passou a compará-la com as jovens com quem trabalhava ou conhecia, achando-as bem fáceis e, apesar dos assédios, decidiu rejeitá-las. Conhecendo o assunto do momento, começou a pensar na infecção pelo HIV, nas dificuldades da Aids e decidiu que não valeria a pena correr o risco de sair com qualquer uma por simples promoção de prazer ou para provar aos amigos que era homem. Ele atendeu as inspirações de seu mentor.

Retornando a sua cidade, convidou essa amiga para voltar com ele para a capital, pois lá poderia procurar um emprego. Poderia morar com ele, afinal, ele morava sozinho. Mas a moça não aceitou.

Ficaria ali com seus pais e enviaria seus currículos. Se fosse para ela ir para a capital, acreditava que seria chamada. Não ficaria bem morar com um rapaz, sozinha.

Foi então que começaram a namorar.

Hoje estão casados. Moram na capital. Ela trabalha na área em que se formou. Espera o primeiro filho e Beto, realizado, experiente, não pensa em trair a esposa por companhias efêmeras e vulgares.

Beto não sabe que se livrou de ser infectado com o HIV por aquela jovem bonita da academia, por quem se sentiu apaixonado, um dia, por quem foi, freneticamente, incentivado a convidar pelos colegas.

Talvez, sua vida hoje, com mulher e filho, seja simples, sem muitas emoções, mas, certamente, ele está livre de grandes aflições, desespero, dores e angústias. Além do arrependimento. E, querem saber quem são eles? — perguntou Elma, com sorriso maroto. — Estamos sob o teto desse casal magnífico e abençoado, pois possuem o coração evangelizado na Doutrina do Cristo — finalizou para surpresa de todos.

— Que legal!!! — gritou Romildo sem conter as emoções, recatando-se logo em seguida.

— Ainda bem que existem pessoas ponderadas, que escutam aquela inspiração... — comentou Silmara, sorridente.

— Agora, meus queridos — disse a instrutora —, por hoje encerraremos aqui. Amanhã, falaremos mais.

E foi com o coração repleto de harmonia, abrigados nas vibrações salutares daquele ambiente que os acolhia, que cada um procurou o repouso reconfortante e merecido, para se recompor para o dia imediato.

# 18

## Desafios diversos

O DIA INICIAVA-SE tranquilo quando Romildo, com expressão animada, logo perguntou à instrutora:

— Continuaremos com nossa conversa? Afinal, essas histórias são ótimas. Tive a sensação de haver mais casos para contar.

Elma sorriu gentilmente e avisou:

— Caminharemos, ao modo dos encarnados, até nosso destino. Durante o trajeto, conversaremos.

Seguindo por avenidas e ruas, o grupo observava muitos transeuntes acompanhados por espíritos muito maldosos, maliciosos, compulsivos e perturbados de esfera incrivelmente inferior, que se atraem aos desencarnados pela postura mental, ideias de raiva, descontentamento, revolta, vingança, orgulho, ganância, sexo e por tantos outros motivos.

A instrutora aproveitou-se da oportunidade e comentou:

— Lembram-se do caso da Síria, aquela moça rica que, em séculos passados, aproveitou-se da morte do pai rigoroso e transformou a mansão onde morava em prostíbulo? — Sem aguardar a resposta, continuou: — Pois bem, existem milhares de casos semelhantes ao dela, em parte, claro. Algumas das mulheres que se perverteram no sexo leviano com ela, hoje, retornam com experiências semelhantes. Uma delas, infectada com HIV pelo marido, revoltou-se, criou situações difíceis e complexas para ela e para a família que a acolhia com compaixão e tentava oferecer conforto e solidariedade. Desesperou-se em manifestações agressivas, palavras rudes, acreditando que, por ser uma mulher digna e fiel, jamais deveria merecer tamanha desgraça. Decidindo esquecer sua nova condição de soropositivo, acreditando que não tinha nada mais a perder, não se alimentava devidamente, passava a noite em festas estranhas, com amigos duvidosos, embebedando-se e fumando, inclusive drogas.

Ela exigia dos parceiros o uso de preservativo nas relações sexuais, entretanto por causa das bebidas e dos abruptos movimentos, quantos preservativos se romperam no calor dos acontecimentos? Ela não sabe. Porém, pouco se importava, afinal, ela pensava: "Eu fiz questão do uso do preservativo, mas se ele se rompeu, não foi por minha culpa. E, se ele se infectou, não tenho responsabilidade alguma, porque, começamos com a prática de sexo seguro".

Todas as pessoas, portadoras do HIV ou não, devem a si e a Deus a preservação da saúde e da vida dos semelhantes. Ninguém tem o direito de deixar, seja quem for, correr qualquer risco — disse Elma que esperou alguém se pronunciar, mas não aconteceu. Por isso, ainda contou: — Desesperada pela fatalidade, ela busca esquecer a nova condição cometendo novos desatinos, em vez de viver para melhorar-se como pessoa, para se superar na nova vida. Todos nós, sem exceção, temos capacidade de dominar nossos sentimentos de raiva, revolta e nos melhorar a cada dia, apesar dos pesares, das dificuldades e dos conflitos.

— Talvez, ela acredite que sua vida termine com a Aids. Que engano lamentável... — compadeceu-se Silmara.

— Pior do que ter o HIV no corpo é ter o HIV "no espírito", pois criamos mentalmente, pela revolta e raiva, pelo desânimo, desespero, desprezo e atos irresponsáveis a nós mesmos e aos outros, energias que destroem nossa imunidade ou vibração espiritual, nossa força espiritual. Muitos perdem a fé em um Deus bom e justo, esquecendo que a vida é eterna e teremos de rever, corrigir, experimentar novamente e harmonizar tudo o que desprezamos e tudo fizemos irresponsavelmente. Jesus já nos disse: "Não temeis os que matam o corpo e não podem matar a alma; temei, antes, aquele que pode fazer perecer no inferno a alma e o corpo".

Todos silenciaram, por alguns instantes, em profunda reflexão, até que a instrutora avisou simplesmente:

— Chegamos.

Ao entrarem, depararam com um campo magnético de impressionante serenidade, reforçado de energias animadoras e luzentes. Entidades socorristas que trabalhavam na espiritualidade os receberam com largo sorriso e muita animação.

— José! Quanto tempo, meu amigo! — expressou-se Elma, com elevada consideração.

— A distância é pelo trabalho intensivo que cresce a cada dia.

— Jesus o abençoe, fortalecendo-o na árdua tarefa magnífica e intensa que abraçou a qual ampara a muitos. — Logo Elma apresentou: — Esses são os queridos alunos que necessitam aprender com as experiências e os desafios da Aids. Penso ser, este posto, formado na espiritualidade com as bênçãos do Divino Mestre, o lugar ideal para complementarem o aprendizado. Poderia contar-lhes como tudo isso aconteceu?

Após poucos segundos, todos se acomodaram e José contou:

— Lindaura, dona desta casa, foi uma criatura que, em outras encarnações, desviou a função da libido e entregou-se ao sexo casual, prazeroso e promíscuo. Nem preciso narrar as dificuldades que ela experimentou depois do desencarne. Porém, logo após se deixar socorrer, procurou aprender e solicitou novo reencarne para se equilibrar. Com muita dificuldade, não se entregou a compulsões e orgias, até surgir o convite insistente de amigas para que, segundo elas, divertissem-se em espetáculos de quase nudismo masculino, em que homens, com trajes típicos, expõem-se, dançam e mostram seus músculos e porte atlético.

São homens que se prostituem e se vendem, nem sempre para o ato sexual, mas para se exporem em troca de dinheiro, para excitação e fantasia de várias mulheres. É lógico que no fim do espetáculo sempre há os que aceitam convites para *shows* particulares, privados. Vocês me entendem... Infelizmente, são jovens desequilibrados, que possuem desvios psicológicos para o exibicionismo e autoerotismo, expondo-se ao voyeurismo de mulheres — detalhou o mentor.

O lugar onde se apresentam normalmente, no plano visível aos encarnados, é sofisticado, de alto estilo e decoração de bom gosto. Entretanto, na espiritualidade, a visão é terrível, tenebrosa. Muitos espíritos escravizados no sexo, deformados e quase perdendo a aparência perispiritual humana, entrelaçam-se num panorama repleto de miasmas repugnantes. O odor é insuportável.

Verificando que todos estavam bastante atentos, José continuou, o que seria um longo relato, explicando tudo muito bem:

— Mulheres que foram prostitutas, quando encarnadas, sem serem percebidas no plano físico, também se juntam aos encarnados que se apresentam com exibições eróticas àquelas que assistem. Todos entram no mesmo clima de excitação e depravação. Quanto mais esses espíritos terrivelmente inferiores conseguem penetrar nos pensamentos das encarnadas que assistem ao show, mais se ligam a elas, ceifando-lhes a moral, o bom senso e o amor-próprio. Ali acontece uma dominação obsessiva delirante, excessivamente perturbadora e sórdida. Até o final do espetáculo, inúmeras mulheres, que se entregaram ao nefando voyeurismo, ao prazer de observar o corpo dos exibicionistas, não sabem que se entrelaçam, espiritualmente, a criaturas que lhes sugam as energias e lhes transferem fluidos funestos.

A princípio, ou melhor dizendo, no dia ou semana seguinte, talvez, muitas mulheres nem percebam nada, mas acabarão notando mudanças sutis no cotidiano, coisas que começam de forma errada e desordenada. Elas se tornam nervosas e estressadas. Acreditam que precisam relaxar e distrair-se, ou então é despertado um desejo pelo sexo, de uma forma que nunca sentiram antes.

E foi isso que aconteceu com a estimada Lindaura — disse José em tom brando. E prosseguiu: — Um daqueles espíritos inferiores que estavam no espetáculo em busca de uma consciência que se assemelhe a ele, impregnado de fluidos repugnantes, imantou-se a ela pelas afinidades, principalmente as do passado. Esse irmãozinho procurou imprimir-lhe, vagarosamente, ideias de prazer e de desejo sexual.

Sem que percebesse, Lindaura era induzida a folhear revistas em que sempre se destacavam assuntos sobre prazer sexual, ou como conseguir mais prazer no sexo, com opiniões sórdidas, vulgares e desmoralizantes de mulheres que não se respeitam. Em tudo o que Lindaura procurava para distrair-se sempre era levada a assuntos sobre sexo. Foi então que cresceu seu desejo sobre o tema: sexo e prazer. Lindaura passou a dar preferência a filmes com cenas explícitas de sexo, fazendo com que se juntassem a ela, para também compartilharem das cenas, mais espíritos lascivos, maliciosos e deprimentes. Ela adorava novelas picantes, com cenas insinuantes, de sexo e troca de parceiros, trazendo-se emoções e sensações. Lindaura, ignorando os espíritos inferiores que agora lhe escravizavam e imprimiam-lhe pensamentos de uma espécie de fantasia em que ela se imaginava com um ou diversos homens para obtenção de prazer, não sabia que tudo que fantasiava acontecia na espiritualidade, com espíritos vis e compulsivos sexuais representando, como se estivessem encarnados, os acontecimentos de sua imaginação.

Com os estímulos das revistas femininas requintadas que, irresponsavelmente, passam uma informação de baixa moral, defendendo os direitos da mulher como se leviandade, promiscuidade, prostituição e irresponsabilidade sexual fossem demonstração de liberdade feminina. — José fez breve pausa para reflexão, depois continuou: — Com os incentivos recebidos das novelas, cujos enredos são de troca natural e promíscua de parceiros, com a preferência a filmes com cenas de sexo, a pobre Lindaura, disposta a ser uma mulher liberal, assumida e independente, decidiu libertar-se dos ensinamentos morais recebidos. Passou então a viver como queria. Ignorava as entidades sugadoras, perversas, lascivas e monstruosas que se grudavam a ela, literalmente falando.

Com a crescente necessidade emocional de saciar-se no sexo, Lindaura viveu paixões e sexo sem amor, sentindo-se vazia e fragmentada ao final de cada experiência. Sentia-se usada, como um objeto que passa de mão em mão e vai se desgastando, deixando-se marcar pelo uso.

Quando percebeu que nenhuma mulher se realiza, satisfaz-se plenamente ou é feliz da forma como vivia, de mão em mão, Lindaura descobriu que o sexo, em sua função normal, proporciona amor, plenitude e elevada sensação de carinho verdadeiro ao parceiro. Pela dádiva da união, proporciona satisfação na alma e não dúvida antes, durante ou depois do ato. O sexo, em toda a sua plenitude, pertence à alma e não ao corpo carnal. Nessa fase de reflexão ao que praticava desrespeitosamente a ela mesma, Lindaura descobriu que havia se infectado com o HIV. Então ela se questionou: "Como, se eu praticava o sexo seguro? Como, se selecionava meus parceiros?". Após muito choro, desespero, pensamentos causticantes e terríveis, ela se ergueu com muita dificuldade, mas graças ao apoio dos pais e de apenas um irmão, pois o restante da família promoveu sua morte social ao saber da notícia. Lindaura, porém, foi mais forte, foi superior a todo preconceito. Passou a cuidar-se mais, a ter mais atenção com sua saúde e buscou uma nova filosofia de vida, que lhe deu o entendimento da causa das aflições. Hoje, ela vive mais do que antes. Livrou-se das obsessões nefastas, dos espíritos vis que a escravizavam com impregnações energéticas e de pensamentos.

Lindaura trabalha, estuda e, além de cuidar muito bem de si mesma, faz parte de um grupo de apoio a portadores do HIV e visita os vitimados pela Aids em suas residências ou clínicas, quando estes estão impossibilitados de frequentar uma associação.

Seu lar, hoje — comentou com sorriso generoso —, bem diferente de tempos atrás, é um lugar prazeroso de imensa paz, pois as palavras indecentes e de baixo valor moral foram trocadas por educado entendimento e resignação. Os programas de televisão de tragédias horrendas, que são temas chamativos de audiência, ou com cenas sensuais e promíscuas, que atraem a presença e atenção de espíritos maliciosos estimuladores da desvalorização e do desequilíbrio moral, foram trocados por programas instrutivos. Os programas de televisão de diversão com depravação, ridicularização e humilhação de pessoas, que também servem de especulação a espíritos zombeteiros que apreciam a vergonha e humilhação alheias, foram substituídos por comédias agradáveis, com atores preparados. As músicas inferiores, que insinuam o sexo animalizado, portanto doentio, e comparam o ser humano a cão, equino e outras coisas mais, estimulando a zoofilia, ou contêm palavrões e palavras agressivas, foram trocadas por canções mais tranquilas e elevadas. Tudo isso, antes, atraía incontáveis espíritos de todas as inferioridades.

A prática do Evangelho no Lar e os estudos da Doutrina Espírita trouxeram não só compreensão e elevação dos encarnados, mas também muita Luz radiosa ao ambiente. Essas mudanças proporcionaram fluidos salutares aos encarnados e promoveram este lar, principalmente na espiritualidade, facilitando a elevação a tal ponto, que hoje nos serve de guarida e oficina superior, fato que oferece aos encarnados energias salutares, harmonia e muita paz.

José ofereceu breve pausa em que circunvagou o olhar a todos e finalizou o relato:

— Tudo isso não foi fácil. Foi a reeducação, forçada pelo choque de saber-se soropositiva, que levou Lindaura e sua família à elevação moral.

Finda a narrativa, após um instante, Elma voltou-se para seus alunos lembrando-lhes:

— Diante das maiores dificuldades, somos nós quem transformamos em tragédia ou vitória as circunstâncias a serem enfrentadas. É bom lembrar que teremos de repetir a experiência quando nos acomodamos ou nos revoltamos com o que deveríamos harmonizar.

A instrutora sorriu e aguardou algum questionamento. Como não foi feita nenhuma pergunta, voltou-se para o amigo José, abraçou-o com carinho e, após os votos de êxito no trabalho desenvolvido e agradecida pelas explicações objetivas, despediu-se.

* * *

Deixaram aquele lar. Elma seguia junto com seus alunos para uma igreja, mas Romildo, sempre sequioso por aprender, aproveitou-se da oportunidade e perguntou:

— A família e os parentes têm uma tarefa muito importante na vida daqueles que portam o HIV ou experimentam a Aids, não é?

— Sem dúvida — esclareceu a benfeitora. — Nunca estamos próximos de uma pessoa por mera casualidade. Aqueles que experimentam situações difíceis como essa precisam ser apoiados e, principalmente, orientados. Entretanto, situações abusivas, por parte do soropositivo, devem ser evitadas. Como nos disse o próprio Mestre, não devemos dar ao filho o peixe, mas ensiná-lo a pescar.

Sabe Romildo, é necessário ter muito bom senso e amor — explicou a instrutora. — Porém muitos repugnam aquele que é soropositivo, às vezes, por pura ignorância, por orgulho ou preconceito. Porém ninguém está livre de tão terrível experiência, que sempre nos é proposta para aprimoramento e educação do espírito. E, em nosso futuro, receberemos exatamente o que proporcionamos a outros numa possível situação difícil.

Alguns, infelizmente, acreditam que o HIV pode infectar com o contato social, com o beijo social, quando se usa a mesma cadeira ou até pelo ar que se respira próximo ao soropositivo — disse Elma. — Por isso desprezam, humilham e desrespeitam, esquecendo-se de que necessitarão harmonizar o que proporcionaram de mágoa, melancolia, vergonha e muito mais.

Nesse momento, eles chegaram ao destino, quando Silmara perguntou:

— Aprenderemos algo sobre os desafios da Aids nesta igreja católica?

— Sem dúvida! — animou-se Elma e completou: — Quero mostrar-lhes um trabalho magnífico e desafios reeducativos sobre o HIV. Vamos entrar.

Em uma atmosfera espiritual harmoniosa e de inenarrável paz, a instrutora e seus alunos foram recebidos calorosamente pelos tarefeiros espirituais que ali prestavam serviços prestimosos. Sempre generosa e educada, depois de terno cumprimento, ela solicitou àquele que se encarregava do trabalho principal:

— Egildo, meu amigo, como vê, estou com esse novo grupo e necessito de seus valorosos préstimos. Poderia apresentar-nos a creche que você mentoreia e os desafios de cada um dos irmãozinhos queridos que vivem nela?

— Com imenso prazer, meus amigos! — respondeu extremamente alegre e satisfeito.

Seguindo-o por corredores laterais, eles chegaram até uma creche que funcionava ativamente num local ao lado da igreja. Ao olhar, sorrindo para todas as crianças que, naquele instante, estavam em recreação, Egildo explicou com ternura na expressão:

— Esses são meus anjinhos. É assim que eu os chamo. São queridos espíritos inocentes nesta encarnação. Digo, inocentes, no sentido de ignorarem as dificuldades que vivem, porém trazem do passado uma pesada bagagem da qual tentam se aliviar. Todas essas crianças cuidadas com precioso carinho pelo padre Alécio são portadoras do HIV. Elas já nasceram com o vírus e foram infectadas pelas mães soropositivas.

Aproveitando-se da breve pausa, Elma solicitou gentilmente:

— Antes de contar alguns casos em particular, pode falar sobre o valoroso padre Alécio?

— Claro! — respondeu o anfitrião, sempre animado. — Nosso querido padre Alécio, em tempos remotos, em outra experiência reencarnatória, era casado. Por um problema congênito, ignorado na época, seus filhos nasciam com certos problemas físicos e debilidades. Alécio e a esposa abandonaram cada um dos filhos especiais que lhes foram confiados. Sem um coração bondoso, ele e a mulher, simplesmente, deixavam os pequeninos em lugares ermos, para que morressem, pois indefesos, com dias ou meses, não resistiam por muito tempo e faleciam de forma angustiosa.

Desencarnado — relatou Egildo —, Alécio passou por tristes penas em labirintos tenebrosos pelo remorso. Ouvia constantemente cada choro, cada grito desesperador de seus filhinhos ecoando em sua mente, enquanto sentia corroer-se pela mesma sensação física que os pequeninos experimentaram angustiosamente enquanto esperavam a morte. As visões ininterruptas em sua tela mental eram horrendas e aterrorizantes.

Em nova oportunidade de vida terrena, Alécio foi um grande senhor de engenho e, recebendo, novamente, os filhos enfermos, proporcionou cuidados a cada um deles. Porém, vejamos, ele proporcionou cuidados, pois tinha situação privilegiada, mas não cuidou pessoalmente com atenção e carinho. Eram suas escravas que cuidavam.

Como homem lascivo e senhor de escravos, ele se sentia no direito de possuir suas escravas negras, índias e bugres, abusando delas sem nenhuma piedade, transmitindo-lhes doenças sexuais, além de causar-lhes agressões físicas e emocionais.

Em meio a sua conturbada vida, foi proclamada a Lei do Ventre Livre, que determinava que os filhos de escravos nascidos a partir daquela data não seriam mais escravizados. Revoltado com a situação, ganancioso e impiedoso, pensando somente nos prejuízos que teria se cuidasse de crianças negras que eram livres, sem poder utilizá-las como escravos, sem poder vendê-las e usá-las cruelmente em suas práticas indecorosas, Alécio tomava dos braços de suas escravas os filhos recém-nascidos, pequeninos e indefesos, e os levava para longe de suas terras, abandonando-os para que morressem desprovidos de auxílio ou socorro.

Com isso, embrenhou-se em terrível obsessão que, ainda em vida, levou-o à loucura extrema, obrigando-o a ser amarrado e amordaçado, em sua cama, pelos próprios parentes.

Após o desencarne, seu padecimento foi tenebroso, causado principalmente pelos espíritos que torturou como senhor de escravos e até pelos que foram abandonados à morte. Muitos, inclusive, eram seus filhos. Alécio necessitou de duas reencarnações lamentáveis e miseráveis, de deformação e debilidade mental, e da experiência com estupro e queimaduras para expiar o que fez a muitos dos escravos.

Depois de muito tempo na espiritualidade — Egildo prosseguiu no mesmo tom tranquilo —, foi elevando-se e entendendo que devia, como todos nós, fazer ao próximo o que desejava a si mesmo. Alécio, porém, necessitava vencer a compulsividade sexual e entregar-se a tarefas de auxílio ao próximo, para reeducar-se e harmonizar-se pelos homicídios de crianças e pelas condições precárias que muitos tiveram por sua causa.

Para abster-se do sexo, acreditou que seria melhor prender-se às obrigações e dogmas da Igreja Católica, fazendo votos de pobreza e castidade. Assim ele se equilibrou e sentiu necessidade de ajudar os desafortunados. Comovido pelas crianças abandonadas pelos pais e portadoras do HIV, o que dificultava extremamente uma adoção, Alécio decidiu adotar esses filhos do mundo, canalizando todas as suas energias em trabalhos incríveis, de imenso valor e respeito. E, como pai amoroso, dedica-se imensamente à tarefa árdua de acomodá-los com relativo conforto, provê-los de elevados cuidados e, principalmente, oferecer-lhes toda atenção e tratamento para conter o HIV e as infecções oportunistas causadas pela Aids.

Alécio tornou-se elevada criatura — disse ainda —, abençoado a cada dia pelo trabalho operante, pela disposição em servir ao Cristo, quando socorre a cada um desses pequeninos. Que ninguém ouse criticá-lo pelo passado errante. Hoje há criaturas com muito pouco a corrigir e harmonizar e se tornam ociosas, inoperantes e acomodadas. Encontram defeitos nas obras alheias, embora tenham tempo de sobra para corrigir seus débitos, não se dispõem a servir como poderiam e deveriam.

Envolto em bênçãos especiais — contou Egildo para desfechar —, o padre Alécio entrega-se arduamente, em benefício desses pequeninos de forma ostensiva, incansável e com incrível paciência.

Finda a narrativa, o silêncio foi absoluto até Romildo se manifestar:

— Que relato emocionante!

— Mas aqui temos muitos relatos emocionantes e comoventes. Esperem só!

Egildo fez um gesto significativo, indicando para que o grupo o seguisse. E assim foi feito.

# 19

## Nascendo com HIV

CONDUZINDO os amigos com expressiva satisfação, o amável Egildo alcançou determinada ala da referida creche e deteve-se, mostrando a todos:

— Esses meus anjinhos são os menores. Vou-lhes narrar alguns casos. Eles foram levados a essa reencarnação, chegando ao mundo já portando o HIV.

Aquele é Ovídio — apontou o benfeitor e anfitrião. — Ele tem 3 anos. Há um ano e meio, foi abandonado na porta desta creche com um bilhete contendo alguns dados e seu primeiro nome. Sua mãezinha entrou em desespero ao saber que era soropositiva e que seu filhinho tinha nascido contaminado. Quando ela o deixou aqui, Ovídio já desenvolvia várias infecções oportunistas, decorrentes da Aids. — Egildo ofereceu alguns instantes e contou: — Ovídio experimenta esse desafio porque, em outra experiência terrena, suicidou-se, atormentado pela hanseníase também chamada de lepra ou morfeia, uma das enfermidades que mais aterrorizaram o mundo em todos os tempos. Emocionalmente, Ovídio não resistiu às difíceis condições de ataque ao tecido da pele com lesões em mucosas, ulcerações e necrose dos tecidos afetados, muito dolorosas e fétidas, além da alteração do sistema nervoso causada por essa infecção bacteriana, denominada hanseníase. Depois de anos em perturbação terrível por ter tirado a própria vida, ele retornou para uma breve reencarnação, já infectado por um vírus que o fará continuar a experiência interrompida em outra vida.

Aproveitando-se da pausa de Egildo, Álvaro perguntou:

— Devem ter aqui muitos casos de espíritos que interromperam a própria vida por causa de doenças tão difíceis de suportar quanto a Aids é hoje, não é?

— Sim, temos muitos casos de suicídios em vidas passadas, por aqueles que não suportaram determinada enfermidade ou condição emocional dolorosa. Entretanto, apesar de parecer cruel, as consequências da Aids, em uma criança, evita ou impede que esse espírito cometa novamente o ato de suicídio. Além de ele expiar no mesmo grau aquilo que lhe ficou faltando harmonizar — esclareceu o anfitrião.

Percebendo o interesse, o benfeitor Egildo comentou, apontando:

— Aquela é Rafaela, nossa linda menininha. Rafaela tem uma história curiosa. Ela se suicidou em outras experiências de vida, por causa da anorexia. A anorexia, como devem saber, é um estado emocional doentio em que a pessoa deixa de se alimentar, o que provoca deficiência em todo o organismo e emagrecimento rigoroso, levando à morte prematura em muitos casos. Como consequência de seu ato, por não controlar seu desequilíbrio de não comer, por ter deixado seu corpo ir à falência orgânica com inúmeros comprometimentos terríveis à saúde, hoje, ela já reencarnou com o HIV, para que passe pelas mesmas experiências a que se forçou e que a levaram ao suicídio inconsciente.

— Casos como o de Rafaela — disse Elma —, podem fazer uma pessoa já nascer com o HIV ou adquiri-lo mais tarde, no decorrer da vida, por meio de transfusões, injeções etc... Ela não vai se infectar por práticas sexuais.

— Eu estava longe de imaginar que a anorexia pudesse levar alguém a esse tipo de experiência com a Aids! — surpreendeu-se Silmara.

— Ora! — interrompeu Romildo. — A pessoa não gostava de passar fome, queria ser magra e maltratava o corpo, comprometendo a saúde e até desencarnando antes da hora? Pois, então, essas pessoas vivem hoje exatamente o que fizeram de errado para si mesmas, para o próprio corpo. Quando tiverem de passar pela fase da Aids, que causa magreza, mal-estar e falência dos órgãos, estarão expiando, experimentando o que fizeram!

Elma, imediatamente, olhou para Romildo, como uma forma de repreensão, demonstrando que não gostou do comentário, mas nada disse.

Egildo, por sua vez, continuou em tom singular:

— Apesar da forma um tanto chocante como Romildo nos expôs os fatos, essa é a verdade. Entretanto, normalmente, só os casos de anorexia reincidentes fazem o espírito expiar dolorosa provação com a Aids. Antes de enfrentar experiência em doenças para resgatar a harmonia emocional com relação à alimentação, ele reencarna primeiro em condições paupérrimas, de extrema miséria, e passa por muita fome em lugarejos esquecidos do mundo.

— Como Etiópia, Somália? — perguntou Silmara.

— Não só lá. No sertão brasileiro, também encontramos condições semelhantes, paupérrimas. Veja, cada caso é um caso — alertou o mentor. — Quando a anorexia é uma doença mental ou emocional, algo do espírito, trazida por traumas, transtornos e perturbações, sequelas do passado, a harmonização pode ocorrer de uma forma bem diferente. Entretanto, existem pessoas que não comem ou comem e depois provocam vômito, para não engordarem, pois assim exige sua profissão ou os padrões de beleza, para que tenham *status*, fama, dinheiro, etc. Frequentemente, essa agressividade ao corpo provoca um reencarne nessas condições paupérrimas que comentamos, ou inclina a essa reencarnação.

— Quando a anorexia pode ser uma doença do espírito por um trauma do passado? — perguntou Silmara, interessada.

— Quando a pessoa tem medo de comer porque, no passado, foi vagarosamente envenenada por comida, e hoje tem medo de levar à boca qualquer alimento; quando, no passado, foi ridicularizada, agredida ou até espancada por algum parceiro, algo muito comum, por achar seu corpo avantajado e gordo. E hoje, por mais que essa pessoa esteja magra, sua condição mental diz que ela ainda precisa emagrecer. Esses são dois exemplos, entre várias situações. São casos que necessitam de muita orientação, psicoterapia e espiritualização. Bem diferente daquelas pessoas que não comem para manterem o corpo esculpido, por exibicionismo, fama ou fortuna — explicou Egildo, e prosseguiu: — Venham ver. Esta é a querida Lina que experimenta essa difícil expiação pelas incessantes renúncias à boa moral. Ela assumiu a prostituição com orgulho, destruindo lares, magoou pessoas. Mesmo sabendo que estava com uma doença sexualmente transmissível, infectou inúmeros parceiros, as esposas e, consequentemente, os filhos desses casais, que já nasciam com a sífilis ou cegos pelo contágio da doença no momento do parto. Também infectou os próprios filhos, concebidos mesmo depois que sabia estar doente.

— Somos sempre responsáveis pelo que causamos aos outros, não é? — indagou Silmara. — E a consciência sempre nos faz experimentar os desafios que causamos.

— Aqui temos Ênio — continuou o anfitrião. — Ênio é um caso difícil, pobrezinho. Em outros tempos, ele realizou experiências terríveis em seres humanos, em nome da ciência, sem se importar com a crueldade, as dores e as consequências morais e físicas.

— Foram feitas inúmeras experiências, sem cautela, com drogas e químicas terríveis com seres humanos, essencialmente, durante a Segunda Guerra Mundial — comentou Álvaro.

— Temos registros desse tipo de crueldade principalmente nessa época. Mas o homem, imprudente, vem realizando esse tipo de crime hediondo há centenas, milhares de anos e, infelizmente, ainda os realiza — explicou Egildo, comovido. — Na condição em que nós nos encontramos hoje, encarnados ou desencarnados, temos o dever, a obrigação de amar todas essas criaturas, sejam quais forem seus erros passados, pois é provável que tenhamos errado tanto quanto eles, ou até mais. É nossa oportunidade de servir com amor verdadeiro, para não expiarmos nem nos tornarmos necessitados como eles. Deus nos dá a oportunidade de harmonizar e reparar o que fizemos de errado antes de nos deixar à mercê de nossa própria consciência perturbada, que nos exigirá reparos, provações e expiações severas.

Egildo silenciou. Elma, aproveitando-se da pausa, comentou:

— Nunca devemos pensar que alguém sofre porque merece, ou que alguém está em trabalho valoroso porque precisa reparar. Não sabemos nosso passado, por isso, em vez de julgar o irmão do caminho, devemos ser instrumento útil e valoroso. Quando perdemos tempo em analisar a prova alheia, é sinal de que estamos improdutivos. Aquele que trabalha se preocupa com o que faz e não tem tempo para outros pensamentos.

— Muito bem lembrado, minha querida amiga! — exclamou Egildo, sorridente. — O julgamento dos fatos cabe a Deus. Continuemos. — Um momento e prosseguiu: — Muitos desses nossos amados irmãozinhos estão harmonizando o que sua consciência lhes cobrava.

Ali temos a pequena Eloide — o benfeitor mostrou —, que nos traz uma experiência bem recente. Há cerca de trinta, quarenta anos faziam-se campanhas para o combate a muitas doenças virais infectocontagiosas e as vacinações eram feitas em massa nas escolas e nos postos de saúde. As principais doenças eram sarampo, rubéola, paralisia infantil, tuberculose e varíola, que ainda existiam na época, mas já foram erradicadas. Naqueles anos, porém, as agulhas e os aparelhos usados para a vacinação não eram descartáveis, assim os agentes de saúde, que trabalhavam nessas campanhas, deveriam esterilizar os equipamentos utilizados. Eloide, por falta de ânimo ou preguiça, desprezava as normas de higiene e vacinava seguidamente crianças e mais crianças, sem trocar as agulhas e os aparelhos de injeção e sem esterilizá-los como devia. Algumas vezes, quando alguma professora ou mãe lhe exigia procedimentos de higiene, ela simplesmente passava a agulha do aparelho pela chama de uma vela, alegando que seria suficiente para a esterilização, mesmo tendo sido orientada de que esse procedimento já havia sido abolido.

Eloide e muitos outros profissionais de saúde, que trabalharam com negligência, contaminaram incontáveis adultos e crianças com infecções graves, vírus inúmeros, como o da hepatite, tuberculose, sífilis etc., causando, inclusive, muitas mortes. Desencarnada, Eloide perturbou-se ao extremo e, após conscientizar-se de todo o prejuízo que causou a muitos, solicitou reencarnação com essa difícil prova, para o alívio da própria consciência.

Então — disse Egildo para finalizar —, aqui contamos somente alguns casos, entre as centenas de motivos, que levam um espírito a solicitar reencarne já portando o HIV. Mas nem todos são assim. Alguns espíritos, entretanto, têm um reencarne compulsório e obrigatório nessa situação, que lhe é imposta para regeneração. São tratados igualmente com imenso amor, respeito e atenção por todos nós que, sem dúvida, estamos também em harmonização, em vez de provação.

O silêncio reinou por alguns instantes.

A essa altura, os alunos do pequeno grupo estavam admirados pelos exemplos narrados e pelo trabalho de amor ali tão magnificamente realizado com muitas bênçãos.

Notando uma movimentação especial, todos se voltaram para uma linda cena.

O padre Alécio, sorridente e animado, acabava de chegar e colocava-se de joelhos junto aos pequeninos que o rodeavam, agitados, pela alegria imensa em vê-lo.

Beijando-os um a um, padre Alécio os abençoou, como é da tradição católica. Mesmo tendo um dos pequeninos segurando-lhe as roupas e o seguindo, foi até o outro recinto. Observou a todos que dormiam nos berços, fez no alto o sinal da cruz e, em breve prece significativa, rogou bênçãos às crianças.

Só então se colocou à disposição das trabalhadoras da creche que o circundavam para contarem as novidades. Padre Alécio ouvia com paciência e muita reflexão, pois, em sua maioria, eram necessidades e carências de todos os tipos.

O plano espiritual não era perceptível aos encarnados. Egildo, aproximando-se de Alécio, envolveu-o com abraço fraterno e beijou-lhe a face.

Elma repetiu o gesto de Egildo e falou:

— Que o Mestre Jesus continue abençoando-o com luzes de amor e perseverança, meu irmão, e por muito tempo. Não há substituto para a causa que abraçou, por isso e muito mais há de ser sustentado pelas mãos compassivas de Deus, hoje e sempre. Rogaremos para que suas dificuldades materiais sejam sanadas.

Afastando-se, a instrutora propôs:

— Meus queridos, devemos ir agora. Como podem ver, o trabalho aqui é intenso e ininterrupto. Agradecemos a colaboração amorosa e imensa de Egildo para nossa instrução. Com respeito a sua tarefa, devemos ser breves e deixá-lo retornar ao que realiza com dadivoso amor.

Ao terminarem as despedidas, Elma e seu grupo deixou aquela abençoada creche seguindo para novo aprendizado.

* * *

Observando o comportamento silencioso do grupo, a instrutora aguardou alguma pergunta, que foi feita repentinamente.

— Elma — disse Álvaro —, quando eu disse ao Egildo que muitas experiências com seres humanos foram feitas lamentavelmente durante a Segunda Guerra Mundial, ele confirmou que se faziam e ainda se fazem. Será possível que nos dias atuais uma monstruosidade dessas ainda aconteça?

— Sem dúvida. Em segredo, países tecnologicamente bem desenvolvidos realizam experiências com pessoas. E, como se não bastassem, os projetos de inseminação artificial, realizados para casais que não conseguem engravidar por métodos normais, apresentados com tanta modéstia, sutileza e sigilos também não passam, em muitos casos, de uma experiência científica criminosa. Em alguns, vários óvulos são fertilizados com métodos artificiais em centrífugas e alguns deles são implantados no útero da mulher. Se um, dois ou três obtiverem sucesso, inicia-se a gestação, ótimo. Mas há várias situações problemáticas nisso tudo.

Em alguns casos, dependendo do país, as leis não são específicas, pois há muita coisa desconhecida nessa área. — Elma ainda disse: — Em alguns países, quando a fecundação artificial humana acontece e vários embriões são gerados ao mesmo tempo na mulher, os médicos efetuam o aborto criminoso em alguns desses embriões, para que nem a mãe nem os outros corram risco. Por essa razão, alguns países só permitem a inseminação artificial com três ou quatro óvulos fecundados.

Fora isso, o que fazer com os embriões humanos não utilizados para a implantação? — A benfeitora indagou, mas não houve resposta. Por isso prosseguiu: — Os pais, responsáveis por esses óvulos fecundados, já conquistaram o que queriam, ou seja, ter um ou dois filhos e não desejam mais. Mas o que fazer com os óvulos fecundados, embriões vivos não utilizados? Doar a outro casal? Será a melhor alternativa? Vamos pensar que, um dia, anos depois do nascimento desses filhos, esses jovens encontrem-se e iniciem um romance apaixonado, um namoro ou até casamento. A irresponsabilidade dos pais que doaram os óvulos fecundados permitiu o incesto, que é a união sexual ilícita entre parentes consanguíneos. E se descobrirem? E se essa união gerar filhos com incríveis deficiências genéticas? Certamente estará promovida a destruição de sentimentos e da felicidade dos filhos, sem contar com outros problemas sérios.

Voltando à questão — ela disse para reflexão de todos —; o que fazer em caso de diversos óvulos fecundados, embriões vivos? Destruí-los? Então o casal estaria autorizando o assassinato de vários filhos! Como viver com essa dúvida, com esse remorso? Como reparar esse erro? Não venham me dizer que ali não existe vida, pois se os embriões forem introduzidos no útero de uma mulher, uma vida será continuada de onde parou. Vamos lembrar que a encarnação inicia-se no momento da concepção.

A fertilização humana *in vitro* foi realizada pela primeira vez em 1978, na Europa, e de lá para cá houve muitas controvérsias e polêmicas religiosa, ética e moral. A Igreja Católica foi a que mais protestou, e com toda a razão! — Elma enfatizou generosa, porém muito firme. — Tenho muito respeito pela opinião deles. A Igreja Católica vê a destruição de embriões humanos, que não são utilizados, como homicídio, o que é verdade. Outro problema que alegam é a fertilização feita por um doador que não seja o marido, a interrupção do elo conjugal e a procriação natural.

E os católicos têm toda a razão! — enfatizou a instrutora. — Os bancos de sêmen e os bancos de óvulos são um grande crime, uma grande criação irresponsável e imoral, além de comércio deplorável. Há pagamento pela "doação", ou melhor, não é doação, uma vez que quem a recebe, paga. Em muitos casos, a identidade do doador, que deveria ser chamado de vendedor, é protegida — protestou a instrutora, inalterável. — O casal não sabe nem quer saber a identidade ou a procedência dos doadores, com isso muitos irmãos e meios-irmãos, futuramente, podem e vão, cometer o incesto. Onde está a responsabilidade moral daqueles que promovem, incentivam e aceitam esse tipo de fertilização, sabendo que o futuro pode promover o encontro de irmãos que desconhecem seu parentesco? Como fica a responsabilidade espiritual dessas pessoas? Será que isso não é também experiência humana, uma vez que pode provocar a união sexual entre irmãos? Ou daqui para frente, antes de iniciar um romance, será obrigatório o teste de DNA, antes que se tenha uma paixão por uma pessoa que pode ser seu irmão, irmã, mãe ou pai? Como muitas jovens apaixonam-se por homens bem mais velhos, e vice-versa, e o doador é anônimo, como se vai saber?

Outro grande problema — orientou ela — é a questão ética. Será que, quando o casal não deseja os embriões não utilizados e permite que sejam assassinados, eles serão destruídos mesmo? Ou servirão para experiências científicas mesmo naquele estado embrionário? — ofereceu uma pausa para reflexão. — Há muito para a humanidade refletir sobre tudo isso.

O silêncio reinou absoluto.

Passado algum tempo, identificando os pensamentos curiosos do aluno Romildo, Elma respondeu:

— Sim, Romildo. Todos os profissionais da área de saúde têm um compromisso com Deus e o dever de preservar e respeitar a saúde e a vida do semelhante como se fosse a sua. De um procedimento cirúrgico a uma orientação médica, um tratamento para a concepção ou simples injeção, vacinação ou medição de febre ou pressão arterial. Todos são responsáveis e terão de prestar contas. Tenha certeza.

Voltando-se para Silmara, sempre com seu tom generoso, Elma comentou:

— Nem todos que experimentam a difícil prova do HIV e da Aids ficam em estado de perturbação tenebrosa após o desencarne. Cada caso é um caso. O desafio do HIV e da Aids depois do desencarne independe da forma como a pessoa foi infectada. Essa experiência chama e alerta a criatura para a reeducação moral, espiritual e física. A Aids não é o fim, mas pode ser um bom começo. Apesar das dificuldades, a pessoa, se quiser, vai renovar-se, evoluir, crescer e aprender, acima de tudo, a se amar quando proporciona a si mesma uma qualidade de vida espiritual superior. Todos aqueles que rodeiam essa pessoa, sejam parentes, sejam amigos também têm a oportunidade de evoluir conforme o comportamento, a orientação, o apoio, a atenção e o carinho.

A Aids, o HIV pedem, imploram, do soropositivo, acima de tudo, o amor — enfatizou a benfeitora em tom doce. — Aquele que vive essa prova deve perguntar-se: eu estou me amando? Estou me tratando bem, como deveria, ou estou me condenando ainda mais? Eu estou me amando quando tomo meus medicamentos corretamente e na hora certa? Estou me amando quando ingiro bebidas alcoólicas? Quando fumo? Quando me drogo? Ou eu demonstro amor quando fico calmo e trabalho produtivamente? O que eu posso fazer para me livrar do remorso e da revolta, que só vão me prejudicar ainda mais?

No silêncio oportuno todos ficaram pensativos.

— Bem se vê que leu nossos pensamentos, Elma — comentou Álvaro, que sempre se reservava. — Eu queria mesmo saber o que alguém com HIV faz para redimir-se dos erros, para diminuir o remorso e o arrependimento dos atos.

— Vou levá-los agora mesmo ao encontro de uma criatura maravilhosa, que experimentou a Aids e sobreviveu a ela — avisou a instrutora, sorrindo.

Não muito longe dali, Elma adentrou respeitosamente uma residência singular. Parecia ser esperada por alguns espíritos de luz ali presentes. Cumprimentou a todos com imenso carinho e logo apresentou ao grupo:

— Esta é Leila, uma criatura maravilhosa que sobreviveu à Aids.

Diante da interrogação que se sobressaltou em todos, risonha e amorosa, o espírito Leila comentou:

— A Aids não pode matar o espírito! Por que o espanto? — brincou. — Assim como inúmeras outras doenças, a Aids tem de ser experimentada e não sofrida. Porém, devemos lembrar que ela deve e pode ser evitada.

— Leila, minha querida, conte-nos seu caso, por favor — solicitou Elma, com expressão de simpatia.

— Minha experiência, ou melhor, o meio como eu me infectei com o HIV creio que foi e é o mais comum. Não fui prudente. Não tive a percepção do que era moral, quando acreditei que a liberdade sexual feminina era andar com um e com outro, sem compromisso, sem remorso e sem amor. Devo admitir que não me senti realizada com esse tipo de conduta que, a princípio, pareceu-me correta, pois eu tinha direito à liberdade. Mas sempre fiquei carente de emoção, de sentimento sincero e de verdadeiro amor. Via-me como uma coisa que se sujeitava a ser usada por amigos e namorados que mal conhecia. Eu sabia da Aids, por isso me prevenia. Praticava sexo exigindo preservativos e acreditava que os imprevistos só aconteciam com os outros. Sabe como é, só o vizinho ou os colegas corriam o risco de se infectarem com o HIV. Mas eu me atraí para o vírus, pela vida promíscua, pela troca de parceiros, apesar de ser uma jovem fina, executiva, que ganhava muito bem, independente e autossuficiente.

Descobri que era soropositiva quando dores nas articulações, queda de cabelo e perda de peso me levaram ao médico, que pediu um *checkup*.

Eu fiquei completamente tranquila quando soube que, entre os vários exames, havia o pedido do teste Elisa, que é imunoenzimático, para detectar anticorpos específicos do HIV. Eu sempre me prevenia. Não teria como estar infectada. Daí aconteceu que o teste deu reagente e recebi o diagnóstico de soropositiva. Desesperei-me, gritei, chorei, entrei em pânico. Tive a sensação de flutuar, de não ter chão sob os pés. Foi uma sensação indescritivelmente pavorosa, aterrorizante. Pensei até em suicídio, principalmente pela vergonha, pois uma hora ou outra todos iriam saber. A verdade é que, se você tem um câncer, por exemplo, e sofre com essa doença, as pessoas dizem que você é um coitadinho. Mas se tem Aids, vão dizer que foi bem-feito, que ninguém mandou você ser sem-vergonha, prostituta, ter uma vida leviana, praticar sexo casual...

Pois bem — Leila prosseguiu —, antes de me matar, pensei que deveria repetir os exames que a médica indicou. Embora seja raro, é possível que o teste Elisa não estivesse correto. E foi isso o que fiz. Não me suicidei. Fiz o teste e os dias de espera foram os mais longos de toda a minha vida. Eu não parava de pensar nisso por um único segundo. Com medo e vergonha de contar minha situação para algum conhecido, procurei novamente minha médica e desabafei todo o meu desespero. Ela me ouviu com paciência e incrível atenção. Depois conversou e explicou o motivo de eu estar viva e a causa das aflições. Ainda me deu um livro, *O Evangelho Segundo o Espiritismo*, com um marcador no capítulo que falava das causas das aflições. Essa médica não me livrou do vírus, mas me livrou da morte em vida, como eu costumo dizer. Apesar de meu desespero, melhorei e me acostumei com aquela realidade. Minha revolta maior era não saber de quem e como eu havia contraído o HIV, pois eu exigia o uso de preservativos.

Mesmo com medo, apesar de toda a mágoa e tristeza, de todo preconceito que tive de enfrentar, decidi pela vida e não pela morte.

Melhorei minha qualidade de vida com alimentação saudável, sono repousante e suficiente, lazer adequado. Participei de um grupo de apoio a soropositivos. Vivi cada momento de minha vida com imenso amor a mim mesma e aos outros, como se aquele fosse o último minuto de minha vida terrena. Contei a meus parentes. Alguns entenderam, informaram-se e me amaram; outros, afastaram--se assustados, mas quem sou eu para julgá-los? Fui recebida em um Centro Espírita, com muito carinho e respeito, mesmo contando meu caso. Passei a frequentar o Centro e a estudar a doutrina.

Vivi feliz e trabalhei mais nesse período com HIV do que em toda a minha vida — Leila sorriu de modo satisfeito. — Fiz, pessoalmente, campanhas contra a propagação desse vírus. Mas a Aids manifestou-se rapidamente. As combinações de medicamentos, os chamados antirretrovirais, não mais me ajudavam. Meu sistema imunológico estava defasado, e minha carga viral muito alta. Isso me fez experimentar, além do câncer no colo do útero, a intensa e incomoda candidíase vaginal, bucal e no esôfago, o que deixou minha deglutição difícil e dolorosa. A falta de coordenação motora, colocou-me numa cama, e as erupções cutâneas, além da descamação da pele, foram muito ruins de experimentar.

Foi nesse período doloroso que me apeguei mais ainda a Deus e ao *Evangelho*, tirando todos os segundos daqueles dias para orar, agradecer e me arrepender.

Ainda na cama, quando tive a perda parcial da visão e a demência começou a surgir, minha mãezinha passou a ler o *Evangelho* para mim, até quando estive em coma.

Foi graças a Deus e aos ensinamentos da Doutrina Espírita que meus pais não permitiram a eutanásia proposta por um médico inexperiente, digamos assim. — Breve pausa e prosseguiu: — Em pouco tempo, desencarnei. Não me lembro dos primeiros dias no plano espiritual. Só sei que acordei muito cansada e estranhava não ter fios ligados a mim, nem aquelas coisas incomodando meu nariz.

Vi enfermeiros indo e vindo, cuidando de mim como se eu fosse a criatura mais importante do mundo! — Leila riu com gosto. — Vejam só! Que pretensão! — comentou em tom alegre. — Recuperei-me. Estudei muito. Agora, ainda faço questão de oferecer meus humildes préstimos, aqui no plano espiritual, junto aos encarnados, àqueles irmãos queridos que ainda acreditam que a Aids mata.

A Aids deve ser evitada a qualquer custo — afirmou em tom mais sério. — Ela maltrata o corpo impiedosamente, mas, para aqueles que acreditam no amor a si mesmo, a Aids não mata o espírito. Depois que ela passar, você poderá viver bem melhor na espiritualidade, mais consciente e feliz, se não se deixou dominar pela revolta, pelo desânimo com o tratamento e procurou sempre uma qualidade de vida física, moral e espiritual superior e com respeito aos outros.

Um estado de perturbação após o desencarne ou um despertar saudável em planos superiores depende unicamente de sua postura, quando encarnado, após saber que é soropositivo — fim da narrativa.

Olhando sorridente para todos, Leila ficou no aguardo de algum questionamento. Então, Romildo perguntou:

— Há, na espiritualidade, muitos casos como o seu? Pessoas que, em vez de sofrerem, enfrentaram a Aids e reeducaram-se com a experiência?

— Sim, há. É lógico que o número de desencarnados que se atraem para o "sítio de dores", em zonas inferiores, infelizmente, é maior. Isso ocorre pelo comportamento mental, verbal e físico que a pessoa teve durante a experiência como soropositivo. Entretanto, há incontáveis criaturas amorosas que encaram o desafio da Aids e se harmonizaram, quando, com a mudança comportamental reeducativa, só atuaram amando a si e ao próximo, independentemente das dificuldades. — Leila ofereceu um instante de pausa e continuou: — Assim que entendi que teria de viver com o HIV e passar pela Aids e não adiantava ficar revoltada por isso, eu decidi pela vida e não pela morte. Como eu disse, aquela médica me fez crer, pelos ensinamentos da doutrina reencarnacionista, que Deus me amava e aquela não era minha única oportunidade de vida terrena.

— E, agora, em que está atuando? — interessou-se Silmara.

— Eu e outros companheiros, inclusive o mentor pessoal da encarnada, estamos nos empenhando para que a querida irmã reaja e viva, em vez de morrer em vida.

— O que aconteceu? — perguntou Álvaro.

— Otávia era casada e vivia muito bem. Tinha uma vida estabilizada e um marido bom. Ela, talvez, desconfiasse que o esposo tivesse suas aventuras extraconjugais, mas não exigia o uso do preservativo com ela, pois pensava que ele deveria usá-lo com as outras.

O marido, alegando cansaço excessivo pelo serviço estressante, resolveu tirar férias. Nesse período, percebeu manchas estranhas no corpo, o que o levou ao médico. Após exames, identificou sua infecção com HIV. A notícia para a esposa e para a família foi uma bomba. Uma catástrofe e soou como sentença de morte.

Confirmou-se que Otávia também era portadora do vírus — revelou Leila. — Ela e as filhas adolescentes, em meio a muita briga e desespero, colocaram o marido e pai para fora de casa. Otávia, desde então, chora diuturnamente, revoltada e depressiva. Não aceita a realidade e acredita que o marido seja o único culpado por estar condenada. Em algumas crises nervosas, chega a quebrar tudo dentro de casa; em outras, grita desesperada como se tivesse acesso de loucura.

Otávia recusa-se, terminantemente, a fazer o tratamento com combinações de medicamentos antirretrovirais — contou —, o que reduziria sua carga viral a um nível indetectável, se o fizesse corretamente, e sua imunidade aumentaria, proporcionando uma vida normal, apesar de ter de adotar comportamento disciplinar rigoroso com a saúde e os medicamentos, que deveria tomar a vida inteira.

Nossa amiga poderia reverter seu quadro de sofrimento e servir de exemplo e alerta a outras mulheres casadas que confiam nos maridos, mas que podem correr grande risco. Poderia alertar outras pessoas que precisam ser avisadas, mas, infelizmente, entregam-se ao desespero, à depressão e a terríveis torturas íntimas, desgastando e usurpando aqueles que a rodeiam e ainda querem tentar ajudá-la, como a família, que já está cansada de tentativas inúteis para fazê-la se erguer. Eles gastam tempo e energia, sendo prejudicados e, certamente, pelos prejuízos que sofrem, vão desistir, em breve, de ampará-la.

Nossa querida Otávia é uma pessoa que morre para a vida. Não é a Aids que vai matá-la, é ela mesma. — Para finalizar, Leila comentou: — Não sei dizer se ficaremos aqui por mais tempo. Não podemos desperdiçar horas de serviço com aqueles que não querem ser ajudados. Existem outros que necessitam de nossos préstimos.

— Bem que aprendemos: "Ajuda-te que o céu te ajudará" — lembrou Álvaro.

— Exatamente — concordou Elma, tomando a palavra. — Nunca sofremos algo que não conseguimos suportar. Jesus já nos ensinou que Deus não coloca fardos pesados em ombros frágeis. Cabe a cada um, com muita perseverança e otimismo, harmonizar a situação difícil, em vez de gerar ainda mais desespero. Os gritos e as crises de nervos manifestam revolta e não vão mudar o estado de ninguém, pois experimentamos determinados problemas e dificuldades por necessidade de nos educarmos.

Romildo ouvia atento, mas parecia que algo ainda o incomodava. Percebendo sua inquietude, Elma voltou-se para ele e perguntou, sorrindo:

— O que deseja saber, meu querido?

— É que a Leila disse — perguntou constrangido — que, enquanto esteve encarnada, não soube de quem nem como contraiu o HIV. E, hoje, sabe?

Todos riram por sua curiosidade, inclusive a própria Leila, que explicou:

— Um rompimento minúsculo no preservativo, que nem eu nem o parceiro percebemos, foi o que fez vazar uma minúscula quantidade de sêmen e vírus. Esse rapaz ainda está encarnado e tomou uma postura digna perante sua nova condição de vida. Ele se cuida e não se relaciona com mais ninguém, para não correr o risco de infectar outra moça por acidente. Quando nos relacionamos, ele ainda não sabia que era soropositivo. Mesmo assim, fez uso de preservativo. Mas não adiantou. Ele não sabe que me infectou com o HIV. Foi um namorado com quem fiquei por pouco tempo. Depois que nos separamos, não o encontrei mais e não soube que estava com Aids, por isso ignorava de quem havia contraído.

Elma, entendendo que a curiosidade de todos já estava saciada, bondosamente, voltou-se para a amiga e agradeceu-lhe a aula. Abençoou sua atitude, elogiando sua postura moral e espiritual diante da experiência pela qual passou e chamou o grupo para que fossem embora.

E assim aconteceu.

# 20

## Causas atuais das aflições

DECORRIDO mais de um ano, em vista de muito a se aprender, a bondosa instrutora ainda permanecia na crosta terrestre, não só para informar seus alunos sobre os desafios dos encarnados com as experiências a respeito de HIV e Aids, como também para auxiliar criaturas queridas que se demoravam na evolução espiritual.

Além da amiga Laura, que colaborou incrivelmente para que Marília se restabelecesse e se harmonizasse um pouco mais, sem tanta revolta, os espíritos Lisete e Djalma sempre estavam bem perto, para evitar que fosse obsessora a envolver o espírito Lúcio em terrível perturbação.

Em visita ao lar da encarnada, Elma estava com seus alunos observando a situação.

— Parece que Marília melhorou muito desde a primeira vez que a vimos. Ela não traz a aura tão turva quanto antes — ponderou Silmara, comovida.

— Ainda lhe falta amor no coração — respondeu Elma, com expressão generosa. — É triste saber que ela mesma retarda preciosas aquisições na senda evolutiva, ao considerar a possibilidade de vingança, magnetizando os pensamentos com perigosos fluidos inferiores.

— Ela já aprendeu sobre a lei de causa e efeito e que o pensamento firme, no propósito do bem, só nos traz energias vigorosas, salutares, recompondo-nos espiritualmente — comentou a aluna.

— Apesar de saber disso e acreditando na reencarnação, Marília não deixa de pensar que Lúcio vai experimentar o que a fez sofrer.

E era exatamente isso que a encarnada imaginava:

"Está certo que errei quando quis estabilidade e decidi ter um filho" — pensava Marília. — "Mas aquele desgraçado deveria ter me avisado que estava doente! Ah! Mas ele vai pagar tudo o que fez a mim e a meu filho. Já deve estar pagando e vai sofrer muito mais."

— Devemos admitir que Marília vem mudando muito — argumentou Elma, de modo singular. — Ela se reeducou a partir do instante em que começou a tratar bem o próprio corpo, adequando-se ao tratamento com o uso de medicações combinadas, os antirretrovirais, reduzindo a evolução de doenças, embora a custo de pesados efeitos colaterais. Hoje ela pensa em viver bem, viver com qualidade, sem se esquecer da medicação, do cuidado com a alimentação etc.

— Ela faz terapia em grupo, não faz? — perguntou Romildo.

— Sim. Marília não só faz terapia em grupo, como também participa de grupos de apoio a outras pessoas com o mesmo problema. Isso a mantém ocupada, fazendo-a esquecer sua condição de soropositiva e querer ajudar psicologicamente outros portadores do HIV a se tratarem — informou a instrutora. — É importante, muito importante, que o portador do HIV inicie o tratamento com combinações antirretrovirais, não esqueça de seus medicamentos, não diminua as doses por qualquer motivo nem abandone o tratamento.

— Isso faz parte da reeducação do espírito, não faz? — perguntou Romildo.

— Sem dúvida. É prova de amor a si próprio, pois quando você se trata, cuida-se com amor, com delicadeza e importância, vai se recompondo espiritualmente, sejam quais forem as condições de seu corpo físico.

— Isso está me fazendo lembrar aquela outra creche que visitamos há poucos dias, em que as crianças que reencarnaram com HIV foram viciados em drogas e até desencarnaram por overdose — comentou Romildo. — Eles viveram nas décadas de 1960 e 1970, não foi?

— Alguns sim — confirmou Elma, sempre disposta a esclarecer. — Nas décadas de 1960 e 1970 iniciou-se uma revolução pela liberdade. O pedido era de paz e amor livre, o que mascarava a reivindicação de sexo e drogas. Muitos milhares de pessoas viveram e abusaram dessa liberdade, causando prejuízo ao perispírito e ao corpo, com o abuso sexual e promovendo o desencarne precoce.

Hoje já reencarnam com prejuízos sérios cravados no perispírito, cuja expiação é o comprometimento com a saúde, como debilidades mentais ou físicas, câncer ou HIV. — Ponderada a instrutora ainda comentou: — Cada caso é um caso. Mas todos terão de harmonizar a própria consciência, que clama reparo aos erros cometidos.

— E pensar que ainda existem aqueles que defendem o uso de entorpecentes — lamentou Álvaro, preocupado. — Defendem principalmente o uso da maconha, dizendo que é leve e não faz mal.

— Não existe droga leve — afirmou a instrutora. — Tudo o que pode viciar é prejudicial à saúde, seja álcool, maconha, *crack*, seja um simples cigarro ou outros entorpecentes. Eles todos produzem alterações em nosso corpo, em nossa percepção sobre a realidade, provocando uma falsa sensação de prazer, mas logo vem a manifestação da irresponsabilidade ou da agressividade, seguida de depressão. Por conta do *ecstasy*, por exemplo, uma droga sintética que virou moda nas baladas, nas agitações de jovens em festas de muita agitação e de todos os tipos, cujo valor é acessível à classe média e alta, o HIV propaga-se rapidamente entre os adolescentes. No calor dos acontecimentos, repletos de energia, pois o efeito do *ecstasy* chega a durar doze horas, os jovens se relacionam sexualmente com vários parceiros seguidos. O mesmo ocorre com o uso da cocaína. Isso acontece porque a ação das substâncias dessa droga provoca desinibição, sensação de felicidade, leve alucinação, além de grande energia pela forma como age no cérebro. Tudo isso desencadeia a irresponsabilidade. Não se importam com as consequências daquele único momento. Lembremos que o portador do HIV pode permanecer até mais de uma década sem ter sintomas, sem ter uma aparência cuja saúde pareça comprometida e até sem saber que está infectado. Com isso, ele pode propagar o vírus por anos e de uma forma impressionante, quando os parceiros estão sob efeito de entorpecentes ou álcool e não ligam para nada.

— Há também o período chamado de "janela imunológica", quando o exame da pessoa, apesar de infectada pelo vírus, não acusa positivo, não é? — perguntou Silmara.

— Sei de um caso que ocorreu da seguinte forma — contou Elma. — Um rapaz, acostumado à vida sexual frenética, conheceu uma jovem por quem se apaixonou. Apesar do modernismo dos dias atuais, a jovem não quis se relacionar sexualmente antes do casamento, dizendo que queria casar-se virgem. Com o casamento já marcado, por ter ouvido certos comentários a respeito do noivo, ela o convenceu para que fizessem exames, para detecção de várias doenças sexualmente transmissíveis, inclusive o teste Elisa, para saberem se eram soropositivos. Ele concordou. Os resultados, para a felicidade de ambos, foram negativos. Mas ela não se contentou, achava que tinha algo errado. Sentia um aperto no peito quando comentavam que ele já havia saído com várias moças. Ela encorajou-se e pediu novamente para que ele realizasse novos testes. Ele reclamou, quase foi motivo para terminar o noivado, mas com jeitinho ela o convenceu. Porém, para susto e desespero de todos, o segundo teste realizado foi positivo. O médico solicitou outros exames mais apurados, que também confirmaram que ele estava infectado com HIV.

Após a entrada do HIV no organismo — disse a benfeitora para explicar melhor —, ele pode levar de três a quatro meses para ser detectado pelo exame laboratorial. Se um teste for feito dentro do período de três ou quatro meses, tem grande possibilidade de oferecer um resultado negativo, só que falso. O vírus está no organismo, mas não se multiplicou o suficiente para que haja uma reação orgânica, para a produção de anticorpos, pois é a confirmação desses anticorpos na amostra de sangue usada para o teste que oferece o resultado soropositivo. Esse período, em que o vírus está no organismo, mas não se multiplicou e ainda não pode ser detectado por exames, é chamado "janela imunológica".

Por isso, quando alguém recebe um resultado de HIV negativo, mas tem motivos para acreditar que pode ter sido infectado pelo vírus, deve repetir o exame cerca de três meses depois do primeiro. Porém — Elma ressaltou —, se o resultado foi positivo, o exame também deve ser repetido e, mesmo após o segundo resultado positivo, deve-se realizar um outro exame mais acurado, mais específico do que o teste Elisa para se ter certeza de que a pessoa está infectada mesmo pelo HIV. O teste Elisa dificilmente, muito dificilmente, oferece erros. Mas existem outros testes, mais caros, só que bem mais cuidadosos e mais garantidos.

— Existem histórias de pessoas que estiveram expostas ao HIV e não foram infectadas, não é? — perguntou Álvaro.

— Sim, há. No entanto, são muitíssimo raros, se comparados às contaminações. Há casos de esposas infectadas pelo HIV que não transmitiram o vírus ao marido e vice-versa. Mas vamos reforçar que é muito raro — insistiu a benfeitora. — Temos de tomar cuidado ao comentar sobre isso, pois muitas pessoas podem acreditar que, se outra pessoa não se infectou com o vírus, ela também não vai se infectar.

— Elma, o fato raro de uma pessoa não ser infectada ocorre porque ela não precisava experimentar esse desafio, não é?

— Cada caso é um caso. Essa situação não deixa de ser uma grande oportunidade para essa criatura refletir sobre Deus, sobre sua tarefa de auxílio ao próximo, pois não foi poupada por mera casualidade. Sempre há propósitos de elevação moral e espiritual nos supostos milagres da vida. Além disso, será que, se essa pessoa insistir, não vai adquirir o vírus?

Um caso desses — Elma decidiu contar —, que posso exemplificar para vocês, é o da Laura, amiga de Marília. Laura foi uma moça que namorou muito e não via problemas em relacionar-se com seus namorados. Certa vez, um namoro mais duradouro, de uns dois anos, ela e o parceiro decidiram deixar de usar o preservativo, pois ela passaria a fazer uso de anticoncepcional. E assim fizeram. Por um ano, Laura não exigiu o uso de preservativo. Depois de alguns meses, ele começou a sentir fraqueza, tonturas e a emagrecer rapidamente. Pensou-se em anemia, estresse. Consultaram o médico, e os diversos exames confirmaram a infecção pelo HIV. Laura ficou desesperada. Realizou exames, mas o resultado foi negativo. Meses depois, realizou outros exames, que também foram negativos. O rapaz afirmou que fora fiel a ela e devia ter contraído o vírus de uma antiga namorada. — Breve pausa e disse: — Vejam como os sintomas demoraram para aparecer. Esse é um pequeno exemplo em que o portador do vírus HIV pode ficar anos sem manifestação de qualquer sintoma da Aids. Além disso, existem casos em que os sintomas aparecem e desaparecem, várias vezes, sem que a vítima dê importância, podendo ficar muito tempo assim. Quando for descobrir, a doença pode estar em estado avançado — Nova pausa. Ninguém se manifestou e a instrutora prosseguiu: — Ele, o namorado infectado, voltou para o interior, para a casa de seus pais. Pela falta de pesquisas na área de antirretrovirais, naqueles dias, a manifestação da Aids foi galopante e ele desencarnou pouco tempo depois.

Laura precisou fazer psicoterapia para recompor-se do susto — ainda contou a instrutora —, pois passou a sofrer com transtorno de Ansiedade. Procurou explicações para ter sido poupada. Somente na Doutrina Espírita encontrou respaldo para sua experiência. Agradeceu a Deus a oportunidade. Reformou-se intimamente. Mudou hábitos, palavras, comportamento e até tipos de música, ambientes, diversão e alimentação. Programas de todo tipo foram alterados para que tivesse uma vida salutar. Hoje Laura namora, de um modo bem diferente do que no passado. Não se importa se o rapaz vai considerá-la antiquada e abandoná-la. Ela não acha que uma aventura vale o risco. Depois de um tempo, reencontrou a amiga Marília, o que não foi por acaso. Tinha muito medo do HIV e da Aids tanto que, depois de saber que seus exames deram negativos, pouco quis saber sobre a doença. Mas acreditou que aquela seria uma prova, uma oportunidade de ajudar, talvez, o motivo de ela ter sido poupada da dura experiência. Venceu o preconceito e o medo. Propôs-se fraternalmente a apoiar a amiga e empenhou-se também como voluntária em grupos de apoio a soropositivos.

— Elma — perguntou Romildo, interessado —, existem pessoas que se infectaram com o HIV e não necessitavam passar por esse desafio?

— Muito raramente, pessoas que se infectaram com HIV, não por relação sexual, mas sim por transfusões ou cirurgias, podem passar por esse desafio. O que implica homicídio culposo, aquele que não há intenção de matar, por negligência do profissional da área de saúde, ou seja, pelo livre-arbítrio desse profissional, que não quis cumprir as normas necessárias de higiene e segurança. Uma pessoa que não necessitava se infectar com HIV pode contrair o vírus, porém isso é muito raro.

Como nos ensina a Doutrina Espírita — Elma lembrou —, um flagelo para um grupo que necessita de determinada expiação, para fazer com que esses espíritos avancem mais, pode fazer sucumbir uma pessoa de bem, mas a vítima desse flagelo terá uma grande compensação se souber suportar a dura experiência com fé, resignação e sem queixas[14].

— Elma — tornou Romildo —, observando bem, o HIV e a Aids instalam-se na Terra como um flagelo à humanidade, pois, apesar de todos os esforços científicos, de todos os medicamentos e vacinas criadas, nada, até hoje, foi capaz de curar a doença ou exterminar o vírus após sua entrada no organismo. Será que esse flagelo é para a elevação de tantos milhões de pessoas?

— O maior meio de propagação do HIV, causador da Aids, é pela relação sexual — respondeu a instrutora. — A criatura humana ainda não entendeu o que é amor pleno, satisfação amorosa e carinho elevado. Confunde tudo isso com satisfação carnal, orgias, prostituição, liberdade. O sexo virou comércio e causa de desequilíbrio espiritual daqueles que não contêm as compulsividades. Deus permite, então, que a educação dos espíritos aconteça na Terra para alerta e reeducação da humanidade. É o espírito quem escolhe o meio brando ou rigoroso de reeducar-se, quando, alertado sobre as consequências de seus atos, continua praticando-os ou reforma-se e educa-se.

Alguém pode experimentar o HIV e acordar, despertar para a vida, para os cuidados que deve ter consigo mesmo, deixando somente o corpo físico ser afetado — Elma disse ainda. — Enquanto outro pode experimentar o HIV e morrer para a vida, suicidar-se, quando não oferece a si mesmo os maiores cuidados e carinhos ou, pior ainda, tornar-se um homicida, infectando outras pessoas. Isso

---

14. N.A.E.: *O Livro dos Espíritos* aborda essa situação da questão 737 a 741.

o fará, certamente, experimentar as horríveis condições espirituais, perturbações indizíveis em "sítios de dores", revolvendo-se de remorso e sofrendo impiedosas perseguições, dores e flagelos.

Todos refletiram seriamente sobre o que tinham acabado de ouvir, até Elma, quebrando o longo silêncio, convidar:

— Vamos visitar um caso de um profissional da área de saúde, que nos trará mais um ensinamento.

Em questão de segundos, o grupo chegou a um hospital onde o paciente padecia sobre o leito, com sérias complicações por infecções generalizadas.

Elma abraçou Tobias, mentor do enfermo, que recebeu a todos com imenso carinho e grande atenção.

— Já sei que nossa querida Elma encarrega-se de ensinar a elevados aprendizes, que desejam garantir as lições colhidas na espiritualidade. Pois bem Elma conhece o caso do querido Joel. Como bem aprendemos em *O Evangelho Segundo o Espiritismo*, no capítulo sobre justiça e causas atuais das aflições, nossas dificuldades, nossas aflições só podem ter duas origens: vida passada ou vida presente. No capítulo V de *O Evangelho Segundo o Espiritismo*, item 4, temos um parágrafo que, acredito, pode nos alertar e explicar muito sobre a propagação do HIV: "Remontando a fonte dos males terrenos, reconhece-se que muitos são a consequência natural do caráter e da conduta daqueles que os sofrem. Quantos homens caem por sua própria culpa! Quantos são vítimas de sua imprevidência, de seu orgulho e de sua ambição! Quantas pessoas arruinadas por falta de ordem, de perseverança, por mau comportamento ou por não terem limitado os seus desejos!". Todos sofremos as consequências do que praticamos, e com meu pupilo não foi diferente.

Todos permaneceram em silêncio e Tobias contou:

— Joel experimenta a Aids já em um estado bem avançado, como podem perceber. Uma infecção oportunista na retina causou-lhe cegueira e o sistema imunológico deteriorado o expôs a uma variedade de infecções oportunistas. A infecção cerebral provocou-lhe demência, convulsões, dores de cabeça intensa, cólicas abdominais terríveis, vômitos constantes, febre, erupções na pele, cânceres do sistema imunológico. Afetada a função neurológica, sua falta de coordenação motora é grave e ele não anda mais, nem fica em pé. Em poucos meses, ocorrerá seu desencarne. Ele sabe que experimenta essa condição por consequência do que fez nesta experiência terrena. Trabalhador esforçado, fiel à esposa e á família, Joel foi cirurgião-dentista por muitos anos.

— Mas, se ele foi fiel à esposa, por que e como adquiriu esse vírus? — perguntou Romildo, curioso.

— Preguiça e ganância — respondeu Tobias bem direto. — Precavido, Joel vacinava-se contra meningite, tuberculose, hepatite, sarampo, rubéola e outros vírus e bactérias que poderiam infectá-lo. Uma vez que, como profissional na área da saúde, ele tinha contato com muitos pacientes que poderiam transmitir-lhe essas doenças. Todo profissional dessa área é orientado a prevenir-se.

Joel — Tobias acrescentou —, apesar do conhecimento, não preservava a saúde de seus pacientes, pois não fazia assepsia nem a esterilização, obrigatória e necessária, em todos os equipamentos odontológicos. Não higienizava os aparelhos, manuseando-os diversas vezes de paciente para paciente. Com o tempo, contaminou alguns com hepatite. Dois deles chegaram ao óbito por causa da doença. Infectou com rubéola duas gestantes, cujos fetos foram deformados e cegos, por conta desse vírus. Contaminou pacientes com tuberculose, herpes e outras. Os pacientes não se conheciam nem fizeram ligação com os casos, pois, aparentemente, o consultório odontológico de Joel estava acima de qualquer suspeita. Mas quando, por preguiça e economia de eletricidade, deixou de esterilizar equipamentos, materiais descartáveis como agulhas, luvas e coisas do gênero, Joel infectou quatro pessoas com HIV e acabou se tornando vítima de si próprio. No momento de reaproveitar uma agulha já utilizada, que deveria ter sido descartada, Joel, acidentalmente, perfurou-se com ela. A referida agulha só continha uma gotícula microscópica de sangue com HIV, que foi suficiente para infectá-lo.

Ele até duvidou que corresse algum risco de infectar-se com um vírus desses, afinal, seus pacientes eram pessoas distintas. Entretanto, o HIV não escolhe cor, etnologia, posição social, sexo nem religião. — O mentor ofereceu uma pausa, depois continuou: — Até hoje, nos momentos de lucidez, ele se pergunta como adquiriu o vírus e por quê. E logo se lembra dos procedimentos antiéticos e imagina a destruição que pode ter causado à vida de outras pessoas, por negligência, preguiça, economia. Infelizmente, tenho de inspirá-lo a essas recordações, a fim de que se arrependa, ore e peça perdão a Deus, para que busque socorro em Jesus e seja resignado neste momento.

— Mas existem inúmeros outros profissionais da área da saúde que também praticaram e praticam atos criminosos como o dele e não se infectaram com HIV — protestou Romildo.

— Não temos só esta experiência de vida, caro amigo. Existirão as aflições futuras por causa do que fazemos hoje — respondeu o mentor.

A instrutora sorriu como sempre e concluiu:

— Não tenho complementações a fazer depois de tão grande aula, prezado Tobias. Só me resta agradecer-lhe e rogar luz em seu caminho.

Depois das devidas despedidas, Elma e seu grupo retiraram-se do hospital enquanto Tobias retornava a suas tarefas de amparo espiritual a seu protegido.

# 21

## Recompensas de uma difícil provação

RETORNANDO ao posto de serviço terrestre que acolhia o grupo, Elma, com sua postura sempre discreta, recolhia-se e dava a impressão de sempre estar em profunda meditação.

Era impossível não perceber o magnetismo da benfeitora. Sua luminescência encantadora chegava a encantar aqueles que prendiam a visão em sua aura, que parecia hipnotizar.

Sempre atento e sequioso de aprender, por isso exibia tanta curiosidade sobre todos os assuntos, Romildo aguardava uma oportunidade para aproximar-se da mestra.

Enternecido e encantado pela simples observação daquela sublime energia que emanava de Elma, Romildo tinha os olhos úmidos pela emoção.

Sentindo sua necessidade de aproximação, Elma voltou-se para o aluno e, alargando o sorriso no semblante sereno e de beleza indescritível, chamou-o com um aceno de cabeça. Sem palavras.

Atendendo ao chamado, ele só conseguiu permanecer em silêncio por alguns segundos e logo comentou:

— Não consigo deixar de me emocionar quando a vejo assim...

— Todos temos luz própria. O lampadário de nosso coração aumenta a luminosidade ao receber a energia de nossa fé, religando-nos ao Pai da Vida. É nossa postura mental que regula a chama de nossa aura, quando nossas atitudes nos fazem trilhar pelo caminho reto. Não fosse a compaixão de Deus, oferecendo-nos infinitas oportunidades de elevação, estaríamos todos confinados ao inferno de nossa consciência, que nos envolve em tenebroso remorso sempre que erramos.

— Nos últimos momentos, eu a vejo pensativa, preocupada, talvez. Algo está acontecendo? — perguntou o aluno.

Após poucos segundos, em que pareceu refletir, Elma respondeu:

— Meu querido, algo sempre está acontecendo, mas não podemos colocar nossos desejos acima do poder, tampouco nossos caprichos acima da vontade do Pai. Não podemos deixar que os sentimentos turvem nosso raciocínio e nossa razão.

— Perdoe-me, Elma. Eu a respeito muito, mas, como sabe, não consigo deixar de ser curioso... — disse, constrangido. E continuou: — Poderia ser mais direta? Poderia contar-me o que se passa?

— Tenho tarefa abraçada aqui na crosta terrestre, mas desejaria estar em esferas inferiores da espiritualidade, mais especificamente no "sítio de dores", pois pressinto que Lúcio se transtorna cada vez mais e corre certo perigo.

— Perigo?! — surpreendeu-se Romildo. — Pior do que ele está, poderá ficar?

— Como não?! Por acaso não sabe que existem Cidades Estranhas[15], na espiritualidade, que escravizam, julgam e punem

---

15. N.A.E.: As chamadas Cidades Estranhas, existentes na espiritualidade, é-nos descrita com riqueza de detalhes e grandiosos ensinamentos trazidos pelo espírito André Luiz, através da psicografia do médium Francisco Candido Xavier, no livro *Libertação*.

cruelmente aqueles sem entendimento e que praticaram iniquidades diversas?

— Por que não pede para deixar-nos, por um breve período, ver Lúcio?

Elma sorriu ao entender a inocência de Romildo e explicou:

— Meu querido, sou eterna devedora. Sou simplesmente uma pequena criatura que busca socorrer almas queridas. Como posso ousar interromper a tarefa de ensinar, instruir e servir, utilmente, em troca de, talvez, só observar acontecimentos imutáveis? Não se pode socorrer aquele que não deseja elevar-se nem se empenha. Meu coração está apertado, mas me resta a fé de orar ao Mestre Amigo para que provenha Lúcio de forças íntimas.

Uma pausa mais longa se fez. Verificando a seguir a aproximação de Silmara e Álvaro, Elma os avisou com tranquilidade:

— Temos tarefa de socorro nesta noite. Todos devemos estar bem dispostos. Caso um de vocês não acredite ser possível qualquer trabalho de sustentação por falta de disposição, é melhor que fique. Ninguém, em trabalho semelhante, poderá vacilar na fé nem na prece constante.

Dentro de poucas horas, Elma reuniu seus alunos e partiu.

\* \* \*

Chegando a um apartamento, Romildo logo identificou:

— Esta é a casa do Dirso! Aquele arquiteto que toca violão e faz música para crianças especiais como voluntário.

— Estamos aqui para ajudá-lo — avisou Elma. — E o faremos com muito amor. Dirso desencarnará em breve.

O grupo pareceu surpreso, mas não vacilante.

Uma equipe de espíritos socorristas, com a tarefa específica de desligar os liames que prendiam o espírito Dirso ao corpo físico, iniciava o trabalho cuidadoso, enquanto Dirso, na espiritualidade, encontrava-se num estado como se estivesse sedado e seu corpo dormisse.

Uma parada cardíaca foi a causa da morte do corpo físico.

Após horas de trabalho minucioso de elevados socorristas e da equipe que se dedicou à importante tarefa de sustentação em prece sincera, preservando o local de malfeitores, Dirso descansava atordoado nos braços de Elma, que o abraçou com carinho e lágrimas de júbilo. Após lhe beijar a fronte, murmurou amorosa:

— Criatura linda de meu amor, que nasceu das entranhas de minha alma, apesar de todas as dificuldades, você venceu. Apesar de todos os desafios, você se superou. Apesar de todos os conflitos, tentações e transtornos íntimos, melhor do que poderíamos imaginar, você elevou-se moral e espiritualmente, pois praticou com fé e perseverança, ascendendo na escala evolutiva com louvor e bênçãos de Deus.

Dirso repousava nos braços de Elma que, como amorosa mãe, acariciava-lhe os cabelos, aguardando alguma manifestação.

Olhando em torno, pelo estado de perturbação leve que o deixava assonorentado, Dirso murmurou:

— Estou confuso — sorriu suavemente e perguntou: — O que aconteceu? Eu morri?

— Sim, meu amor. Você morreu para a experiência de prisão em que experimentou a psicologia feminina num corpo masculino. Motivo de dúvidas, dores e preocupações. Mas, agora, tudo acabou. Tudo isso morreu graças a sua perseverança na moral elevada, que não o permitiu corromper-se no desequilíbrio, nos desvios para a promiscuidade. Graças a Deus está de volta para a verdadeira vida.

— Eu a reconheço... — Breve pausa e um doce sorriso ao dizer: — Mãe... — murmurou. — Estou lembrando...

— Sim, meu bem. E vai lembrar muito mais. Por hora, descanse. Por merecimento, logo estará na Colônia da Paz onde há de recompor--se em breve, em vista de sua elevação.

Colocando a mão sobre a testa daquela entidade querida, Elma a fez adormecer com seus dons peculiares e cerrou os olhos, detendo--se em divina prece de agradecimento verdadeiro.

Depois, procurou a amiga Gisela com o olhar e pediu:

— Entrego a você mais um de meus tesouros.

A amiga sorriu, tomou a entidade adormecida como a um filho querido e partiu com os demais companheiros para a Colônia da Paz.

Acercaram-se de Elma seus alunos que, com verdadeira emoção, abraçaram-na com carinho e sem palavras.

\* \* \*

Passado um dia, a orientadora saía com o grupo excursionando agora por lugares estranhos.

Tratava-se de uma área de prostituição.

Mulheres bonitas e de todas as idades estavam à disposição de homens que lhes pagariam por alguns momentos de sexo.

— A relação sexual da criatura humana não deveria ser por instinto animal, por uma necessidade irracional para a prática do sexo em troca da descarga orgástica — orientou a instrutora que continuou: — O sexo existe nas criaturas humanas para a troca de energias perispirituais, pois a energia do sexo é criadora, tanto que é capaz de dar oportunidade à formação de vida de outra criatura. A emoção com o sexo é para o intercâmbio de gratidão de sentimentos elevados para com o parceiro ou parceira. No entanto, os desvios emocionais, o vício no prazer carnal e os desequilíbrios psicológicos fazem o indivíduo agir como animal irascível que busca, pela relação sexual, o prazer mecânico, ignorando as consequências espirituais e morais que atraem para si.

Deixando que os alunos acompanhassem o que existia espiritualmente junto aos encarnados, Elma silenciou.

Surpresos, Romildo, Silmara e Álvaro observavam àquelas mulheres e meninas que se insinuavam com minúsculas roupas para alguns possíveis clientes que passavam. Junto a elas, num plano em que encarnados não podiam ver, os alunos viram espíritos abomináveis. Indignos de se nomear e quase impossível de se descrever. Eram espíritos que perderam a forma normal humana, que agora se apresentavam com as mais chocantes, repugnantes e obscenas características espirituais pela exposição de seus órgãos sexuais deformados e indecentes, algo vergonhoso. Eles incentivavam as encarnadas de uma forma obsessiva impressionante.

Devemos lembrar que o perispírito é como uma roupa que reveste e molda o espírito. Essa anatomia perispirítica monstruosa correspondia aos abusos das funções para as quais o órgão foi criado, ou seja, a prática do sexo compulsivo, desregrado, vulgarizado, leviano, casual ou promíscuo.

Esses espíritos, incrivelmente debilitados, agarravam-se àquelas mulheres prostitutas, ligando-se a elas desde a área do cérebro, descendo pela coluna, até a área dos órgãos sexuais, como se tivessem uma espécie de tentáculos com que as envolviam.

— Seguiremos aquelas jovens — avisou Elma.

As meninas, que não deveriam ter mais de 13 anos, haviam conseguido alguém que se interessasse por seus préstimos sexuais.

O homem, com idade para ser pai delas, levou-as para um hotel pobre, de aspecto nojento, mesmo para os encarnados.

No quarto, um odor execrável não incomodava os encarnados.

As meninas, para se desinibirem, fizeram uso de algum entorpecente, enquanto o homem folheava revistas eróticas para se incentivar.

É quase impossível desvincular prostituição de drogas e álcool, uma vez que é quase impossível também se propor ao comércio sexual, a ser objeto sexual, continuamente, à prostituição, sem se dopar, sem procurar uma forma de se entorpecer, ao menos no momento em que se prostitui.

Somente pessoas com desvios psicológicos, com desequilíbrios emocionais são capazes de se prostituírem e não sentirem nada, não se arrependerem, não sofrerem emocionalmente antes, durante ou depois. Lembrando ainda que existem muitas formas de prostituição.

Esse ato não é nada cômico como exibem muitas cenas de cinema e televisão que mostrada de uma forma mascarada, induz ou incentiva pessoas inexperientes ou ingênuas a praticarem. Pouco menos é algo engraçado como algumas pessoas acreditam. Ninguém é feliz sendo prostituta ou prostituto. Prostituição provoca dores morais, íntimas, feridas na alma que são difíceis de curar e, muitas reencarnações, às vezes, para se harmonizar tudo o que se desarmonizou.

É impossível ser feliz se prostituindo, por qualquer meio. É impossível ser verdadeiramente feliz se relacionando com pessoas que se prostituem. Aqueles que afirmarem isso, não têm equilíbrio. Sofrem com algum tipo de inferioridade emocional, baixa autoestima. Necessitam urgentemente de tratamento psicológico, por mais que não acreditem.

Incontáveis homens e mulheres já se contaminaram com HIV, após se relacionarem com prostitutas ou prostitutos e transmitiram esse vírus aos seus parceiros. Depois, alegavam que não imaginavam como contraíram o vírus.

Incontáveis pessoas já adquiriram esse vírus com amantes e contaminaram suas parceiras ou parceiros.

O número de HIV e Aids entre os casados e os que estão em relacionamentos estáveis está aumentando, assustadoramente, devido o companheiro se relacionar com prostitutas ou prostitutos e o parceiro ou parceira não desconfiar.

Além do vírus para seus lares, levam também novos e terríveis companheiros espirituais, fluidos purulentos, doenças espirituais que se manifestam, muitas vezes, em transtornos emocionais.

E com os envolvidos no caso de estudo para Elma não era diferente.

Na espiritualidade, além dos miasmas terríveis já existentes no ambiente, espíritos de aspecto monstruoso, deformados pelo abuso do sexo, sem mencionar os que já acompanhavam os encarnados, jogavam-se sobre eles como se estivessem em verdadeira orgia. As afinidades psíquicas deixavam-lhes estimular os encarnados de modo impressionante, pois os espíritos determinavam, pelas ideias que lhes chegavam aos pensamentos, o que fariam.

Nesse momento, espessas sombras tenebrosas criavam-se entre encarnados e desencarnados, tornando-se cada vez mais horrenda a apresentação. Eram energias criadas pela prática do sexo promíscuo, sem afeto, em vista da troca de fluidos entre encarnados e desencarnados que sugavam as energias vitais de suas vítimas, escravizando-as sem limites, deformando-as, perispiritualmente, tal como eles, desvitalizando-as com perversidade, zombaria e sarcasmo.

Elma retirou-se com seus alunos do referido hotel. A poucos metros do pequeno edifício aguardavam, enquanto lhes ensinava:

— O que existe no mundo espiritual para a prostituta pobre e seu cliente sem posses, existe, no mesmo grau, para a prostituta jovem, elegante e de classe e o cliente que pode pagar mais, quando praticam sexo promíscuo, sem compromisso, em troca de alguma vantagem. Mesmo que para isso estejam em uma casa de prostituição luxuosa ou um motel caro. A prostituta bonita, muitas vezes, jovem e o homem elegante, embora não admitam ter certo nível de prostituição, têm um objetivo em mente e buscam agradar e conseguir o que desejam pelo sexo. O dinheiro, o luxo ou a riqueza, em qualquer sentido, não os deixam livres de espíritos obsessores como o que vimos há pouco. — Um instante e a instrutora ainda disse: — Independentemente do nível socioeconômico ou da situação psicológica, todos são vítimas de perversos vampirizadores, que vão escravizá-los durante a vida terrena e, sobretudo, depois do desencarne, em zonas incrivelmente inferiores, onde a loucura, a demência, as dores de todos os graus, molduradas pelo remorso, vão castigá-los pela própria consciência.

Após algum tempo, todos presenciaram a chegada de entidades nobres e benevolentes, que reconheceram Elma e a cumprimentaram com sorriso generoso.

A amorosa instrutora, imediatamente, voltou-se aos aprendizes solicitando:

— Vamos acompanhá-los até o quarto de onde saímos.

Ao entrarem no referido quarto, os encarnados, largados sobre a cama, não podiam imaginar que os espíritos trevosos e deformados que se utilizaram ora de um, ora de outro, caíam tombados por experimentarem, sugando dos encarnados, a descarga de energias miasmáticas, pesarosa pelo ato nefando.

Encarnados e desencarnados inferiores não podiam perceber a presença de entidades elevadas que, naquele instante, como um ato sagrado, traziam para a reencarnação, em uma das meninas, um espírito que necessitava da experiência e do desafio de nascer naquele antro nocivo para provar, por necessidade, incontáveis aflições.

Elma e seu grupo limitaram-se ao silêncio e à atenciosa observação dos cuidados delicados para aquela tarefa.

Finda a operação, a orientadora conversou brevemente com o grupo que realizou o reencarne daquele espírito, trocou informações e notícias. Depois cada um dos grupos seguiu para novo trabalho.

Elma, por sua vez, reuniu seus alunos para que se retirassem e informou:

— Ainda hoje observaremos uma família, ou melhor, um casal que, pela invigilância, enveredou por difícil situação.

A caminho do destino planejado, Romildo procurou aproximar--se mais da instrutora e perguntou:

— É lamentável os encarnados não admitirem, ou não conhecerem, situações em que os espíritos de escala incrivelmente inferior os escravizam. Como um homem daquele pode servir-se, aproveitar-se sexualmente de meninas com idade para serem suas filhas?! E mesmo que não fossem menores! Está errado! Ele está se aproveitando da vida miserável da mulher! — protestou.

— As misérias do mundo, caro Romildo, ocorrem pelo fato de os encarnados sempre acreditarem que seus atos estão corretos e que nunca haverá consequências severas por seus erros, prazeres, paixões desenfreadas, vícios... Isso é orgulho e vaidade. Falta-lhes usar o poder de decisão e o bom senso, um atributo essencial que Deus ofereceu a todos nós. Quando raciocinamos diante de uma situação, temos plena consciência de como agir corretamente, mas nosso orgulho e nossa vaidade não nos deixam acertar, porque sempre achamos que temos o direito de fazer tudo o que nos satisfaz.

— Nem tudo o que nos satisfaz está correto — completou o aluno.

— Exatamente.

— Uma daquelas meninas acabou de engravidar. Isso deixa claro que ele não usou preservativo. Todos ali podiam infectar-se não só com o HIV, como também com outras doenças sexualmente transmissíveis.

— Eles já estão infectados com o HIV, Romildo. Como você não percebeu? Acontece que esse vírus, a princípio silencioso no organismo, como eu já disse, pode ficar anos sem se manifestar. Ele não é como o vírus da rubéola, da caxumba, da febre amarela, da varíola, da poliomielite, do sarampo, da gripe, da febre hemorrágica e de tantas outras doenças que exibem manifestação mais rápidas no organismo, indicando avaria e problemas de saúde.

Não são muitas as drogas que têm ação para combater diretamente alguns vírus, pois eles usam as células vivas de uma pessoa para se replicarem — prosseguiu Elma. — As drogas que podem inibir essa multiplicação também prejudicam ou matam a célula hospedeira. As doenças viróticas que mencionei, apesar de severas e, às vezes, letais ou responsáveis por sequelas, não se comparam ao HIV, causador da Aids.

O controle epidemiológico, por meio de programas sucessivos de vacinação em larga escala — explicou a instrutora —, é a medida mais eficaz contra as doenças viróticas, quebrando a sequência de transmissão da doença até erradicá-la, como foi o caso da terrível varíola. Outra coisa que ajuda a eliminar certos vírus é a simples higiene com alimentos, água tratada, mãos e utensílios bem lavados. O HIV, por ser um retrovírus com genoma RNA, ao invadir o organismo humano e procurar uma célula para se replicar, integra-se ao código genético da pessoa e seu RNA se converte em DNA. O HIV sofre mutação com incrível facilidade. Nunca é o mesmo. A partir de então, passa a invadir novas células para se multiplicar e com isso destrói as células vivas utilizadas, que são justamente as células que defendem nosso organismo contra infecções causadas por invasores estranhos, como outros vírus e bactérias. O organismo infectado com o HIV, apesar de tentar se defender, não consegue, pois a mutação sofrida por esse vírus confunde o sistema de defesa. Agora o HIV tem o DNA que virá do próprio organismo que o abriga. O HIV é diferente de tudo o que a humanidade já viu.

Romildo pensou por um momento e comentou:

— Um jeito fácil de explicar o ataque e o disfarce do HIV no organismo é o seguinte: imaginemos dois exércitos inimigos num campo de batalha. Um usa uniforme azul e o outro vermelho. O exército de uniforme vermelho, numa noite qualquer, aproveitando que o inimigo está distraído, veste um uniforme azul e invade o território do outro sem ser percebido, pois usa a mesma cor de roupa. Logo os soldados desse exército começam a matar soldado por soldado do exército azul, mas não se matam porque se reconhecem. Não haverá muita chance de defesa do exército azul, não é?

— Isso mesmo. O HIV age dessa forma — confirmou a instrutora. — Incontáveis drogas e vacinas para acabar com o HIV no organismo já foram testadas, mas todas fracassaram. Isso se dá pela facilidade de mutação, de disfarce, pois esse vírus nunca é o mesmo.

Até os medicamentos que um soropositivo assintomático, ou mesmo um aidético, usa pode fazer esse vírus mudar e ser mais resistente a essa droga, quando infecta outra pessoa que adquire o vírus de quem já fez ou faz tratamento.

Os infectologistas do mundo todo estão muito preocupados com o coquetel de medicamentos antirretrovirais para conter a multiplicação do HIV e retardar a manifestação da Aids no organismo de uma pessoa. Se esse vírus criar uma resistência a esses medicamentos, essa composição de drogas não terá mais o poder de retardar sua multiplicação viral em outra pessoa contaminada por alguém que fez uso desses medicamentos antirretrovirais. Os cientistas já sabem que a resistência, o poder do HIV em uma pessoa que faz uso dos remédios antirretrovirais pode ocorrer com seu uso prolongado e principalmente com a interrupção deles ou o uso inadequado, como pular doses ou não cumprir rigorosamente os horários determinados. — Para terminar, Elma afirmou: — O problema maior é a falta de seriedade de milhares de pessoas a uma situação tão séria.

— Será possível, um dia, matar esse vírus no organismo já infectado? — interessou-se o aluno.

Elma pensou um pouco e respondeu:

— O HIV é um retrovírus. Ele pode tornar-se inativo. E ser inativo não significa estar morto. Seu tamanho ultramicroscópico o faz ser desprovido de estrutura celular, por isso precisa de uma célula viva para se replicar. Os vírus, incluindo o HIV, são um agente, uma "coisa" viva, mas está num estado de vida entre a matéria viva e a inerte. Existem modos científicos corretos para se explicar o que é um vírus, mas vou me valer de um exemplo mais simples para tentar traduzir como vive. Imagine um micróbio, um verme, que ao ser atacado com medicamentos se fecha num envelope e se cristaliza não deixando que qualquer coisa quebre esse cristal para agredi-lo e matá-lo. Só que imagine isso de uma forma ultramicroscópica. Por sua simplicidade estrutural, o vírus fica inativo quando não encontra células hospedeiras, como se ele se cristalizasse e não existisse, mas continua existindo no corpo, no organismo que invadiu e pode ser propagado, distribuído.

Não podemos dizer que nunca haverá uma forma de exterminar o HIV no organismo infectado — prosseguiu a benfeitora —, porém isso será muito difícil. Difícil mesmo. Poderá haver, sim, uma combinação de drogas ou, talvez, uma vacina que retarde ou iniba o avanço das infecções oportunistas causadoras da Aids. As pessoas portadoras do HIV, mesmo sob a ação dessas drogas e sem desenvolvê-la, continuarão sendo transmissoras do vírus, e aí haverá um grave problema: a dificuldade de se adaptar o tratamento e a contenção do vírus nessas pessoas. Se após o coquetel antiaids essa pessoa transmitir o vírus a outra, criará um vírus ainda mais poderoso e resistente a todos os medicamentos já existentes.

— O tratamento com antirretrovirais para conter a multiplicação do HIV no organismo não é fácil de ser seguido — lembrou Silmara, comovida. — É um tratamento muito difícil.

— O tratamento com o coquetel antiaids chega a mais de vinte comprimidos por dia. É preciso seguir rigorosamente os horários, não diminuir as doses nem se esquecer delas. Caso isso aconteça, o vírus se potencializa. Fica mais resistente e os mesmos remédios não vão fazer efeito. O paciente, então, terá de usar remédios mais fortes, se houver. Caso contrário, o vírus vai ganhar a batalha e a Aids começa a se manifestar com todos os sintomas que já conhecemos, deteriorando o corpo e a mente. Há também os efeitos colaterais que o paciente enfrenta muitas vezes — completou Álvaro.

— A manifestação da Aids é difícil — disse Silmara. — Estou me lembrando do caso que Tobias nos apresentou com seu pupilo. O pobre homem já estava enfrentando várias infecções oportunistas, cegueira, infecção cerebral, demência, convulsões, febre e vômitos constantes, dores de cabeça intensa, cólicas abdominais terríveis, erupções na pele, cânceres do sistema imunológico, afetação da função neurológica, falta de coordenação motora que não o deixava andar ou ficar em pé. Nossa... Como é triste.

— Por isso, e muito mais, é preciso muita conscientização, muita divulgação sobre o HIV e suas consequências críticas, severas, que alterará toda a vida de uma pessoa. Não basta lembrar que 1º. de dezembro é o dia mundial de divulgação do combate contra a Aids — avisou Elma. — Eu diria que algo muito sério está por acontecer, se nada for feito, se tudo, em termos de divulgação e orientação, continuar como está.

Para as pessoas que têm acesso a serviços de saúde bem estruturados — continuou a instrutora —, que são apoiadas e aceitas pela família, que têm assistência psicológica, refeições diárias com alimentação adequada de nutrientes corretos para reforçarem o sistema imunológico agredido, que têm certa estabilidade financeira, deixam de beber, fumar e procuram ambientes tranquilos e saudáveis, o tratamento com o coquetel antirretrovirais é difícil! Imaginem, então, como será o tratamento, se houver, para aqueles desfavorecidos, que não fazem nem as refeições necessárias, não conseguem consultar um médico, não têm assistência psicológica, nem acesso à rede básica de saúde, muito menos informações corretas, adequadas sobre seu estado.

A Aids não é um problema da população de baixa renda — afirmou ainda a benfeitora —, porém as classes empobrecidas e as pessoas que moram longe dos centros urbanos são e continuarão sendo as mais prejudicadas, pois a Aids está se acelerando para o interior onde não há esclarecimento, informação nem acesso ao tratamento e aos remédios. Eles não têm sequer geladeira para manterem refrigerados alguns medicamentos, se necessário. Às vezes, o problema não é nem a falta de geladeira, mas o de energia elétrica na cidade.

Imaginem se meninas de baixa renda, com 9, 11 ou 13 anos, como essas que acabamos de observar, sabem se proteger quando encontram um pedófilo, como aquele homem, que as explora sexualmente? Muitas crianças nem sabem o que estão fazendo. É hediondo o crime de pedofilia, praticada por homens e mulheres terrivelmente desviados e desequilibrados que exploram, abusam de crianças e adolescentes — disse Elma com brandura, mas havia um tom de protesto ao que falava.

É assustadora a exploração sexual infantil, que aumenta incrivelmente a cada dia. E bem poucos tentam fazer algo a respeito. Esse país necessita de um governo mais consciente, em relação a isso. Um governo que se importe com a orientação, escolarização, instrução de seu povo e cuidados especiais com suas crianças. Leis mais rígidas para crimes como esses a fim de inibir o desequilibrado — ressaltou em um tom mais ponderado.

Milhares de meninas e meninos de 7 a 9 anos, e até com menos idade, são oferecidos por adultos para programas sexuais por um valor inferior ao de passagem de ônibus. Muitas dessas crianças, se não fazem parte da rede de prostituição supervisionada por um adulto, que as explora, prostituem-se por um simples doce ou chocolate... — Com os olhos marejados, Elma ainda comentou, lamentando: — São crianças, apesar de terem iniciado a prática a que se dispõem e algumas até gostarem dela. Isso ocorre por culpa dos adultos conscientes que sabem e não denunciam, não se preocupam, não educam nem protegem. Os doentes e desequilibrados pedófilos, que se relacionam sexualmente com crianças, sentem-se protegidos pela omissão das pessoas e, principalmente, pela falta do cumprimento de leis severas, que deveriam isolá-los da sociedade onde não conseguem viver com equilíbrio e sem lesionar ninguém, sujeitos aos tratamentos médico psiquiátrico e psicológico a fim de iniciarem uma recuperação ainda encarnados, pois é isso do que eles mais precisam.

— Certamente essas crianças não terão condições de tratar-se se forem infectadas pelo HIV! — considerou Álvaro.

— Elas nem têm ideia do que é HIV. Quando ouvem falar desse vírus, pensam que, se tomarem um remédio, ficarão curadas — argumentou Silmara —, pois alguns meios de comunicação vivem comentando que o tratamento da Aids ou do HIV, hoje, está oferecendo às pessoas uma qualidade de vida melhor e vida mais longa, porém não alertam o quanto essa nova vida é exigente. Além do que, criança não entende isso.

— Na verdade é o que acontece — comentou a orientadora. — Os antirretrovirais oferecem mais disposição, recuperação de algumas infecções, retarda a Aids e contêm, ou inibe, a multiplicação do vírus, embora não se saiba por quanto tempo. Esse tratamento deve ser adotado, sim. Mas quantos têm acesso a esses coquetéis e conseguirão adequá-lo a suas vidas com qualidade alimentar, horários e tudo mais?

— Então é muito perigoso o que anunciam alguns meios de comunicação, quando falam sobre a cura da Aids? — inquietou-se Romildo.

— Não é perigoso, é perigosíssimo! É imprudente! — respondeu Elma com ênfase, o que não era comum. — Graças a essas notícias e a *slogans* atrativos, que ressaltam o produto e evidenciam propagandas sobre o tratamento da Aids, que muitos milhares de pessoas não se previnem contra o HIV. Elas não leem toda a notícia ou, se leram ou ouviram a notícia, não tiveram condições de entendê-la completamente e acabam concluindo que a Aids tem cura.

O tratamento da Aids hoje — prosseguiu Elma —, bem como a contenção do HIV significam uma combinação de drogas que só pode ser receitada por um médico, para tentar retardar o surgimento de diversas infecções oportunistas, causadas pela baixa imunidade da pessoa. Muitos que ouvem falar sobre o sucesso dos medicamentos de tratamento da Aids entendem que tratamento significa cura, mas não é.

— Anuncia-se o sucesso dos tratamentos — lembrou Silmara —, mas nem todas as pessoas que recebem os tratamentos têm sucesso, porque cada organismo reage de um jeito diferente, por causa da existência de diversos subtipos de HIV. Além disso, as drogas antirretrovirais estão disponíveis para uma fração minúscula dos milhões de pessoas infectadas com esse vírus.

— Os encarnados têm um cálculo muito equivocado do número de mortes causadas pelas infecções pela Aids até hoje — informou Elma[16]. — As consequências da imunodeficiência humana provocada pelo HIV já levou a óbito mais de 40 milhões de pessoas no mundo e ainda há mais de 80 milhões de infectados pelo vírus. Fora isso, cerca de 20 mil pessoas se infectam com o HIV, diariamente, por diversos meios, principalmente pela relação sexual.

O erro maior, em tudo isso — continuou —, é dizer que muitos são bem-sucedidos com os tratamentos antirretrovirais. O quanto esse "muitos" significa em milhões de pessoas, dos quais mais de noventa por cento não têm acesso a esses medicamentos?

Um crime ainda maior é fornecer esperança de uma vacina anti-HIV ou medicamentos que curem a Aids. Isso leva pessoas sem bom senso, ou sem noção do que está acontecendo com a humanidade, a continuarem uma vida promíscua, a não se prevenirem, a não preservarem sua saúde e vida nem as dos outros, pois acreditam que em questão de meses ou dias haverá uma cura milagrosa que extermine o HIV e a Aids. — Em tom de lamento disse: — Esse tipo de pensamento faz muita gente começar a banalizar a Aids, principalmente aquelas que não têm instrução, escolaridade, isto é, as classes desfavorecidas e pobres.

Vamos lembrar que nem todos têm condições de levar alguns tratamentos adiante. Prova disso é a tuberculose que, apesar de já ter tratamento fácil e cura, continua matando; o vibrião da cólera ainda

---

16. Nota da Médium: Referindo-se ao ano de 2002.

ataca, entre outras epidemias que estão por aí. Como essas enfermidades só atingem a população de baixa renda, não são motivos de notícia. — Elma ainda disse: — Aqueles que divulgam informações não muito claras sobre o HIV, evidenciando que a cura pode ocorrer de uma hora para outra, é responsável pela propagação desse vírus e por suas consequências para com aqueles que, diante desses anúncios, não se preocupam.

— Existe um jeito de erradicar o HIV e a Aids, provocada por esse vírus, diante do quadro apresentado hoje? — perguntou Álvaro.

— Há, mas a humanidade ainda não está preparada espiritual, moral e psicologicamente — afirmou Elma convicta.

— Qual?! Qual o meio de exterminar-se com esse vírus?! — quase gritou Romildo.

— Com responsabilidade e moral elevada. Se o ser humano abstiver-se de todos os meios de sexo promíscuo, prostituição, satisfação no prazer sexual abusivo e compulsivo, troca de parceiros, ambição, orgulho e outras mazelas, além de um trabalho incessante e sério pelos profissionais da área de saúde, para não propagação, pelos intensivos cuidados com os pacientes. Isso certamente limitaria o vírus àqueles que já o têm hoje e não o deixaria propagar-se mais, erradicando o HIV e, consequentemente, a Aids provocada por esse vírus.

# 22

## Propagandas enganosas

AS ÚLTIMAS considerações de Elma provocaram imenso conflito íntimo em cada um de seus alunos, uma vez que passaram a refletir imensamente sobre a trajetória que o ser humano traça para si por orgulho, vaidade e ambição, pois é por meio desses vícios psicológicos que a criatura se envereda por tristes caminhos.

Enquanto seguiam a orientadora, depois do longo silêncio, Romildo argumentou, preocupado:

— As campanhas de informação sobre a Aids e o HIV são pobres, limitadas e muito tímidas. Diante do quadro assustador que observamos aqui, na espiritualidade, o comportamento de risco das pessoas de todas as classes é preocupante, o que pode levar o mundo a um colapso. Algo semelhante a Babilônia, Sodoma e Gomorra. Deus do céu! — impressionou-se com o próprio comentário. — Isso me faz lembrar da Bíblia e do Apocalipse narrado por João que viu uma mulher, assentada sobre a besta, vestida de púrpura e escarlate, adornada de ouro e pedras preciosas, que trazia na mão um cálice de ouro cheio de abominações e imundícies de prostituição. O anjo que mostra a João tudo isso ainda lhe diz que a besta subirá do abismo e aqueles que habitam a Terra se admirarão com a besta que era e já não é, mas que virá. — Breve pausa e prosseguiu: — Convém que dure um pouco de tempo o reinado daquele que ainda não veio. E os reis entregarão o poder à besta e todos combaterão o Cordeiro.

E disse, como João viu, que as águas onde se assenta a prostituta são povos, multidões, nações e línguas. E que a prostituta seria desolada, nua e que comeriam sua carne e queimariam no fogo...

E ainda, depois, outro anjo que tinha grande poder diz: "Porque todas as nações beberam do vinho da ira, da sua prostituição e os reis da Terra se prostituíram com ela, e os mercadores da Terra se enriqueceram com ela, com a abundância de suas delícias". E esse anjo poderoso ainda diz: "Sai dela meu povo para que não sejam participantes dos seus pecados e para que não incorram nas suas pragas. Porque um dia virão suas pragas, a morte, a fome... E os que se prostituíram com ela e viveram delícias, chorarão..."

Romildo se deteve nas lembranças da passagem bíblica e concluiu:

— A besta pode ser um espírito inferior poderoso que quer desviar a todos do Evangelho do Cristo, da boa moral. A besta não tem de, necessariamente, estar encarnada!!! — concluiu, olhando para a instrutora que serenamente o observava. — A prostituta, de que nos fala o Apocalipse, é o sexo, as paixões desequilibradas, lascivas, que oferecem os prazeres e delícias e enriquecem aqueles que possuem qualquer tipo de comércio que promove a prática sexual, dos que montam lojas de objetos para sexo e até os meios de comunicação, que incentivam direta ou indiretamente a promiscuidade, inclusive revistas!... E as pragas daqueles que se colocam a essas práticas é o HIV, a Aids provocada por esse vírus. E o anjo diz: "convém que dure um pouco. Porque com essas pragas virão morte, fome e muito choro".

Feito silêncio, imediatamente todos olharam para Elma, que trazia incrível serenidade no semblante. Ela nada expressou.

Não se contendo, Romildo perguntou:

— Como o HIV é uma experiência reeducativa, de um jeito ou de outro, para quem o experimenta hoje, o que acontecerá se a cura para esse vírus for encontrada?

— Surgirá outro — respondeu Elma laconicamente, sem hesitar.

— Sabemos que o HIV e a Aids foram identificados no início dos anos 1980, pelo aumento de casos de inúmeras pessoas que apresentavam os mesmos tipos de doença por falta de imunidade, ou morriam em consequência dela, o que levou os pesquisadores a acreditar que se tratava de algo novo e transmissível. Como o HIV é um vírus, pode-se dizer quando ele passou a infectar o ser humano? Onde isso começou? — interessou-se Silmara.

— Só posso dizer que, como alguns já observaram, o HIV infectou o mundo seguindo o trajeto feito para tirar os negros da África e levá-los para a escravização, séculos atrás. Dizem que ele surgiu na África, mas isso não significa que esse vírus efetuou ou iniciou sua grande mutação ali, ou que começou a infectar pessoas ali. O HIV infecta os humanos desde o início da década de 1940, mas foram casos incrivelmente isolados, uma vez que a promiscuidade sexual não era tão abusiva, apesar de existir de forma silenciosa, digamos assim. Com a liberdade sexual iniciada na década de 1960, que pregava liberdade e incentivava a promiscuidade e a troca frequente de parceiros, praticada com absoluta tranquilidade na década de 1970, o HIV propagou-se terrivelmente, mas suas vítimas chamaram a atenção e foram percebidas só no final dos anos 1970, em vista dos casos clínicos arrasadores e da alta taxa de mortalidade por causas sempre semelhantes e ligadas a determinadas práticas.

Sem se conter, Romildo perguntou:

— Elma, entendo que, às vezes, você silencia por elevada sabedoria, porém poderia dizer-me algo sobre o Apocalipse e a conclusão a que cheguei?

De maneira sensata e diante da expectativa de todos, Elma respondeu:

— Meus queridos, o planeta Terra, a humanidade passam por uma fase de transição, na qual todos precisam decidir-se por uma atitude séria e muitas vezes enérgica em sua vida. É no momento de transição que se separa o joio do trigo. Ninguém, hoje, pode alegar ignorância. Já fomos avisados pelo próprio Mestre que haveria dores e ranger de dentes, que nenhum *til* ou *j* se omitiria da lei e que ninguém chegaria a Deus se não fosse por Ele, ou seja, praticando física e mentalmente os Seus ensinamentos.

As criaturas sempre serão tentadas a desvios. Até Jesus foi. Mas resistiu. Devemos seguir o exemplo Dele. As criaturas humanas gostam de prazeres e coisas fáceis. Nem todos querem se empenhar, trabalhar, estudar, ter boa moral, bons princípios. Isso é sem graça. Pensam que Deus é um empregado, para satisfazer todos os pedidos feitos em oração. Vamos lembrar: "Ajuda-te que o Céu te ajudará". Elevação espiritual e moral é o que nos encaminha para situações melhores. — A orientadora silenciou por alguns segundos depois disse: — Vamos agora conhecer um casal que não resistiu às tentações.

Elma, com seu grupo, chegou a uma confortável residência onde morava um casal e uma única filha. Logo se apresentou e a seu grupo ao mentor daquele lar, que se prontificou imediatamente a explicar:

— Edimilsom e sua esposa Letícia têm posição social considerável. Têm uma filha amorosa, que lhes proporciona muito orgulho. Letícia é uma criatura que se impressiona com tudo e deixa-se enganar por mistérios e superstições. Por não ter conhecimento sobre a ordem dos espíritos e o tipo de comunicação séria ou leviana que podem transmitir, nem saber que espírito evoluído não interfere nas atitudes dos encarnados, dando-lhes palpite, ela aceita seriamente comunicações e opiniões de espíritos inferiores em sua vida.

Edimilsom, há algum tempo — continuou —, passou por uma experiência de impotência sexual, que deveria ter sido tratada por médico especialista. Mas, incentivado pela esposa a acreditar que sua experiência decorria de "trabalhos espirituais feitos" por inveja, para que ele fracassasse e tivesse problemas na empresa, ele e a esposa levaram o assunto para ser resolvido em um "lugar", que promovia consultas com espíritos.

O constrangimento de procurar um médico, infelizmente, prevaleceu — prosseguiu o mentor. — Então, o casal acabou encontrando espíritos que os perseguiam há séculos e que se aproveitaram da oportunidade para se vingar. Na comunicação, entretanto, estes espíritos apresentavam-se como entidades que só desejavam promover o bem do casal.

Letícia passou a fazer uso da própria mediunidade e dar passividade a um espírito que fora prostituta quando encarnada. Esse espírito, sem elevação, solicitava que ela tingisse os cabelos de determinada cor, usasse determinadas roupas, tivesse postura sensual e ingerisse champanhe. Além disso, recomendava que acendesse velas, fizesse despachos e outras coisas em sua casa, para afastar as energias negativas de seu lar. Cabe lembrar que as energias, as vibrações elevadas e positivas são obtidas tão-somente pela prece, com pensamentos elevados, palavras e gestos sublimes, sem palavrões. Se pensamos que existem negatividades em nosso lar por culpa daquele que nos deseja mal, estamos nos enganando. Essas negatividades existem em nossa casa por causa dos pensamentos ruins, dos palavrões, dos gestos enfadados, tipo aqueles que se têm quando se está saturado de alguma coisa, e muito mais.

Ele ofereceu breve pausa, mas ninguém disse nada. Então prosseguiu com o relato:

— Pois bem, Letícia aceitava tudo que lhe foi indicado. Com muita afinidade com esse espírito, que foi prostituta, ela passou a tentar seduzir o marido ao ato sexual, para resolver seu problema.

Por orientação desse espírito, ela arranjou com facilidade revistas e filmes que exibiam sexo explícito, mulheres nuas etc. Então, Edimilsom acreditou que estava resolvido seu problema.

O que aconteceu foi que espíritos, terrivelmente deformados por mau uso das funções sexuais, passaram a afinar-se com o casal pelo gosto que ambos adquiriam em ver revistas e filmes pornográficos. A ligação tornou-se tão intensa que Edimilsom deixou-se dominar pelos desejos constantes de diversificar a prática sexual, não só com sua esposa, mas também com outras mulheres. Com Letícia aconteceu o mesmo. Agora, ligada incrivelmente àquela que foi prostituta, a quem satisfazia com champanhe e tudo mais, começou a sentir vontade intensa de ter experiências diferentes e acabou corrompendo-se com o próprio cunhado.

Deixe-me lembrar — alertou o mentor — que isso não aconteceu assim tão rápido quanto estou contando. Levou muito tempo para que as coisas chegassem a esse nível. Para resumir os acontecimentos, Edimilsom e Letícia são portadores do HIV, mas ignoram o fato. Os espíritos trevosos, que os querem de volta ao submundo espiritual, região de sofrimento indizível, conseguiram parte do que desejavam.

— A não ser que eles mudem o comportamento a partir de agora, não é? — indagou Romildo.

— Isso mesmo. Só que será bem difícil. Os desvios sexuais estão bem acentuados neles, uma vez que se ligaram a espíritos vingadores e perseguidores do passado, que os induzem a práticas obscenas e gostos por revistas e filmes com sexo.

— Há uma previsão de como ou quando saberão que estão infectados com o HIV? — perguntou o aluno mais curioso de Elma.

— A filha do casal — explicou o mentor —, por falta de orientação, resolveu fazer um *piercing* no umbigo, ignorando que maltratar o corpo que Deus lhe ofereceu como instrumento causa sérias consequências e reajustes a fazer. Pois bem, Priscila fez o *piercing*[17]. Dias depois, começou a ficar preocupada com as condições de higiene do lugar onde realizou o procedimento. Ela voltou ao local, conversou com quem efetuou o trabalho e, apesar das garantias que a pessoa ofereceu, não se tranquilizou. Ficou incrivelmente preocupada depois de ouvir uma palestra sobre HIV e Aids em seu colégio. Foi aí que, diante do drama e de toda a problemática, ela pediu aos pais que a levassem para fazer um teste, pois queria saber se tinha sido ou não infectada pelo HIV. O resultado do teste foi negativo, mas algum tempo depois Priscila começou a passar mal, a ficar indisposta e a ter dores abdominais na altura do estômago, o que a levou ao médico. Novamente, ela ficou apavorada, acreditando que tivesse sido infectada com o HIV, pois pensou que no primeiro teste que realizou estivesse no período de "janela imunológica", em que o resultado, apesar de o vírus estar no organismo da pessoa, é negativo.

Foi realizado o segundo teste, além de outros exames de sangue. Os resultados foram negativos para HIV, mas Priscila havia contraído hepatite quando colocou o *piercing*.

— Os exames lhe proporcionaram grande alívio. Ela resolveu denunciar o lugar onde fizera o tal *piercing*. Comprovou-se falta total de higiene do local, pois não era realizada a esterilização dos equipamentos. Alguns desses profissionais pouco se importam, porque nem pertencem a área de saúde.

— E os pais dela? — questionou Romildo.

---

17. Nota da Médium: *Piercing* é um tipo de brinco metálico e existem em diversos modelos como argolas, bolinhas etc. Podem ser pendurados no nariz, orelha, língua, umbigo ou outras partes do corpo.

— Os pais levaram a filha para saber o resultado dos exames. O médico que os atendeu brincou sobre os resultados, dizendo que, apesar da seriedade da doença, para aquele tipo de hepatite haveria cura, e acrescentou que ainda bem que não se tratava de HIV. No meio da conversa, o próprio médico falou sobre a importância de todos fazerem o teste para saber sobre a infecção por vírus da hepatite e HIV.

— E aí? — insistiu Romildo.

— Eles fizeram o teste, só que ainda não buscaram os resultados.

Diante do relato, todos silenciaram, pensativos. Depois de mais algum tempo de conversa, Elma agradeceu os préstimos do amigo pela elucidação e decidiu ir embora com sua equipe.

\* \* \*

A caminho do posto de serviço, onde permaneciam para o devido descanso, Álvaro comentou:

— Todas as revistas e filmes de sexo sempre atraem espíritos lascivos e viciados para junto do encarnado que oferece atenção a esse tipo de assunto, não é?

— Isso inclui não só as revistas especificamente pornográficas, mas também as que exibem mulheres nuas, travestis, homens nus, heterossexuais ou homossexuais. Mesmo que sem fotos, estimulam práticas sexuais desviadas, como fantasias, tendências incomuns, troca de parceiros etc. Tudo isso atrai espíritos incrivelmente inferiores, que se afinam com o gosto do encarnado em ver essas cenas ou ler sobre esses assuntos — afirmou Elma. — Assim se dá com as músicas e as novelas com sugestões e cenas picantes, instigantes para o sexo que incentivam a promiscuidade e a vida leviana, mascaradas com um enredo engraçado e romântico, de luxo e requinte, mas que, nas entrelinhas, dizem que a pessoa de alto nível e de *status* comporta-se de maneira leviana. Notem que em tudo, hoje em dia, os meios de comunicação têm de destacar a sensualidade e o sexo. Os anúncios de computador têm de ter uma mulher seminua, exuberante e bonita. O que ela tem a ver com a qualidade do produto? Em uma propaganda de automóvel, a mulher também é exibida, como se, com aquele tipo de veículo, o homem fosse ficar mais atraente para as mulheres. O que tem isso a ver com a qualidade desse produto?

— Os profissionais encarregados e responsáveis por esses programas e propagandas, que levam as pessoas a práticas imorais e irresponsáveis, terão responsabilidade por aqueles que praticam atos promíscuos incentivados por eles? — indagou Romildo.

— Sem dúvida alguma e terão de harmonizar ou expiar com todos que se corromperam por causa de seus trabalhos. Quando uma pessoa puxa o gatilho de uma arma em direção a outra, ela tem intenção de atingir a outra pessoa, certo? Então, quem puxou o gatilho da arma é responsável e punido pela lesão ou pelo homicídio praticado, só que isso levará tempo, talvez, até nem haja justiça terrena. Agora, se essa pessoa soubesse que ao puxar o gatilho da arma sairia uma bala para frente e outra para trás do revólver, ela, provavelmente, não puxaria o gatilho. É isso que devemos ter em mente quando praticamos qualquer coisa em nossa vida. Lembra-se da passagem do Apocalipse de que nos falou? Ela comentava sobre "os mercadores que enriqueceram na Terra com a abundância de suas delícias". Eu diria que eles nem precisam enriquecer, mas não deixaram de beber o vinho da prostituição, do sexo promíscuo, como nos avisou João no Apocalipse.

— Os que promovem revistas de sexo, mulheres e homens nus, filmes e tudo que incentiva a leviandade podem reverter o quadro de desarmonia ainda nesta existência? — perguntou Álvaro.

— Sem dúvida. Jesus disse à mulher adúltera: "Vá e não erres mais" — esclareceu a orientadora. — Mas é difícil. A pessoa terá de se evangelizar, travar uma luta interior consigo mesma e com os espíritos inferiores que a incentivam, instruem e apoiam para, depois, aproveitar seu poder de influenciação. Feito isso, poderá começar instruindo e edificando para uma boa moral e bons costumes tantos quantos aparecerem em seu caminho.

— Com isso essa pessoa poderá elevar um maior número de almas do que as que desviou — considerou Álvaro.

— Claro que sim. Entretanto, muitas vezes os valores e o dinheiro dificultam que a pessoa faça isso. Todos os meios, revistas, livros, televisão, jornais, e até panfletos, têm o poder de influenciar a opinião do público, o que pode, em alguns casos, ser muito perigoso, porém lucrativo. Por essa razão, todos devem tomar muito cuidado quando divulgam uma ideia.

Após a explicação, Elma silenciou por alguns segundos, parecendo comunicar-se com entidades superiores, que o grupo não podia perceber. Seu semblante continuou sereno e imperturbável. Deixou que esvaíssem de si ondas de abrilhantada luz, que se manifestavam intensas, com forças magnéticas, envolvendo seu grupo com grande luminescência e formando algo como uma redoma a protegê-los.

Quando os alunos fixaram o olhar com mais atenção, viram avançar na direção deles, com palavrões, rudeza e violência, uma assembleia de espíritos inferiores monstruosos, cujo perispírito assemelhava-se a animais, com incríveis deformidades.

A benfeitora, entretanto, cerrou os olhos, recolhendo-se em profunda prece. Nem um segundo se passou, e Luz radiante desceu do Alto até sua cabeça, passando então a irradiar como ondas que ultrapassavam a redoma protetora, chegando aos agressores como um choque.

Alguns caíram atordoados, enquanto outros estagnaram amedrontados, antes de fugirem.

Elma, olhando agora amorosamente os alunos, que não deixaram de assustar-se, acolheu-os num abraço intenso e terno, recostando-os no peito e murmurou:

— Precisamos sair daqui.

Em seguida, sem que percebessem, todos já estavam no posto de serviço que os abrigava.

Passado o susto, Romildo ousou perguntar:

— Percebi que, de alguma forma, você pressentiu o ataque daqueles espíritos trevosos. Por que não nos transportou logo de imediato, como fez depois?

— Quando um clima vibracional de impressionante inferioridade nos rodeia, somente a ligação com o Alto pode proporcionar energias que nos permitam agir. Sou humilde servidora e não tenho nenhum poder. Nossa defesa e nosso transporte foram facilitados por Amigos de Esferas Superiores, que nos socorreram diante da prece. Jamais estamos desamparados, Romildo, a não ser quando a falta de fé invade nossa mente e coração.

O aluno sentiu-se constrangido com a explicação, porque, quando interpelou a orientadora, esqueceu-se do medo que sentiu no instante de perigo e de que desejou correr, enquanto ela, sem vacilar, protegeu todos com recursos que lhe eram peculiares, em vista de sua fé. Rogou ajuda do Alto e foi atendida.

# 23

## Submundo tenebroso

NO DIA SEGUINTE ao acontecimento, Romildo, sem esquecer o ocorrido, procurou a instrutora e disse:

— Elma, quero que me perdoe pela forma como falei ontem com você... eu...

— Não tenho pelo que lhe perdoar — afirmou, sorridente. — É tão bom quando somos instrutores de nós mesmos e temos o dom de aprender e de nos corrigir com os próprios erros e enganos. Esse é você.

— Mas por que fomos atacados? Tudo foi muito rápido! Eles surgiram do nada, em fração de segundos!

Levando alguns instantes, Elma olhou a sua volta e, com o olhar, chamou Silmara e Álvaro, pedindo para que se aproximassem. E explicou:

— O fato de ontem não foi incomum nem isolado. Espíritos inferiores, em erros febris, com o coração endurecido e maldoso, empenham-se em perseguir duramente os que se propõem a socorrer e ensinar.

Milhares de espíritos que se cravaram em crimes hediondos e impiedosos buscam defrontar-se com os Ensinamentos Sagrados e Leis Universais. Querem ardentemente que os encarnados, nos desvarios da vaidade, do orgulho, dos vícios e das paixões, não valorizem ensinamentos de boa moral. Se os encarnados aprenderem ensinamentos nobres e de elevada moral, esses espíritos não terão a quem escravizar, vampirizar fluidos e ser "senhores" — explicou Elma. E prosseguiu: — Esses espíritos cruéis formam legiões e falanges, criam verdadeiras cidades espirituais, repletas de aflições abomináveis para aqueles que, enquanto encarnados, perderam a razão e o bom senso, por meio de desvios e corrompimentos de todas as espécies e deliciaram-se nas paixões desequilibradas e silenciosas, nos vícios, nos crimes, nas mentiras que não se podem mascarar no mundo espiritual, por mais secretas que tenham sido no mundo terreno.

Há décadas amigos espirituais vêm avisando — continuou no mesmo tom —, alertando e ensinando os encarnados sobre essas Cidades Estranhas no submundo espiritual, mas muitos não acreditam. Outros até creem, mas não dão importância ao fato, e alguns ainda caçoam, dizendo que tais relatos não passam de imaginação fértil.

Porém, a falta de atenção a esse alerta, de décadas atrás, trouxe as consequências cruéis e as misérias que tantos experimentam no mundo de hoje, com relação a todos os desequilíbrios e desvios, principalmente, da leviandade e promiscuidade.

São poucos os que se regeneram e se reeducam no Evangelho redentor, acreditando no Cristo que os socorre quando as intenções e a fé são verdadeiras; mas muitos se perdem e se escravizam.

Elma fez breve pausa. Alguns instantes e prosseguiu a explicação:

— Nesse submundo espiritual terrível, os homicidas e agressores tornam-se mutilados horrendos e experimentam o sofrimento que causaram a outros. Aqueles que não perdoam seus agressores também são confinados a esses subterrâneos de escravidão interminável. Os mentirosos e caluniadores são tristemente punidos, assim como os preconceituosos de todo tipo. Igualmente martirizados são os preguiçosos, os que inventaram doenças ou incapacidades no próprio corpo para fugirem do trabalho, extorquindo parentes, amigos, associações de auxílio ou se aposentaram prematuramente. Todos sofrerão os horrores de tudo que não harmonizaram, das oportunidades que desperdiçaram e muito mais.

Os espíritos que se perverteram nos prazeres abusivos das sensações sexuais — continuou a instrutora —, que fizeram do sexo algo promíscuo e leviano e desvalorizaram a energia criadora do centro genésico, que se entregaram ao sexo sem compromisso, à prostituição, aos desequilíbrios da sexualidade como zoofilia, pedofilia e tantos outros, deformam-se horrivelmente, quase ou até perdendo a forma perispiritual humana. Muitos deles têm seus centros genésicos morbidamente ressaltados, com imperfeições terríveis, chagas inenarráveis. Sentem dores espirituais e morais pelas situações vexatórias que, desnudos, experimentam por conta dos atos praticados e que ficaram ressaltados em seus corpos espirituais. Vivenciam zombarias e agressividades das piores espécies, praticadas por outros espíritos.

Os alcoólatras, fumantes e viciados em drogas, que são, muitas vezes, suicidas inconscientes por matarem lentamente o corpo que lhes foi emprestado por Deus, são vítimas e instrumentos de torturas dos espíritos trevosos que se comprazem em agredir. — Apesar do jeito manso, Elma ressaltou: — Os ladrões e desonestos, de todas as classes sociais, principalmente os que desfavoreceram populações pobres em vista dos cargos públicos que ocupavam e os religiosos que desviaram verbas de associações filantrópicas para deficientes, idosos ou necessitados de qualquer espécie enfrentam, cadaverizados, a miséria emoldurada de impressionante dor a aflição.

Bem complicada é a situação dos religiosos que se favoreceram das funções e das ocupações a que se propuseram, em nome da religião e do trabalho de divulgação, em nome de Deus e de Jesus para tarefa filantrópica e regozijaram-se em benefício próprio. Esses ficarão em situação de inenarrável deploração e sofrerão torturas terríveis.

Os suicidas — disse a benfeitora com piedade —, que propositadamente quiseram deixar de viver, e aqueles que se dispuseram ao aborto ou realizaram o aborto em outros, assassinando criaturinhas indefesas, a quem Deus ofereceu oportunidade de vida terrena, sofrerão punições nessas furnas muito difíceis de serem descritas de um modo que vocês possam imaginá-las.

Todos encontram perigosos inimigos do passado que os escravizam e maltratam, impiedosamente, fazendo-os sofrer as mais indescritíveis, amargas e tenebrosas experiências.

Essas cidades, que se situam no subterrâneo do orbe — prosseguiu tranquila —, têm exércitos, legiões aterrorizantes e perversas que seduzem e viciam encarnados a inúmeras práticas, viciosas de todos os tipos, imorais de todas as condutas, desequilibradas de todos os níveis, corruptas em todos os sentidos e depois os acompanham recolhendo-os, agora como espíritos, ao túmulo enquanto permanecem no umbral perturbador da consciência por forças punitivas de sua própria mente.

Depois do desencarne, os espíritos errantes e levianos vivem pesadelos de aflições e vagam sem rumo nos pântanos miseráveis, "sítios de dores", palco de aflições, zonas inferiores na espiritualidade. Após vagarem desvairados e sofrerem por vastíssima área umbralina, podem ser caçados como animais, com incrível crueldade, e arrastados ainda para essas colônias infernais, submetidos a prisões humilhantes, dores e punições ainda maiores, pesadelos e aflições abomináveis. Isso ocorre pela imposição mental dos que desejam punir para serem reconhecidos e admitidos como "senhores poderosos".

É o remorso e a consciência cobrando os erros cometidos que fazem milhares submeterem-se ao efeito da influência mental desses espíritos malfeitores que, com seu magnetismo perturbador, são capazes de comandar, condenar, punir, escravizar e metamorfosear espíritos que não tinham uma postura moral digna.

Para finalizar o longo relato, Elma disse ainda:

— Em labirintos tenebrosos, são vigiados por seres sórdidos e sarcásticos, que esses espíritos desatentos viverão escravizados por muito, muito tempo.

Inquieto, aguardando a menor pausa para questionar, Romildo se manifestou curioso:

— Serão socorridos e retirados dessas furnas um dia?

Com a mesma tranquilidade de sempre, a instrutora explicou:

— Sim. Deus não condena nenhum de seus filhos ao inferno eternamente. Mas é preciso muito esforço na fé e na perseverança para se livrar dessa escravização depois de ter sido preso.

— O que acontece nesse submundo espiritual com essas criaturas infelizes, que são torturadas e escravizadas? — perguntou Silmara.

— Essas criaturas têm as energias de seus vícios e miasmas utilizados por aqueles que as escravizam. Esses espíritos perversos utilizam tais fluidos para desequilibrarem os encarnados que estão em experiências regeneradoras e não se esforçam para vencer as tentações, ou encarnados de quem querem vingar-se, arrastando-os para as más tendências, a fim de, no futuro, após o desencarne, eles também possam ser levados para esses labirintos hostis.

— Pode dar-nos um exemplo prático, Elma? Algo verídico para entendermos melhor — pediu Álvaro, humilde.

Desejando fazê-los entender bem, a orientadora valeu-se de situação que já haviam observado e comentou:

— Lembram-se de Lavíneo, um professor universitário bem novo, que era noivo de uma moça chamada Manoela? No planejamento reencarnatório, ele se propôs a reverter o quadro de desequilíbrio moral, gerado pelo sexo abusivo, de práticas lascivas degradantes. Havia tempo ele era tentado a isso, principalmente por espíritos que, em outra reencarnação, foram mulheres que ele usou, perverteu, abandonou e escarneceu. Mas o amor pela noiva não o deixava desviar, pois Manoela, com sua peculiar elevação, alertava-o com frequência. Entretanto, não resistiu aos insistentes convites de espíritos que o influenciavam, por meio de pensamentos, sendo instigado pela curiosidade, a entrar naquela loja de produtos para sexo. Lavíneo, então, colocou-se à mercê desses espíritos inferiores, maliciosos, lascivos e vis que se afinaram com ele a partir do momento em que adentrou a loja, ligando-se a ele e fazendo suas viciações e seus desvios compulsivos ressurgirem.

Esses espíritos assombrosos — continuou Elma —, passaram a trocar energias com Lavíneo, sugando-lhe reservas de fluidos salutares em troca de miasmas tenebrosos. Nós já sabemos disso, mas vamos ver o que ainda há por trás — avisou a instrutora. — Alguns dos espíritos viciosos e malfeitores, que foram punidos e escravizados em furnas tenebrosas, recebem uma espécie de proposta daqueles outros espíritos "senhores" de legiões ou falanges desse submundo horripilante, para que voltem à crosta e, sutilmente, envolvam mais almas nos erros e vícios terrenos, de forma que esses líderes de falanges tenham mais espíritos escravizados num futuro próximo, quando os envolvidos desencarnarem.

Então, aquele espírito que vem sendo escravizado e punido cruelmente há muito tempo, para deixar de sofrer, aceita a exploração. Ele se une aos outros com os mesmos vícios, desvios e desequilíbrios e retorna à crosta terrena para seduzir, influenciar e arrebatar para atos de baixo valor moral os encarnados com tendências aos mesmos vícios e desvios dele.

Elma ofereceu breve pausa, depois prosseguiu:

— Ninguém nasce para ser prostituta, compulsivo sexual, praticante de sexo promíscuo ou vulgarizado, mercador de sexo, traidor conjugal... Ninguém nasce para ser homicida, ladrão, mentiroso, fofoqueiro, briguento, intolerante, submisso aos outros... Ninguém nasce para julgar, condenar, criticar, maldizer, odiar... Ninguém nasce para ser viciado em drogas, álcool, fumo, jogos e em tantos outros vícios que escravizam a criatura já encarnada. Todos nós nascemos para nos regenerar e vencer nossas más tendências do passado. Quando recusamos as paixões mundanas e aquele desejo intenso no que não é moralmente equilibrado, nós não nos afinamos a espíritos inferiores que querem nos aliciar a erros e vícios, para que líderes de falanges tenebrosas continuem a ter escravos e a ser "poderosos" no submundo de grande assombro espiritual.

É importante entender que os espíritos inferiores que nos assediam e querem nos convencer aos erros e desvios, e os obsessores que se dedicam à vingança não passam, muitas vezes, de colaboradores dessa falange do mal. Apesar de semilibertos na crosta, esses espíritos ainda são escravos e garantem o aumento do número de servidores àqueles chefes ou líderes a quem se deseja exaltar acima de nosso Senhor Jesus. O Mestre Jesus disse: "nada há de encoberto que haja de revelar-se, nem oculto que não haja de saber-se". "[...] temei antes aquele que te pode fazer perecer no inferno a alma e o corpo".

Depois de ligeira pausa para que refletissem, a instrutora continuou a explicação:

— A libertação de todos aqueles que passam por tormentos íntimos, em vista do desejo ardente das compulsões, dos vícios e desvios, está na resignação, na fé nos ensinamentos do Mestre Jesus e na prática do que Ele ensinou. Não haverá milagres que nos afastem da dor da consciência e do remorso. Há, sim, a perseverança no bem, apesar dos desafios do sexo, da Aids, dos vícios e de todas as mazelas de que nos livraremos quando soubermos dizer não.

"E quem não toma a sua cruz e não segue após mim não é digno de mim." "E odiado de todos sereis por causa do meu nome, mas aquele que perseverar até o fim será salvo." Jesus disse: tome sua cruz e siga e não largue sua cruz e espere um milagre.

Ninguém se manifestou e Elma acrescentou:

— Tomar sua cruz significa ter consciência de suas dificuldades e aflições e, apesar disso, seguir os ensinamentos de Jesus. Ser odiado por todos significa a contrariedade dos espíritos inferiores, que desejam corrompê-lo e dos encarnados, que vão ridicularizá-lo pela boa moral, atos dignos, caridosos e comportamento saudável. Mas, Jesus avisou que aquele que perseverar será salvo. Por isso devemos acreditar Nele e seguir seus ensinamentos a qualquer momento de nossa vida.

Após breve pausa, Romildo perguntou, comovido:

— Depois de tanto sofrimento e tanta escravização, esses espíritos, tão maltratados, podem sair desse Umbral da Consciência e libertar-se desses laços assombrosos? Como?

— Depois de tormentosos abusos nesse pântano de sofredores, eles começam a cansar-se do sofrimento, da escravização e da exploração cruel — respondeu Elma. — Deus constituiu a criatura humana de individualidade moral, proporcionando-lhe uma faculdade própria: a inteligência, e o instinto, que é a manifestação do poder de sentir e escolher sem raciocinar. Algumas criaturas desse submundo espiritual, esgotadas, vazias de ternura, de amor fraterno e de situações tranquilas, começam, espontaneamente, a crer ou a elevar seus pensamentos no Criador Verdadeiro e Eterno de todas as coisas, criando força mental que as liga a entidades benfeitoras sempre dispostas a socorrer as criaturas que, verdadeiramente, dispõem-se, apesar das harmonizações a fazer. Isso não é fácil, porém ocorre. Mas não imaginem que só por isso esses nossos irmãos sofredores estarão bem ou equilibrados.

— Esses espíritos socorridos passam a ver e a entender as diversas reencarnações num passado de erros e os reparos que terão de fazer? Sabem que devem tornar-se tarefeiros abnegados, não é? — acreditou Álvaro. — Pois o sentimento de gratidão que experimentam por serem libertos dessa escravização trevosa é imensurável.

— Engana-se, meu querido Álvaro — comentou Elma, benevolente. — As torturas, as humilhações, os sofrimentos inenarráveis debilitam a mente desses espíritos e muitos milhares, apesar de entenderem e desejarem o socorro misericordioso, permanecem em verdadeiros hospitais sanatórios, colônias espirituais adequadas a casos diferentes e próprios por muito tempo. Mesmo com todas as terapias proporcionadas, continuam com os delírios pavorosos, os gritos aterradores, as atitudes agitadas e agonizantes pelos traumas que não podem ser evitados.

A conduta mental e desequilibrada desses espíritos — prosseguiu ela —, própria das atitudes de remorso e sofrimento psíquico, resulta no difícil ou impossível entendimento sobre a pluralidade das existências terrenas, sobre o socorro feito por entidades benevolentes.

Eles passam décadas traumatizados e aterrorizados — comentou ainda —, creem, ao ver os enfermeiros e socorristas espirituais cuidando deles que são anjos, ou seja, espíritos que sempre foram puros e servem a Deus. Por isso é impossível tirar-lhes a noção de céu e inferno, de anjo e demônio. Eles vivem alucinados, em constantes preces fervorosas, por medo de retornarem de onde vieram, e em crises de pesadelo pelo que sofreram ou fizeram sofrer. — Breve pausa e disse: — Estou lhes apresentando um breve resumo de processos e ocorrências repletas de elaborações, cuidados de casos incontáveis e diferenciados. No entanto, em face do difícil esclarecimento desses irmãos, na espiritualidade, eles são encaminhados ao reencarne, levando consigo, na inconsciência de sua fé, crenças que exibem seus traumas pelo que viveram nas furnas como escravos ou servos assediadores de encarnados para legiões terríveis.

Aproveitando-se do silêncio da instrutora, Romildo indagou curioso:

— Quais as crenças que eles trazem quando reencarnam? É bem possível que, no mínimo, acreditem em Deus.

— É isso que acontece — tornou Elma. — Eles creem fervorosamente em Deus e em satanás. Acreditam em demônios que dominam os homens e se aproveitam deles para as perversões e perturbações. Admitem a crença em céu e inferno. O mais triste é acreditarem que Deus nunca socorre Seus filhos das profundezas do inferno, que Deus nos perdoa ou nos condena, que não temos oportunidade de harmonizarmos o que desarmonizamos. Acreditam que basta pedir perdão por seus crimes e erros, para que entrem no paraíso e deixem de ser pecadores no momento em que se convertem e se batizam. Creem que não terão de corrigir o que fizeram de errado depois disso. Abominam a ideia de reencarnação pelo medo inconsciente da Lei de Causa e Efeito, pela qual corrigimos, harmonizamos ou experimentamos o que fizemos de mal aos outros. Eles não largam a Bíblia, inclusive, decoram o que lhes é conveniente. Têm pavor da comunicação de espíritos, mesmo sabendo que mensagens de amor, de paz e do Evangelho do Cristo são instrumentos de consolação e esclarecimento. Acreditam que toda comunicação com espíritos é obra do maligno e significa conversar com demônios. Esquecem-se de que o Mestre Jesus, na transfiguração[18], presenciada por Pedro, Tiago e João, conversou com Moisés e Elias, que já estavam mortos. Nessa passagem Jesus também afirma a reencarnação ao dizer que Elias já tinha vindo, mas não o tinham reconhecido, e os apóstolos entenderam que Ele falava de João Batista.

Encarnados — prosseguiu a benfeitora —, esses irmãos, em aprendizado terreno, depois de décadas ou séculos passados em sofrimentos tormentosos, não deixam de dar Graças a Deus com cantos

---

18. N.A.E.: Mateus capítulo 17.

de louvores, choros e gritos porque trazem, no inconsciente, os traumas que sofreram e temem, novamente, experimentar. Por essa razão, agem como alucinados, criando vibrações e sintonias com alaridos, que poderiam ser chamadas de insanas.

Entretanto, jamais podemos criticá-los em suas crenças e práticas — disse Elma olhando para Romildo que, nesse instante, pareceu querer dizer algo. — Isso faz parte da evolução de cada um e Deus permite que aconteça, pois temos o livre-arbítrio e podemos traçar e escolher nossos próprios caminhos. Por ser uma proposta de evolução permitida pelo Pai da Vida, se criticarmos tais atitudes, estaremos censurando a Deus. Além disso, quantos de nós, em experiência semelhante, não agimos ou agiríamos como eles?

Romildo parecia remoer-se. Sem conter indagações íntimas, comentou:

— Eles deveriam ficar atentos à passagem do Evangelho em que Jesus ensina que para orarmos, devemos entrar em nosso quarto e orar em segredo, porque os hipócritas oram em pé para serem vistos pelos homens e que orando não devemos usar de vãs repetições como os gentios que pensam que, por muito orarem, serão ouvidos.

Elma não ofereceu trégua e amorosamente ensinou:

— Jesus também nos ensina, nesse mesmo Evangelho: "Não julgueis para não serdes julgados. Aquele que estiver sem pecado, que atire a primeira pedra". E Ele ainda alertou: "Hipócrita, tira primeiro a trave de teu olho e então verás como hás de tirar o argueiro do olho de teu irmão".

Um de nossos vícios terríveis é ver o mal alheio antes de enxergar o nosso. — Acrescentou a instrutora que continuou: — Por isso, meus queridos, se não somos capazes de compreender a oportunidade que Deus oferece para a regeneração desses nossos irmãos, ao nos incomodarmos com seus atos e suas crenças, tenhamos ao menos humildade de começar a adquirir paciência e amor ao próximo como Jesus ensinou. Se nós fôssemos evoluídos, não estaríamos aqui.

Após o silêncio, que reinou para a reflexão de todos, Elma voltou a instruir:

— Se há legiões e falanges trevosas e exércitos de espíritos que lhes obedecem por aliar-se, querer vingança e afinizarem-se na crueldade, é porque há um líder que governa essa furna de escravidão. O intuito é de combater os ensinamentos de Jesus, por isso são comuns os ataques constantes àqueles que socorrem e instruem.

Mas o trabalho no bem prossegue pela fé, pela assembleia de amor das entidades superiores que nos socorrem diante de nosso amor, de nossa crença no Cristo que nos prometeu salvação. — Sorriu e continuou: — Aquele que um pouco se eleva e prova gotas generosas de benevolência sublime e da paz legítima em mundos melhores — disse Elma, referindo-se a colônias espirituais de esclarecimento — deseja que seus amados experimentem a elevação verdadeira.

Entendemos que é preciso harmonizar o passado de erros — disse ainda —, aprender e servir com perseverança e humildade, auxiliar a muitos no caminho, pois só assim ajudaremos aqueles a quem desejamos socorrer. Só assim, aprenderemos o que significa "amar ao próximo como a si mesmo", Apenas o bem vence o mal. Apenas o amor é superior ao ódio.

— Elma — disse Silmara, parecendo preocupada —, se esses líderes de falanges tenebrosas, que desejam escravizar, que agem sob o comando de um governante cruel cuja mente domina, pune e tortura, quiserem agregar um grande número de irmãos para suas atrocidades e exibirem poder de força, usarão o desequilíbrio em massa para um abismo mascarado nas ilusões terrenas. Conseguirão isso pela sutileza de ressaltar as paixões tentadoras, pelos desejos lascivos, pelo desvio da libido, pelo sexo leviano e sem compromisso, pelos exorbitantes prazeres compulsivos em que se origina a corrupção no erotismo, prostituição, exibicionismo, voyeurismo, necrofilia, sadismo, masoquismo e muito mais! A alma da criatura humana que se desestabiliza em vista desses prazeres viciosos estará devastada pelos miasmas, fluidos, deformidades no abuso do sexo. Mesmo que encarnada experimente algo que considere felicidade, ao desencarnar, não poderá escapar de experiências profundamente perturbadoras! Estou errada?

— Não, meu bem. Você está correta. Esses espíritos trevosos, que desejam arrebatar em massa aqueles em experiência terrena redentora, vão envolvê-los com sutileza e delicadeza, fazendo-os querer ver uma cena picante de algum programa, atentar para uma imagem sensual de um homem ou uma mulher, geralmente artista, atrair sua atenção a notícias ou documentários sobre sexo, apresentado de forma lasciva, induzindo a equívocos e desequilíbrio, considerando perfeitamente normal. Devemos lembrar que todos temos direito à liberdade sexual, mas leis imutáveis da Natureza nos mostram que temos deveres de harmonizar e corrigir o desequilíbrio que essa liberdade gerou moral e espiritualmente a nós e aos outros.

O sexo, como já disse, não é pecado. Não é sujo. Não é errado. É energia criadora e o que vamos criar com essa prática é de total responsabilidade nossa.

No sexo, na relação sexual dos encarnados que se amam e se respeitam, que não necessitam de apetrechos nem de incentivos levianos para se relacionarem, para quem o carinho e o amor são o bastante, existe a troca de energias perispirituais salutares que os complementam, que os preenchem de fluidos vitais, ternura e amor.

Não estou falando de descarga orgástica, que o indivíduo pode até conseguir sozinho. Falo de algo mais sublime do que isso. Falo de amor. — Ofereceu breve pausa e prosseguiu: — Pessoas que fazem sexo sem compromisso moral, sem afeto e sem amor, são acompanhadas de espíritos levianos e lascivos que se aproximarão delas nesse momento.

Também não estou dizendo que uma roupa agradável e chamativa, que uma música romântica ou um clima romântico não possam existir nesse momento — ela lembrou. — Muito pelo contrário. O relacionamento sexual não pode ser mecânico, frio e mórbido. Deve existir a conquista e o incentivo. As palavras de carinho e sedução para um momento entre pessoas que se respeitam e se amam são importantes e devem ser empregadas, mas sem fetichismos.

Já presenciei incontáveis vezes entidades superiores envolvendo em romantismo casais nobres e respeitáveis para o relacionamento sexual, necessário para o reencarne de criaturas queridas.

Inquieto, aproveitando-se da pausa oferecida por Elma, Romildo disse:

— Então a prostituta de que nos fala o Apocalipse é o sexo pervertido e leviano que se assentará sobre os povos, as multidões e nações?

— Não é só isso — tornou Elma. — Não podemos esquecer a besta e os falsos profetas que enganarão a muitos.

O silêncio foi absoluto. Todos pareciam se recolher em profunda reflexão.

# 24

## O socorro de Lúcio

DEPOIS DE tantos ensinamentos, Elma recolheu-se dos demais e, sem ser chamativa, pôs-se em humilde e comovente prece e agradeceu a oportunidade e a proteção divina que tanto vinham recebendo.

No dia seguinte, a instrutora aproximou-se dos alunos e avisou com generosidade:

— Faz-se necessária minha presença em outro lugar. Fui chamada. Terei de deixá-los aqui neste posto de serviço onde ficarão sob a orientação amorosa de nosso querido Adir, mentor e encarregado dessa iluminada guarida que serve a muitos. Ele, à medida do possível, vai encarregar-se de levá-los a locais e situações onde poderão aprender. Não posso levá-los. Voltarei em breve. Jesus os ilumine, meus queridos — finalizou, beijando-os e observando-os com olhar terno por poucos segundos.

Como se desmaterializasse na frente dos alunos e, sem aguardar perguntas, a benfeitora partiu, deixando-os quase atordoados.

\* \* \*

Em fração de segundos, Elma encontrava-se com a amiga Gisela, que já a aguardava com prestimosa ternura.

Após abraçar a companheira que regressou à Colônia da Paz, ela informou:

— Toda a atenção e proteção possível foi dispensada a Lúcio. Percebemos que a ligação obsessiva de encarnados que se remoíam em ódio incessante, criando resistência e dificultando seu entendimento, provocando-lhe inenarráveis dores, assombros intermináveis e perseguições, diminuíram significativamente desde o início dos trabalhos na crosta. Como esperávamos, nosso querido Lúcio vem reagindo, refletindo com raciocínio lógico sobre seus erros. Deduzindo que, se errou, pode acertar. Se está no inferno, deve haver um céu. Mas o sentimento de culpa, o remorso por ter se fartado nos prazeres abusivos do sexo, das drogas e a forma como corrompeu e comprometeu a vida de outras pessoas, bem como as acusações e as torturas que recebe de outros sofredores, zombadores cruéis, fazem-no declinar e perder o pouco de fé que criou. Então voltam as perturbações, as misérias terríveis do "sítio de dores", a que está confinado. Minha amiga, a maior preocupação é com as informações que nos chegam de socorristas elevados dessas zonas inferiores. Eles avisaram sobre a perseguição àqueles que devem ser levados a Cidades Estranhas, furnas onde são punidos, escravizados e agregados futuramente a exércitos revoltados, que servem a líderes tenebrosos e governo tirano. Tememos por Lúcio, que começa a irradiar tímido desejo de fé, pois os irmãos ignorantes preferem irmãos como ele que conseguem reconhecer e compreender que estão sendo punidos e julgados. Alguns dos que estão em estado de perturbação muito intensa não conseguem entender sua situação, por isso não lhes interessam. Mas trago boas novidades. Nosso Ministro amoroso e compreensivo já colocou à disposição socorristas que poderão auxiliá-la em visita a Lúcio no "sítio de dores" e que, mesmo sob trevas espessas, poderão penetrar, em sua companhia, claro, mas com todas as precauções. Só aguardamos por você, porque sabemos que uma entidade, em estado de entendimento harmonioso, que teve grau de parentesco considerável com o espírito em estado de perturbação pode e tem condições de envolvê-lo nesses instantes de lucidez, em que tem desejo de socorrer-se e fé. — Para encerrar, Gisela ainda disse: — Só que, conforme os socorristas já nos avisaram, todo cuidado deve ser redobrado, uma vez que legiões estão indo e vindo naquele sítio.

— O flagelo não vigora onde existe fé verdadeira em Jesus e responsabilidade em servir — disse Elma, com surpreendente fé. — Abençoado aquele que nos incentivou e concedeu socorro providencial aos que se erguem do lodo, arrependem-se dos erros e se afligem pela situação, buscando alguma Luz no coração e no entendimento. "Bem-aventurados os que choram, pois esses serão consolados". — Tomando as mãos da amiga querida, olhando-a nos olhos reluzentes, Elma abriu o coração com expressivo sentimento: — Desejo ir, sem demora, ao socorro de meu amado Lúcio. Com a ajuda de Jesus, com Suas bênçãos santificantes, hei de conseguir envolver meu querido.

Gisela sorriu, com esperança e intenso júbilo na expressão, e a seguir solicitou humilde:

— Permite que eu a acompanhe?

Com brilho acentuado no sorriso e lágrimas prestes a rolar, Elma perguntou emocionada:

— Como não querer ajuda, companhia e apoio de alguém tão especial em minha existência? — Abraçando a amiga espiritual, avisou: — Amizade verdadeira é a que nos sustenta em todos os momentos, mesmo não estando junto. É aquela que compreende nosso sentimento de tristeza ou nossa necessidade de isolamento. É a que divide uma gota de felicidade, mesmo que momentânea.

É a que não cobra a presença e aceita a distância pelas necessidades dos imprevistos da jornada, sempre sem questionar. É a que nos alerta dos erros, mas sem a amargura de uma censura. Sem sua amizade, minha irmã, como sobreviver com esperança diante dos nossos flagelos íntimos ou desastres em nossa jornada? Como saber se podemos ser úteis e servir? Como nos erguer dos percalços, dos vícios, dos erros e reconhecer que o amanhã pode ser melhor, diante da harmonia que podemos proporcionar? Sem uma amizade, como receber o alerta de que existe um Deus bom e justo? Obrigada por me ofertar o amor de sua amizade.

— Mas sou eu quem lhe devo tanto, Elma! — disse Gisela, chorando emocionada. — Como pode considerar-me assim?

— Você não conhece todo o seu passado, minha amiga. Foi muito útil na vida de minha querida filha. Mas nada de recordações nesse momento — disse, sorrindo e esperançosa. — Trabalharemos sem descanso, mas iluminados pelas bênçãos do Mestre Amigo. Sua companhia será de muita sustentação para mim, minha amiga.

* * *

Sem demora, Elma, Gisela, Dário e Tácio excursionaram rumo a um lugar onde estagiavam mentes em extremo e longo estado de perturbação.

Desceram até regiões desoladoras, de paisagens mórbidas, sombrias. Chegaram ao "sítio de dores", assim chamado pelo estado deplorável e pelas lamentações infindáveis dos inúmeros desencarnados que ali se prendiam por abusos, vícios, orgulho, egoísmo, vaidade e arrogância em prazeres terrenos.

Grupos de espíritos hostis, com aspecto horrendo e deformados, gargalhavam e zombavam em visível desequilíbrio e verdadeira demência, proferindo palavras vulgares, palavrões indizíveis e ideias sujas. Enquanto outros, com aparência macabra e abrutalhada, que molduravam o perispírito de modo bisonho, maltratavam, com agressividade gratuita e prazerosa, os que estivessem em seus caminhos.

Em inenarráveis paisagens estranhas, pavorosas e sufocantes ainda se encontravam aqueles que, sob forte impressão das doenças e infecções diversas que experimentaram na vida terrena, desencarnaram sem harmonização da consciência, sem o perdão a si mesmos e aos outros, sem reeducarem o corpo e o espírito. Eles moldavam a aparência com as horríveis consequências das moléstias, sofrendo suas dores e convertendo o remorso, que sentem e os castigam, em delirante desespero e gritos cortantes e pavorosos. Libertos do corpo de carne, esses espíritos, viciosos e vaidosos, sofrem mais do que quando no corpo físico, por causa da penosa realidade que agora se apresenta sem máscaras nem ilusões[19].

Era nesse pântano repulsivo e fétido, vale de sofrimentos imensuráveis, que Lúcio vagava, ora lúcido, ora atordoado, ganhando noção de elevação e fé, mas arrastando-se a passos vagarosos, como se quisesse sair dali e chegar a lugar melhor.

As fortes vibrações inferiores daquela extensa região tenebrosa exigiam que Elma e seus companheiros diminuíssem a luminescência que lhes era própria, transformando-se, para as criaturas que habitavam aquele charco, em espíritos que não chamavam nenhuma atenção, pois não poderiam exibir recursos ou intenção de socorro.

Ao encontrarem dois outros companheiros, aparentando as mesmas condições de transformação e que trabalhavam como socorristas anônimos, Elma e seu grupo foram avisados sobre espíritos sinistros que estavam atacando para agredir ou lutar.

— Agradecemos a informação e seguiremos com cuidado, com Jesus em nosso coração — disse Elma, transmitindo-lhes a informação somente pelo pensamento.

---

19. N.A.E.: Em *O Livro dos Espíritos*, as questões 255 e 256 explicam bem esse estado.

Avançando um pouco mais, puderam ver Lúcio caminhando na direção de um facho de luz bruxuleante, o qual teimava em passar pelo bloqueio da fumaça cinzenta que sempre cobria o céu.

— Deve ser dia nesse inferno — falava Lúcio consigo mesmo.

— Tenho de ficar sob essa luz. Preciso ver o sol e rezar a Jesus. Se Ele me vir, há de socorrer-me...

Enquanto caminhava com passos trôpegos, um bando de malfeitores passou correndo por ele, atacando-o e jogando-o ao chão, enquanto gritavam, blasfemavam e zombavam impiedosamente.

— Suicida! Assassino!!! Seus prazeres o levaram à morte, desgraçado! E matou os outros também!

Após desferirem vários palavrões, frases e o agredirem, deixaram-no no solo, imerso no lodo pútrido, e seguiram na direção do grupo de Elma.

Encarando-os, um deles falou:

— Recém-chegados, hein?! Vieram conhecer o inferno?! — riu, sarcasticamente, e acrescentou: — Eis as boas-vindas!!! — Erguendo objetos estranhos, usados em agressões, como se fossem clavas medievais, desferiram golpes que atingiram Dário, Tácio, Elma e Gisela.

Depois de muita ofensa e palavrões proferidos pelos agressores, Elma e os demais prostraram-se de joelhos, de cabeça baixa, recolhidos em prece silenciosa. O grupo hostil seguiu gargalhando assombrosamente.

Elma ergueu-se primeiro e, em pensamento, pousando as mãos no ombro dos companheiros, lembrou com ternura e amor:

— O amado Mestre Jesus foi açoitado e dobrou-se de joelhos diversas vezes com o peso de uma cruz que não Lhe pertencia. Ainda crucificado, pediu ao Pai para que perdoasse os que lhe fizeram sofrer, pois não sabiam o que estavam fazendo. Levantemos com humildade, meus amigos, porque o trabalho de socorro é a cruz que nos pertence hoje.

A capacidade de entender e perdoar fez o grupo se erguer. Unidos em abraço fraterno, todos se entreolharam, sorriram brandamente e seguiram.

A poucos passos, Lúcio, com poucas forças, ainda ajoelhado, repleto de chagas e cadavérico, com feridas que não cicatrizavam e lhe doíam extremamente. Lágrimas copiosas rolavam por sua face agora desfigurada pelo remorso e pela humilhação.

— Deus! Socorra-me, Deus! — sussurrava. — Sei que mereço o inferno pelo muito que abusei... por tudo o que fiz... mulheres que conquistei e desprezei depois!... Pelo sexo vicioso, compulsivo e de prazeres carnais... Prazer louco, irresponsável, que me fez adquirir o vírus da punição... — Lágrimas corriam copiosas e sua voz embargava inevitavelmente. — Pensei que tudo terminaria com a morte, mas não foi assim. Mereci o inferno... Mas Deus! Olhe, veja... Nunca fui religioso, mas Jesus disse alguma coisa sobre o Senhor ser bom... disse para pedir... e que nos seria dado... — Em pranto fervoroso, que lhe fez uma luz no peito, rogou: — Tire-me daqui, oh, Deus! Um Deus bom e justo não nos deixa sob punições e assombros eternos... Eu sei que quis comprar Seu perdão quando entreguei grandes valores para os que disseram que eu seria curado, que eu iria para o paraíso com aquelas doações consideráveis... Mas agora entendi, acho que entendi que Seu amor e Seu perdão dependem de nosso amor, que Sua bondade depende do arrependimento sincero e da fé verdadeira... Chega, meu Deus! Não posso mais ficar aqui...

Com as mãos cobrindo-lhe o rosto, Lúcio chorava e soluçava copiosamente, prosseguindo em súplica fervorosa em pensamento, entretanto, reconhecendo-se como criatura desventurada, que podia ser socorrida pela intenção verdadeira.

A ligação religiosa verdadeira estava restabelecida pela fé, pois religião significa ligar-se a Deus e isso não depende de qualquer doutrina, mas sim de um coração puro.

Lúcio, ainda em pranto, percebeu uma claridade diferente que o fez retirar, vagarosamente, as mãos da face e, no mesmo instante, percebeu um toque suave e generoso em seu ombro.

Com os olhos nublados em meio a uma visão enfumaçada, fitou Elma a sua frente, que lhe sorria generosa e comovida.

— Quem é você? Um anjo? — perguntou, trêmulo.

— Não, meu querido. Somos irmãos em Jesus.

— Ouviu minhas preces e veio socorrer-me?

Elma sorriu amorosa e verdadeiramente emocionada, porém com pensamentos firmes e nobres, pois não poderia ser vacilante em nenhum sentido. Ela se ajoelhou a seu lado e informou:

— Viemos socorrê-lo várias vezes, mas somente sua prece, que traduziu a verdade de seu coração, ligou-o ao Deus de amor, bom e justo, permitindo que elevasse sua vibração para o desejo de um lugar melhor, acreditando na Providência Divina que não decreta inferno eterno a ninguém. Com isso, você mudou a sintonia de suas opiniões e passou a nos ver, possibilitando seu socorro.

Lúcio chorava, quando tentou dizer:

— Mas eu estou... — não conseguiu se manifestar. Perdeu as forças.

— Silencie agora, meu querido — pediu com imensurável carinho. — Precisamos sair daqui o quanto antes.

Estendendo-lhe as mãos delicadas, como se o convidasse para um abraço, ela sorriu. Lúcio, ainda em pranto, acomodou o rosto em seu ombro, aceitando o fraterno carinho repleto de sentimentos e vibrações que jamais experimentara antes.

Um instante depois, com o magnetismo que lhe era peculiar, Elma o fez imergir em profundo sono. Lúcio largou-se completamente, como se desfalecido.

Gisela, meiga e feliz diante da cena comovente, afagou a fronte do socorrido, sorriu para a amiga e avisou:

— Devemos seguir rápido. Já se pode perceber energias muito mais trevosas de grupos hostis que se aproximam.

— Sem dúvida — aceitou Elma.

Dário e Tácio, que estavam em constante prece de sustentação para aquele momento de socorro, ajoelharam-se perto da benfeitora que tanto amavam e respeitavam. Por um segundo, não conseguiram conter as lágrimas de júbilo e agradecimento pelo relâmpago de recordações de experiência semelhante, num passado distante, em que a própria Elma, abnegada e solícita, do mesmo modo lhes proporcionou zeloso socorro de amor.

Encarando aqueles olhos divinos, de onde vertiam lágrimas discretas, os dois companheiros estenderam à Elma os braços fraternos para sustentar Lúcio, inerte, e levá-lo até o lugar ideal para sua recomposição e devidos esclarecimentos.

Bondosa, afagando a fronte de seu amado agora nos braços dos companheiros que se ergueram, Elma proferiu breves palavras de agradecimento e cerrou os olhos, levantando a cabeça para o céu, colocando-se em fervorosa rogativa.

Criaturas monstruosas e das sombras, que os circundavam e observavam a movimentação, incomodados e sem entender o que acontecia, desferiram palavrões e gestos agressivos. Incentivados por serem em número maior, começaram a aproximar-se com o intuito de investir.

A comunhão de Elma, pela prece, com entidades superiores que os demais não podiam ver, fez raios de forte luz irradiarem de seu peito. Ao mesmo tempo, névoas trevosas, que cobriam o céu logo acima deles, abriram-se para a passagem de fluidos cintilantes de luz abrilhantada, parecendo espargir de grandioso diamante excelso.

Tais efeitos santificantes cegaram os que pretendiam atacar. Fizeram alguns se prostrarem enquanto cobriam o rosto deformado. Outros fugiram amedrontados.

Energias superiores esplêndidas envolveram os socorristas que, com o coração transbordando de fé e felicidade, partiram em subida para lugar adequado.

Fora das zonas inferiores e após providências e cuidados devidos a Lúcio, Elma, amorosamente, aproximou-se dos amigos queridos e envolveu-os num abraço afetuoso e repleto de emoção.

— Nunca esquecerei tanta bondade e devotamento nesta tarefa de socorro. Não há como lhes agradecer. — Em tom humilde, disse: — Só me resta rogar ao Mestre Jesus muita luz em seus caminhos. Serei eterna devedora a vocês.

— Não diga isso, abnegada Elma — disse Dário, emocionado. — Nós é quem somos seus eternos devedores. Por mais que tentarmos ajudá-la, jamais saldaremos a dívida do socorro amoroso que nos proporcionou quando agonizávamos, há séculos, em regiões infernais[20].

— Faço das palavras de Dário as minhas — concordou Tácio.

Elma simplesmente sorriu. Agradeceu novamente e orientou:

— Agora voltem à Colônia da Paz. — Voltando-se para a companheira, pediu educadamente: — Gisela, minha amiga, agradeça ao Ministro por mim. Tenho urgência em retornar à crosta para junto dos desvelados alunos, e ele sabe disso. Em breve, terminaremos ao que nos propusemos. Retornarei com eles e agradecerei o apoio oportuno e atencioso pessoalmente ao Ministro da Colônia da Paz.

Após fortes sentimentos trocados com a ternura de olhares que exprimiam intensa emotividade, despediram-se sem palavras e partiram para seus destinos.

---

20. N.A.E.: É importante salientar que Deus não criou o inferno para confinar eternamente qualquer um de Seus filhos que ainda não está suficientemente aprimorado, nem criou um céu, um paraíso para os Seus filhos pródigos. Os nossos próprios pensamentos, as vontades silenciosas para os desvios são, sem dúvidas, forças criadoras que podem desarmonizar a nós mesmos. A nossa consciência, que se liga, indefinivelmente, às Leis de Deus, possui o poder da razão e da obrigação das corrigendas para a harmonização dos erros provocados pela força de nossos desejos em nossas compulsividades, vícios, orgulho, arrogância etc. É a nossa própria consciência que nos perturba, pois as Leis de Deus estão registradas nela. "Já que não temos uma palavra para cada coisa": Inferno, Umbral, zonas inferiores, furnas, submundos, entre outros, não passam de termos utilizados para denominar lugares na espiritualidade de tenebrosas criações mentais que cada um de nós somos capazes de dar existência com a energia do pensamento, estando nós encarnados ou desencarnados. Isso fazemos por meio de ideias maliciosas ou maldosas, dos palavrões, das práticas errôneas e é para esse lugar com o qual nos afinamos pela energia que despendemos, que vamos nos atrair quando desencarnados.

# 25

## O retorno de Elma

FELICIDADE indescritível traduziu-se no rosto dos alunos de Elma, quando a viram de volta ao posto de serviço que os recolhia.

Após cumprimentar Adir, espírito responsável por aquele abençoado lar, que a recebia com expressiva simpatia, Elma voltou-se aos alunos, que exibiam grande expectativa.

— Não sabe o quanto estávamos apreensivos! — exclamou Romildo, preocupado e feliz.

— Ora, meu querido — respondeu afetuosa, mas com certa brincadeira na argumentação —, acaso não ficaram bem? Tiveram algum problema? — sorriu, já sabendo da resposta.

— Não. Lógico que não — afirmou o aluno mais curioso do grupo. — Adir nos tratou como pai amoroso, mas... é que...

— ...sentimo-nos órfãos de mãe! — Álvaro completou a frase de Romildo, sem que ninguém esperasse.

Elma sorriu. Abraçou-os com maternal carinho e comentou:

— Apesar de minha pequenez, acho-me capaz de compreender um pouquinho do amor que o Pai Celeste tem por nós. Pois trago um grandioso sentimento, que ouso chamar de amor, por vocês, alunos queridos, por aqueles que se deixam socorrer depois de longo estado de perturbação, envolvendo em meus braços como se fosse meu filhinho querido e desprotegido, necessitando do calor de meu coração, e por aqueles queridos que ainda insistem em meios próprios e equivocados... Como quero ajudá-los!

A emoção que vibrava forte no peito de Elma deteve suas palavras. Novamente sorrindo, ela desfez o envolvimento generoso e perguntou:

— Não nos resta muito a observar sobre os desafios, as paixões e os vícios terrenos. Apesar de tantos milhões de experiências diferentes e particulares, o pouco de que tomamos conhecimento é quase satisfatório para ter uma noção do caminho que a humanidade segue e do que podemos fazer para não seguirmos rumos equivocados e confusos, que nos inclinem às paixões silenciosas e vícios desequilibradores. Isso porque encarnamos para superar e vencer nossas más tendências.

— Elma — quase interrompeu Romildo, animado —, já nos levou a orfanatos de crianças que nasceram com HIV e terão oportunidade de reeducar-se como espíritos, com a ajuda daqueles que precisam também harmonizar-se. Você descreveu e nos mostrou casos de espíritos com necessidade de nascer e permanecer com a mãezinha já portadora do HIV, como o do Higor. Apesar de não ser fácil, poderia nos mostrar ou falar de algum caso em que os pais sadios têm um filho pequeno portador do HIV?

— Esse é o roteiro de observação seguinte — informou a instrutora, com esboço de leve sorriso. — Está lendo meus pensamentos, Romildo?

O aluno ficou sem jeito e, pela primeira vez, não teve nada para comentar, enquanto os demais riram.

Imediatamente, em companhia dos alunos animados, Elma deixou o posto de serviços espirituais.

No caminho, que percorriam ao modo de encarnados, observavam os transeuntes encarnados que iam e vinham.

— Um número muito grande de encarnados traz consigo incontáveis espíritos que se afinam com eles pelos pensamentos e desejos semelhantes — observou Romildo, com tranquilidade. — Quando estamos em experiência terrena, reclamamos da vida, das condições que enfrentamos, mas não admitimos que a causa de todos os nossos males e incômodos são nossos próprios pensamentos, negativos ou lascivos, os palavrões pútridos que nos envolvem de energias miasmáticas nojentas e repugnantes. Ou temos ideias ambiciosas, arrogantes e repletas de orgulho, sobretudo o orgulho de não admitir que estamos errados. Não adianta se cobrir de ouro e usar roupas belas e caras, nosso perispírito expressa o que somos, e somos o que pensamos.

— Vejam aquela mulher — apontou Elma com discrição. — Ela abraça tarefa fraterna de socorro e auxílio a muitos irmãos. Suas atitudes são nobres e valorosas, mas, infelizmente, seus pensamentos traçam mecanicamente certa cobrança a Deus e aos amigos espirituais benevolentes que a acompanham. Por ter consciência da tarefa edificante que realiza, não se acha no direito de experimentar dificuldades com os filhos, com a viuvez, que lhe traz solidão afetiva, com a situação financeira sempre desfavorável... Ela tem ideia fixa de arranjar um companheiro que realize seus caprichos, que satisfaça seus luxos silenciosos, pois quando teve o suficiente, ainda nesta experiência de vida, regozijou-se na abastança e desperdiçou, mesmo que não admita, por orgulho e vaidade, ter feito isso. Hoje ela experimenta o que não valorizou. Só que o companheiro de que sente falta é alguém que, segundo seus desejos, beijaria seus pés, realçaria seus valores, nutrindo sua vaidade e proporcionando prazeres sexuais que alega nunca ter experimentado. Além disso, ela, às vezes, imprime malícia em algo que vê, ouve ou pensa. São esses pensamentos que atraem espíritos lascivos e desejosos por sexo desequilibrado. Esses espíritos acercam-se dela, ligando-se pelos pensamentos, e ativam-lhe os desejos de descarga orgástica, excitando-a enquanto se imantam a ela. Quando ela não resiste a seus sentimentos, acreditando que são simplesmente resultado de solidão e da falta de um complemento, chora inconformada e entristecida por não ter alguém, por não ter uma situação melhor, por ter muitas coisas para resolver, por trabalhar para suprir as necessidades da casa e por harmonizar os filhos que, inconformados com as dificuldades, entram em desavenças por mínimas coisas.

Com frequência — ela prosseguiu —, essa pobre irmãzinha imagina que suas atividades fraternas de assistência e socorro aos outros deveriam garantir-lhe o sustento, a estabilidade econômica e o equilíbrio sentimental por meio de um homem que a venere.

Em meio a tudo isso — continuou a instrutora —, nossa irmã cria vibrações pesarosas e terríveis que endereça ao marido desencarnado, condenando-o por seus atos, pelos problemas que deixou para serem resolvidos, pela falta de uma pensão que lhes garantisse o mínimo para a alimentação, acusando-o também de suicida pelo desencarne precoce, com câncer galopante, causado por abuso do fumo e álcool. Essas vibrações causam ao desencarnado um sofrimento impressionante.

Apesar de ter conhecimento — Elma comentou para desfechar —, essa mulher deixa pairar em torno de si e em seu lar uma nuvem de miasmas terríveis, criados com seus próprios pensamentos, atraindo espíritos ignorantes, vis e zombadores, desejosos de desequilibrá-la e até de levá-la à loucura e à depressão, estado emocional de aflitivo desgosto.

Não suportando a curiosidade, Romildo perguntou, ligeiro, diante da pausa:

— Mas ela não realiza os trabalhos fraternos que abraça com amor? Como, então, tem forças para essas tarefas de caridade? Como pode entender que a caridade é o caminho da salvação e deixar que os pensamentos vaguem em torno de sentimentos que sabe ser inferiores? Além disso, onde ficam esses espíritos inferiores no momento em que ela se dedica a obras fraternas, se sabemos que entidades sábias e benfeitoras são as mentoras dos trabalhos de amor?

— Sem dúvida, onde há trabalho fraterno elevado, há entidades benevolentes que envolvem aqueles que se dedicam a ele — Respondeu a instrutora. E prosseguiu: — Entretanto, espíritos superiores não formam quadrilhas que prendem e escravizam outros espíritos. Longe disso, eles só trabalham para o bem, enquanto que os irmãos desencarnados que ainda insistem na perversidade e em atrapalhar os invigilantes aguardam pacientemente a distância aqueles que querem envolver ou perseguir. Esses espíritos inferiores sentem-se repelidos pela luz e pelas bênçãos santificantes que espargem dos locais onde tais tarefas são realizadas. Nossa irmã, apesar de todo o seu conhecimento, deixa-se anestesiar de tudo que aprendeu. Quando ela se dedica com amor e de modo prestativo à tarefa fraterna, é envolvida por entidades nobres e os espíritos inferiores que desejam envolvê-la aguardam a distância. Ao deixar a tarefa de elevação ela permite que seus pensamentos se impregnem de sentimentos de solidão e ausência de algo que não consegue definir, voltando à companhia desses espíritos. É tão lamentável... — explicou amorosamente a instrutora. — Como você mesmo disse, Romildo, sofremos com o que criamos em nossos pensamentos, pois somos o que pensamos. Algumas pessoas, por mais que tenham, nunca se realizam nem são felizes. Devemos lembrar que uma pessoa é totalmente feliz somente consigo mesma, pois a felicidade não depende de complementos. Para a pessoa feliz, a solidão é um momento de prazer, em que ela está em paz consigo mesma, pois seu coração está repleto de harmonia para com Deus. Ela não chora por estar só, nunca reclama pelas dificuldades a enfrentar, pois entende que são desafios para harmonizar, com resignação amorosa e sem queixa. As pessoas felizes consigo mesmas são agradáveis e gentis na companhia de outras ou rodeadas por conhecidos. Geralmente, atraem criaturas iguais a elas e não se importam com os que discordam de suas ideias ou fazem qualquer comentário negativo.

Aproveitando-se da pausa, Silmara comentou:

— Podemos dizer que ser feliz não depende da companhia que temos, do lugar onde vivemos, nem do que conquistamos materialmente. Ser feliz depende de nossa concepção mental.

— A felicidade, a harmonia interior e o equilíbrio são departamentos do espírito, não da vida — explicou Elma sempre serena.

— São pessoas não realizadas ou insatisfeitas consigo mesmas que procuram na bebida, comida, aventuras, sexo, drogas, fumo, jogos e em tantos outros vícios algo que lhes deem prazer, embora não saibam o que procuram. Esses prazeres físicos, de toda ordem, podem trazer-nos sérias consequências, muitos tormentos e reajustes.

— Então é errado querer uma companhia e desejar ter um parceiro ou uma parceira? — indagou Romildo.

— Não. Não é errado desejar ter ao lado alguém que nos complemente, a quem possamos dedicar amor, carinho e agradecimentos. Alguém de quem possamos receber amor, carinho e agradecimentos. Quem não quer ter a companhia de alguém agradável? É errado desejar escravizar alguém a seu lado para realização de seus desejos íntimos, alguém que o retire das obrigações diárias, alguém que se prenda e não faça nada pelo próprio progresso pessoal por sua causa. Isso não é correto. Assim como não é correto também desfazer uniões. Desejar afastar pessoas unidas por qualquer meio, ou envolver-se com quem já é compromissado. O adultério foi recriminado até por Jesus. E vamos lembrar que adultério vem de ambos envolvidos e não só daquele que é compromissado.

— E quando temos saudade de algo que não sabemos o que é? — perguntou Álvaro.

— A pessoa feliz pode ter saudade e, geralmente tem, mas não aquela saudade cobrando de Deus suas carências e necessidades. Normalmente sentimos uma ausência e uma saudade de algo ou de alguém que foi muito bom para nós. Pode ser saudade de uma alma querida que nos complementou, a quem amamos muito nessa ou até em outra vida. É terna e doce, pois, um dia, sabemos, que vamos saciar. Porém, a criatura desequilibrada sente uma saudade e ausência desesperadora, pela qual chora e se deprime, deixando-se à mercê de espíritos vingativos, infelizes e zombeteiros. Por isso é importante nos dedicarmos a trabalhos valiosos, de auxílio ao próximo, onde ocupamos a mente, nossos pensamentos, com o que temos de fazer.

— "Mente vazia é oficina do diabo" — afirmou Romildo e completou: —, já dizia minha avó, e acho que ela estava bem correta.

Elma e os outros alunos sorriram. Logo a instrutora disse com simplicidade:

— Chegamos.

Era uma casa muito bonita, e podia-se perceber o considerável poder aquisitivo dos moradores.

Ao entrarem, foram recebidos por entidades elevadas, que se alegraram com a visita que já parecia ser esperada.

Após os cumprimentos, Elma pediu, generosa:

— Firmino, esses companheiros, alunos nobres, gostariam de aperfeiçoar conhecimentos, e eu creio que você poderia ajudar-nos com sua experiência.

— Como sempre, boa amiga, coloco-me à inteira disposição — afirmou gentil. Voltando-se para o grupo, informou: — Quando ainda estavam na espiritualidade, Dirce e Osmar, proprietários desta casa, aceitaram a proposta de reencarnarem e, juntos, com a bênção de filhos maravilhosos, dedicarem-se a tarefas fraternas e caridosas. O planejamento reencarnatório foi perfeito, mas o livre-arbítrio alterou dolorosamente alguns projetos.

Rosilene, a primeira filha do casal — prosseguiu Firmino —, uma criança linda e muito esperta, reencarnou para auxiliá-los na tarefa que surgiria em breves anos. Um dia, essa filha querida ficou febril em consequência de uma infecção de garganta, algo comum em crianças. Os pais a levaram a um hospital, digo, um excelente hospital para ser medicada. Triste e irresponsavelmente, a auxiliar de enfermagem que se negou, por livre-arbítrio, a trabalhar corretamente, preparou o medicamento prescrito pelo médico para ser aplicado na menina, mas usou um aparelho de injeção e agulha que já tinha sido utilizado e deveria ter sido descartado. Foi esse procedimento que infectou Rosilene com HIV, sem que ninguém desconfiasse.

Passado algum tempo, começaram a surgir em Rosilene diversos problemas de saúde, infecções seguidas e alergias na pele. Levada ao pediatra, foi solicitada uma série de exames laboratoriais, mas não se descobria o motivo de tantos problemas de saúde. Depois de mais algum tempo, após passar por diversos especialistas, um deles solicitou o teste para HIV que, assombrosamente, foi positivo.

Como uma menina, aos 4 anos, poderia ter sido infectada? — indagou o mentor, mas não houve respostas. Então ele prosseguiu: — Essa foi a principal questão a ser feita, uma vez que os pais e os parentes mais próximos fizeram exames repetidos, sempre negativos. Ninguém da família era portador do HIV, somente Rosilene com 4 aninhos.

A mãe desconfiou do hospital, pois se lembrou que a filha sempre era levada ao mesmo hospital para consultas, vacinas e situações de emergência. Apesar disso, nada poderiam provar. O hospital permaneceu resistente à acusação e os pais abriram mão de prolongar o assunto, que poderia terminar na justiça e lhes tomaria muito tempo. A prioridade, naquele momento, era cuidar da filha doente.

Houve desespero e muita dor — Firmino disse em tom de lamento. — Mesmo inconformado, o casal uniu-se mais do que nunca para oferecer todo o amor, cuidado e atenção à filha querida. Procuraram todos os tipos de medicina alternativa e medicamentos disponíveis. Mas, como sabem, não há como exterminar o vírus HIV do organismo nem cura para a Aids.

Firmino ofereceu breve pausa, mas todos aguardaram que prosseguisse, e ele o fez:

— Quando Rosilene já estava bem doentinha, por um suposto descuido, Dirce engravidou. Foram momentos difíceis, pois os pais queriam dedicar-se à filha e temiam que o bebê fosse infectado. Além disso, um recém-nascido exigiria muitos cuidados e atenção.

Não há como descrever os tormentos, as dúvidas e os dias difíceis que o casal sofreu, acompanhado por todo o restante da família de forma tão dramática.

Rosilene, ainda brincando e ignorando o que acontecia com ela, ao saber que a mãe esperava um bebê, disse: "Vai ser um menino. É o Rafael". Os pais perguntavam discretamente à filha como ela poderia saber daquilo. Rosilene respondeu que anjinhos que vinham brincar com ela lhe disseram isso.

Então — continuou contando sempre no mesmo tom —, após alguns meses, Rafael nasceu. Lindo e saudável. Meses depois, Rosilene desencarnou, devido às infecções oportunistas e severas provocadas pela Aids. Ninguém pode imaginar o sofrimento de uma mãe que, como Dirce, perde um filho tão pequeno e inocente, vítima da falta de consciência de um ser humano que, infelizmente, terá de arcar com o prejuízo que proporcionou ao outro.

Apesar de toda a tragédia, Dirce e Osmar equilibraram-se, mas nunca esqueceram a filha tão amada. Rafael vem crescendo, saudável, inteligente. — Um instante e comentou: — O mais difícil nisso tudo foram as incontáveis tentativas de convencer Dirce e Osmar a conceber mais um filho, pois Rosilene, renovada e repleta de vigor, após o desencarne e a recomposição na espiritualidade, desejava retornar entre os pais amorosos para que se cumprisse o compromisso abraçado para uma grande tarefa edificante.

Firmino sorriu maneiroso e informou:

— Não foi fácil, mas, novamente, um descuido — riu — foi a oportunidade de trazer a querida Rosilene de volta como filha de Dirce e Osmar. Ela deve chegar em breve.

Mesmo grávida, Dirce e o esposo abraçaram a tarefa de conscientização e prevenção da Aids, auxiliando em ONGs. Assim que os filhos estiverem maiores, o trabalho há de crescer e resultar em algo muito grande e fraterno.

Ao terminar o relato, Firmino, sorridente, aguardou alguma reação.

Romildo, sem demora, manifestou-se curioso:

— Dirce tem ideia de que o bebê que espera é a filha Rosilene?

— Dirce e Osmar foram procurar orientação e entendimento para o que experimentaram com grande dor e aflição, na Doutrina dos Espíritos trazida por Kardec — respondeu o mentor atencioso. — Somente o Espiritismo os esclareceu e aliviou seu desespero, ensinando-os a esquecer as ofensas e perdoar, embora sempre reste a dor da saudade. Entretanto, não deixam de pensar se é Rosilene ou não quem está para nascer.

— E saberão? Haverá um jeito de terem essa certeza? — perguntou o aluno mais curioso do grupo.

— Quem sabe?... — sorriu Firmino. E comentou: — Depois que a doce filha expressar algumas coisas como: preferências, manias, manhas, gostos peculiares... Suas mentes receberão o conforto de que nada altera os planos de Deus e, apesar de toda a dor que os fez crescer, terão a certeza da bondade do Pai.

Todos se contentaram com as explicações, e Elma elucidou:

— No caso de Dirce e Osmar, foi necessário o retorno da filha querida pela tarefa que planejaram abraçar juntos. Vamos lembrar que nem sempre isso precisa ocorrer. Se o espírito que experimentou um desafio tão doloroso, desnecessariamente, tiver como compensação, por seus sofrimentos, a elevação para mundos melhores, ele não precisará reencarnar, pelo menos não tão rápido. A não ser que tenha mérito e solicite.

— Querida Elma — disse Firmino —, há também casos de pais sadios, cujos filhos pequenos passam por esse desafio por necessidade, para reeducação e harmonização de suas consciências.

— Bem lembrado, Firmino — a instrutora agradeceu e comentou: — Existem casais que se unem e que, ainda na espiritualidade, aceitam cuidar de uma alma querida que deva passar por essa prova tão difícil. Com resignação, cumprem o proposto. Há também os pais que têm a obrigação de viver a dura realidade de ter um filho com esse desafio doloroso por serem também responsáveis por aquilo que o filho praticou.

— Pode nos dar um exemplo, Elma? — solicitou Álvaro.

— Claro — prontificou-se. — Conheço um caso que se deu da seguinte forma. Séculos atrás, era interessante a doença extrema ou até a morte de determinado líder.

Esse líder não poderia ser morto de forma brutal para não levantar suspeitas e até ocasionar uma grande guerra entre dois países poderosos — prosseguiu ela. — Então um pequeno grupo, desejoso de neutralizar esse líder sem que houvesse suspeitas, conseguiu que um empregado, mediante generosa quantia, vagarosamente colocasse uma quantia de determinada substância para que esse líder adoecesse aos poucos. O homem passou a sentir-se doente, com dores no corpo, estômago sensível, intestinos com funções dolorosas e prejudicadas, pele com erupções infecciosas e muito mais.

Sua morte foi lenta e inevitável — contou a instrutora. — Apesar de várias desconfianças, nada se pôde provar e todos viram que ele foi vitimado por uma enfermidade bem estranha.

Os principais envolvidos nesse homicídio, pelo remorso e a perturbação de suas consciências, que pediam reparo, imploraram harmonia para se livrarem daquele estado tenebroso do remorso na espiritualidade, que é muito intenso. Quando, novamente, encarnados para harmonizarem, eles se corromperam e se negaram a tarefas de cuidado e auxilio, decidindo que o melhor era aproveitar a vida.

Houve novo e longo estado de perturbação — continuou Elma —, e, na atual experiência reencarnatória, os pais tiveram o dever de acolher, como filho, aquele a quem pagaram para assassinar o desafeto, aquele referido líder, pois não conseguiram harmonizar quando lhes foi oportuno. Esse filho, ainda pequeno, foi infectado com o HIV e também experimentou o que provocou ao outro, como enfermidades irreversíveis que o levaram à morte. Aliás, toda a família dessa criança esteve envolvida, de certa forma, com o complô para o assassinato do líder.

Ao ver que Elma havia terminado a narrativa, Firmino reforçou:

— É por isso que devemos estar sempre atentos aos nossos atos e àquilo que admitimos que os outros façam. De alguma forma, seremos responsáveis quando solicitamos um crime ou dele participamos. Nossa consciência vai nos responsabilizar por qualquer irregularidade que possamos cometer.

Todos ficaram reflexivos até Elma, sorridente, considerar:

— Não há como agradecer as abençoadas explicações e sua disposição em nos ajudar.

— Sou eu que tenho muito a agradecer, Elma. Uma visita como a de vocês sempre traz luz a essa casa.

Após as despedidas carinhosas, Elma e seu grupo partiram em busca de novos aprendizados.

# 26

## Consequências das opiniões

DECORRIDOS meses de ativo aprendizado na companhia tranquila e segura da nobre instrutora, que expôs e narrou incontáveis vivências de pessoas em desafios com o HIV e a Aids e também de muitas outras que se libertaram de tão triste prova por terem sido mais fortes do que os desejos íntimos e os obsessores que os queriam ver em desequilíbrio, Elma lembrou-se de um caso cujos resultados iria acompanhar, por isso disse:

— Hoje visitaremos Eugênio, o mentor de Lavíneo, aquele professor universitário que observamos na loja de artigos para sexo. Ele se deixou envolver por aqueles espíritos lascivos, maliciosos e de extrema inferioridade, que o induziram à compra de um apetrecho que, levado à noiva Manoela, gerou discussão fervorosa entre os dois. Usando a desculpa de ter brigado com ela, Lavíneo juntou-se a um grupo de alunos que se reuniam para prazeres sexuais casuais, vis, lascivos, vulgares e imorais.

Pouco tempo depois dessa explicação, na residência dos pais de Lavíneo, Elma e seu grupo encontravam Eugênio, que os recebeu com elevada satisfação. Tão logo se cumprimentaram, o mentor de Lavíneo comentou:

— Foram tempos difíceis! — exclamou em tom lamentoso. — Assim que sentiu o que chamou de "gostinho da liberdade" o que, na verdade, foi o despertar do comportamento sexual desequilibrado e compulsivo, Lavíneo terminou definitivamente seu noivado com Manoela, passando a deliciar-se no fogo das paixões e a cada momento pensando em como obter mais prazer. Esses são os desejos advindos de desencarnados com os mesmos vícios lascivos.

Músicas exóticas, filmes com sexo explícito, diversas parceiras temporárias, que se submetiam desequilibradas aos desvios de suas práticas, eram as novas preferências de meu querido pupilo. — Em tom triste, Eugênio prosseguiu: — Como todos aqueles que trilham por esse caminho, Lavíneo não percebia nem sentia que espíritos extremamente vulgares, desequilibrados e vampirizadores, pelo abuso do sexo, estimulavam-no e envolviam diuturnamente. Não precisou muito tempo para que, apesar de achar-se prevenido pelo uso de preservativos, Lavíneo viesse a infectar-se com o HIV para reeducação de si mesmo.

Alguns meses se passaram — continuou a narrativa. — O cansaço excessivo, além de um estado febril de origem desconhecida e passageira, fez com que meu pupilo procurasse um médico. A culpa, por aquela sensação de cansaço, provavelmente, seria do estresse pelo excesso de trabalho, estudo e muita energia gasta com as diversões preferidas, ele pensava. Mas, em meio aos diversos exames clínicos realizados, em que se constatou anemia, o mais sério revelou-se soropositivo para HIV.

O desespero, o choque e os tormentos foram inevitáveis — contou. — Como uma pessoa instruída e sabendo das consequências trazidas pela infecção com esse vírus, Lavíneo pensou em suicídio depois que os outros exames, inclusive mais caros e mais específicos, confirmaram que ele era portador do HIV, assintomático, ou seja, sem a manifestação de várias infecções oportunistas e baixa imunidade, que resultam na Aids.

Foi com muita dificuldade que ele se deixou envolver por mim e outros queridos amigos espirituais para procurar a ex-noiva. Depois do choro e do choque, Manoela encorajou-o a viver, a reerguer-se e tratar-se. Solidária, ela o ajudou a contar para a família que, a princípio, surpreendeu-se com a desagradável notícia e teve muito medo. Mas depois, unidos no amor incondicional que aprenderam como cristãos, informaram-se minuciosamente a respeito de HIV e Aids e passaram sem medo, sem preconceito, a cuidar amorosamente de Lavíneo, o espírito querido que como filho Deus lhes confiou.

Manoela oferece, ao seu modo e com sua filosofia — ele esclareceu —, o apoio espiritual e moral, pois a moça acredita na pluralidade das existências. A família, apesar de católica, aceita amorosamente esses ensinamentos e explicações. Acreditam que a boa moral, as boas práticas e os bons pensamentos são os responsáveis pelo perdão de Deus e a garantia de ir para o céu conforme diz a religião que adotam.

Seja como for — continuou Eugênio —, Lavíneo se reeduca diariamente. Cuida-se com o maior carinho, passou a selecionar tudo em sua vida, da alimentação e bebidas naturais saudáveis ao que escolhe para recreação, diversão, amizade e tudo mais.

Com seriedade, cumpre à risca o tratamento com os antirretrovirais, diversos comprimidos ao dia que precisam ser ingeridos rigorosamente no horário. Mesmo enfrentando difíceis efeitos colaterais, ele insiste, porque sabe que isso vai reeducá-lo e garantir melhor qualidade de vida. — Um instante e o mentor comentou: — Esse tipo de atitude positiva, fez com que os espíritos inferiores se afastassem de forma impressionante, já que não mais encontraram afinidade nos pensamentos e comportamento dele.

Às vezes Lavíneo se cansa do tratamento rigoroso e conversa a respeito com a família e sua grande amiga Manoela, desabafando seus sentimentos, seu arrependimento e tudo o que o aflige. Mas eles o reanimam novamente. Ninguém imagina como é importante a atitude, o companheirismo de um amigo e da família nesses momentos! — ressaltou Eugênio. — Além disso, Lavíneo pratica esportes e frequenta um grupo de apoio, enchendo-se de energia e força para viver.

Sempre com boa aparência e saúde constante — disse ainda —, Lavíneo trabalha como professor universitário e também aperfeiçoa seus estudos. Sabe que precisa manter essa disciplina impecável se quiser se elevar a cada dia, sem se deixar dominar por qualquer fantasia ou desânimo que não lhe trará nenhum proveito. Decidiu não comentar com muitas pessoas sobre o que experimenta e está correto nisso. Só os mais próximos sabem. Se ele se sente bem assim, deve continuar. Aliás, nossa vida não precisa ser um livro aberto. Ele toma todos os cuidados para consigo e para não contaminar ninguém. Isso é muito louvável.

Ao fim da narrativa, Elma, sempre ponderada e tranquila, alertou:

— É bom reforçar que a família representa um fator muito importante para o soropositivo assintomático ou paciente com Aids. A ignorância leva muitos ao preconceito descabido, no qual a criatura manifesta em sua personalidade a total falta de amor ao semelhante.

Embora alertados de que o HIV não se transmite pelos assentos — a instrutora lembrou ainda —, nem ônibus, piscinas, trabalhando-se ou vivendo-se junto, dormindo no mesmo ambiente e praticando esportes, apesar de tanto se falar que esse vírus não infecta pelo abraço, pelo carinho, pelo beijo no rosto, pelo aperto de mão ou por qualquer outro tipo de contato social, muitos ainda, infelizmente, são assassinos sociais do soropositivo, quando querem distância deles, quando os ignoram, os discriminam, os desrespeitam, julgando-os indignos de convivência social. Mas esse preconceito é algo muito sério e perigoso, pois teremos de experimentar o que fazemos aos outros. Tenham certeza disso.

— Elma — disse Romildo —, a manutenção da higiene é importante para todos, não é?

— Sem dúvida — respondeu ela —, devemos nos precaver com higiene constante em tudo, pois existem vários bacilos, vírus, bactérias, vibriões que são invisíveis e nos cercam diariamente e os quais podemos contrair com incrível facilidade. Mas esse não é o caso do vírus HIV, já que é necessária a troca de fluidos corpóreos. A higiene em não utilizar um copo, um talher ou um prato já utilizado por outra pessoa pode nos livrar da tuberculose, da hepatite, da gripe, rubéola, sarampo e de tantas outras doenças que podem ser contraídas pelo contato direto. Você não vai se infectar com o HIV se tomar água no mesmo copo que um soropositivo, sem que esse copo seja lavado, mas poderá contaminar-se com o bacilo da tuberculose, do sarampo etc., se não tiver imunidade a eles.

O soropositivo — disse Elma —, principalmente para preservar-se de doenças e infecções, nunca deve utilizar utensílios já usados por outras pessoas sem antes lavá-los bem, pois devido a sua baixa imunidade, ele pode ficar sujeito a contaminar-se.

Aproveitando-se da pausa, Silmara comentou:

— Então, devemos entender que o portador do HIV não deve incomodar-se com a higiene que a família deve manter nos banheiros, nos utensílios de cozinha, pois isso é para sua própria segurança. Aliás, ao contrário, ele mesmo deve cuidar de todo tipo de higiene e cuidados para seu próprio bem. Lógico que deve usar luvas e botas como material de proteção para sua saúde, pois é ele quem deve proteger-se de contaminações com outros vírus, bactérias, bacilos, vibriões.

— Sim, sem dúvida — respondeu a benfeitora. — A higiene, a limpeza é muito importante e saudável para todos nós, sem exceção, independentemente de nosso estado de saúde. É bom lembrar que o soropositivo tem direito a uma vida normal. Ele pode lavar, cozinhar, passar para todos da casa e usar um banheiro bem limpo, sem problemas, além de conviver normalmente ao lado de todos tocando-os ou acariciando-os sem o risco de transmitir o vírus a alguém. Entretanto, no caso de ter de tratar de ferimentos em um soropositivo, sem sintomas ou já com a Aids manifestada, sejam quais forem os ferimentos, deve-se manter redobrada a higiene. O uso de luvas, tipo cirúrgicas, para não se ter contato com o sangue ou com possíveis secreções do paciente, é indispensável! Tanto para a manutenção da saúde dele, para que não se contamine com qualquer outro vírus ou bactéria, quanto para a segurança de quem realiza os curativos ou trata dos ferimentos.

— Foi isso que a família de Lavíneo entendeu — tornou Eugênio, valendo-se da pausa. — Além de entender que Deus confiou-lhes um filho muito especial, que só eles poderiam e teriam condições de cuidar com tanto amor.

Terminado o grande ensinamento, Elma agradeceu de forma amorosa e, após as despedidas, seguiu com seu grupo.

Enquanto seguiam, a instrutora aproveitou para fazer um relato:

— O preconceito é algo muito perigoso para quem o tem. Conheço bem um caso que não ocorreu no Brasil. Há séculos, no período de colonização e união dos estados do norte e do sul, na América do Norte, a escravidão vigorava árdua e era bem pior do que no Brasil. Nessa época, um homem castigava terrivelmente seus escravos, mesmo quando não havia nenhum motivo. Ele simplesmente não gostava de negros e os repudiava terrivelmente. Inconformado com o fim da escravidão, ele passou a fazer parte de grupos que não queriam admitir os negros na cidade. Eles queimavam suas casas, matavam crianças, velhos e todos de famílias negras, sem que as leis existentes pudessem fazer alguma coisa.

Ele odiava a etnia negra e não mudou seu conceito — prosseguiu a instrutora. — Desencarnado, sofreu muito por tudo o que fez. Em nova oportunidade de vida terrena, reencarnou como negro. Entretanto, nada mudou. Odiava a própria cor e não se via como negro. Teve uma recepção amável por parte de almas queridas que queriam demonstrar que a cor da pele nada significava, que somos todos iguais. Não adiantava. Secretamente, ele detestava ser negro e odiava as pessoas de sua cor.

Ficou razoavelmente bem de vida — ela continuou contando —, e passou a fazer parte do mesmo grupo racista que procurava, criminosamente, matar os negros de modo cruel, queimando-os crucificados, incendiando suas casas e matando suas famílias, embora fosse crime naquele país. Como sempre, ninguém via nada nem sabia de nada por medo de represálias. Nessa cidade, o negro não podia usar os mesmos banheiros públicos que os brancos. Não podia sentar-se nos bancos da frente de um ônibus, pois só lhe era permitido ocupar os bancos do fundo do coletivo. Não podia alimentar-se nas mesmas lanchonetes nem frequentar os mesmos restaurantes etc.

Apesar de ser negro, esse homem foi aceito por esse grupo, por suas informações confidenciais sobre pessoas e famílias negras. Ele ajudou a atraí-los a emboscadas cruéis e aterrorizá-los para que se mudassem da cidade e vendessem suas terras por valor insignificante etc.

Desencarnado, passou por incríveis perturbações, que nem preciso mencionar. Após aprender muito na espiritualidade, reencarnou com a pele branca e alguns daqueles que o incentivaram ao preconceito em outros tempos retornaram como pais e familiares próximos.

Por um problema de saúde, necessitou receber uma transfusão de sangue e foi infectado com HIV.

Naquela cidade pequena de seu país, nos anos em que não se tinha tanto conhecimento sobre a Aids, houve uma verdadeira revolução. Os pais de alunos do colégio onde ele estudava não queriam que o menino frequentasse a mesma escola de seus filhos sadios. Seus colegas o rejeitavam, a família chegou a ser ameaçada para que se mudasse da cidade. Apedrejaram sua casa e chegaram a incendiá-la.

Amedrontados — continuou contando —, os pais do menino mudaram para outra cidade, mas logo tudo de novo aconteceu de modo ainda pior.

Foi então que a família começou uma luta contra o preconceito, procurando a rede de televisão local e buscando esclarecer as pessoas sobre o HIV e a Aids.

Quando conseguiram que o filho fosse aceito na escola, mesmo ainda enfrentando severas restrições, a Aids se manifestou e o menino precisou de diversas internações, falecendo por infecções oportunistas generalizadas.

Tudo isso se deu pelo preconceito, pelos maus-tratos e pela crueldade com que tratava seus irmãos de etnia diferente, mas do mesmo sangue, da mesma raça: a humana. — Para finalizar, Elma ainda acrescentou: — Ele poderia ter vencido o preconceito e evitado experimentar de forma tão dolorosa o que viveu, pois só quem enfrenta o doloroso preconceito com o HIV e a Aids pode comparar-se àquele que enfrenta o triste preconceito pela cor da pele.

\* \* \*

No caminho, os alunos concluíram que ninguém está por mero acaso na companhia de alguém que experimenta os desafios do HIV ou Aids e que não nos cabe julgar, pois, quando encarnados, não sabemos como foi nosso passado nem o que teremos de experimentar no futuro.

Além disso, "amar ao próximo como a ti mesmo" é dizer não ao preconceito e jamais ter qualquer forma de desrespeito, julgamento, exclusão social ou mesmo alarde que difame as condições de um soropositivo. A divulgação de uma experiência como essa só cabe a quem a enfrenta e não a quem ficou sabendo.

Logo Elma alcançou um hospital, onde penetraram sem dificuldade.

Sintonizada com quem queria encontrar, a instrutora rapidamente localizou o espírito Gustavo, mentor de Tomás.

— Lembram-se de Tomás, não é? — perguntou Elma. — Aquele que mal conheceu uma moça em um barzinho e, por terem inclinações e tendências vis, irresponsavelmente foram a um motel. Homem bonito e atraente, infectado com HIV, ficou inconformado, como já soubemos pelo seu mentor quando o visitamos brevemente. Revoltado, Tomás passou a infectar várias mulheres que não acreditavam que, pela aparência, perfil simpático e ponderado, o belo rapaz pudesse ter qualquer problema de saúde ou ser portador do vírus HIV.

— Ele infectou muitas moças? — perguntou Romildo.

— Inúmeras — respondeu Gustavo, mentor de Tomás relatando a seguir: — Ele infectou várias mulheres e é responsável também pela infecção de muitas outras pessoas, que adquiriram o vírus dessas parceiras antes que elas descobrissem serem portadoras do HIV.

— E ele é responsável por aqueles que elas contaminaram?! — surpreendeu-se Álvaro.

— Claro que sim. É uma reação em cadeia — informou Elma. — Se somos suicidas inconscientes, quando não cuidamos nem preservamos nossa saúde, também somos homicidas inconscientes. Nesse caso, ele é homicida consciente, pois sabia que estava com HIV, mas as mulheres que contaminaram outros parceiros são homicidas inconscientes.

— Venham, vamos vê-lo — convidou Gustavo, com muita tristeza.

Chegando ao quarto onde Tomás ocupava um leito, os alunos de Elma ficaram surpresos com sua aparência.

Aquele rapaz bonito, de corpo atlético, resumia-se em aspecto extremamente doentio.

Espíritos que se apresentavam doentes, dementes, gemiam e gritavam. Seus, corpos espirituais degenerados, com grandes feridas purulentas, inúmeros transtornos e dores, além de devaneios, ligavam a Tomás, sugando-lhe as energias, obtidas com a medicação para as infecções e doenças que se manifestavam, e por essa razão os remédios pouco surtiam efeito, principalmente para as dores do corpo.

A ligação a espíritos com vastos sofrimentos por enfermidades, dos quais não se livraram após o desencarne, dava-se pela atual postura mental e pelas atitudes de Tomás que, ao saber de seu novo estado como soropositivo, revoltado, infectou outras pessoas, o que deveria ter evitado. O pior era que ele não adotava uma conduta reeducativa de cuidar-se, tratar-se com medicamentos adequados, ter alimentação selecionada, disciplina nos horários para os remédios e qualidade de vida em todos os sentidos. Esse quadro significava suicídio.

Entristecido, o espírito Gustavo comentou:

— É importante falar em reabilitação moral para quem está com HIV e Aids. As palavras do Divino Mestre são claras: "Não vos inquieteis pelo dia de amanhã, porque o dia de amanhã cuidará de si mesmo. Já basta a cada dia o seu mal". Quando sabemos que possuímos um desafio difícil como o HIV e Aids, a revolta, o desprezo e o desespero por nos torturarmos com coisas que achamos que sofreremos só nos trarão mais problemas e aflições. É dessa inquietude que Jesus nos fala. Devemos fazer o melhor por nós mesmos hoje, agora, deixando o amanhã para amanhã. Sofrer antecipadamente é sofrer duas vezes e significa trazer companheiros espirituais indesejáveis e doentes.

"A única certeza que temos, após nascermos é de que vamos morrer" — lembrou Gustavo depois de breve pausa. — Esse ditado é bem antigo e conhecido. Ensina-nos que devemos agir com amor, carinho e muito respeito a nós mesmos. A morte é do corpo. O espírito sempre sobrevive e a boa vida física e moral que nos empenhamos em ter, garante-nos um socorro e uma qualidade de vida espiritual depois do desencarne. Isso serve para todos, não só para os soropositivos.

Aproveitando-se da pausa, com doce elocução, Elma disse:

— Mesmo sabendo que o corpo humano, tão frágil, não vai resistir eternamente nesse planeta, deveremos prosseguir lutando pela saúde e acreditando que estamos bem, em vez de reclamarmos. "E não temeis os que matam o corpo, e não podem matar a alma, temei antes aquele que pode fazer perecer no inferno a alma e o corpo." "[...] mas aquele que perseverar até o fim será salvo".

— A revolta de Tomás provoca uma aura nefasta que atrai espíritos semelhantes — avisou Gustavo. — Inúmeras pessoas amorosas e dedicadas, que abraçaram a tarefa de proporcionar bom ânimo e um renascer aos que estão no mesmo estado dele, já o visitaram. Apesar de tanta energia gasta para sua compreensão e seu bem-estar psicológico, o empenho foi inútil.

— Sabe-se que, pelo uso dos antirretrovirais, houve uma redução no número de mortes por Aids no país e no mundo — informou Romildo. — Será que nem isso o anima?

— Tomás tem conhecimento — respondeu o mentor do rapaz. — Ele sabe que os coquetéis utilizados para conter o HIV podem ter tempo limitado, pois o vírus torna-se, a qualquer momento, resistente a essas drogas medicamentosas. Além disso, o número de mortes provocadas pela Aids diminuiu consideravelmente desde que os medicamentos combinados começaram a ser usados. Entretanto, quase não se comenta que a infecção por HIV aumentou, assustadoramente, nesse mesmo período, sobretudo entre os jovens. As pessoas infectadas por alguém que já esteja usando antirretrovirais, ou que já usou e parou, possui agora um vírus, provavelmente, resistente a essas drogas. O perigo é, se isso continuar acontecendo, criar-se um vírus que resista a todas as drogas já existentes.

— A expectativa e qualidade de vida trazidas por esses tratamentos contínuos e bem disciplinados por parte dos pacientes — disse Elma sabiamente —, não devem ser ignoradas por causa de quaisquer previsões. Deve-se manter o ânimo, a perseverança e todo tipo de auxílio à preservação da saúde também.

— É preciso que haja uma conscientização — argumentou Romildo. — Precisa-se mostrar a força que só as pessoas têm para erradicar o HIV, não o passando adiante. Mas, nas propagandas de alerta, eles dizem: "Pratique o sexo seguro. Use camisinha". Quem garante que, no calor dos acontecimentos, como já dissemos, o preservativo não vai se romper? E, se romper, logicamente, a culpa sempre é do usuário... Os alertas deveriam ser mais rigorosos quanto à prática sexual para as pessoas não ficarem se entregando a qualquer um. Tudo está muito vulgarizado. As propagandas a respeito deixaram de existir e quando uma ou outra aparece, é tímida. As pessoas não entendem. O HIV e a Aids estão banalizados pelo governo, pela área da saúde...

— Romildo — interrompeu a orientadora, com tranquilidade —, vamos nos manter ao que devemos aprender e ensinar. As críticas, muitas vezes, não constroem nada. — Voltando-se para Gustavo, Elma considerou: — Apesar do amor que nutrimos pelo pupilo, quase nada podemos fazer se ele se nega ao socorro, não muda as concepções, a forma de pensar, por sua inteligência orgulhosa e inflexível.

— Muitas vezes, querida Elma, somente nos círculos escuros de desencanto, decepções e sofrimentos, aos quais nos entregamos quando não somos flexíveis à boa moral, é que encontramos a humildade de reconhecer nosso erro e a fé para sermos socorridos. Se observarmos o caso do rapaz ali ao lado, naquele leito — apontou Gustavo —, podemos ver que, embora a Aids esteja em estado bem avançado, esse moço esparge luz de sua consciência e não é assediado por espíritos vulgares ou doentes, como é o caso de Tomás. Aquele moço é homossexual e contraiu o HIV de um parceiro, um namorado que teve por pouco tempo. Desde que descobriu que era soropositivo, mudou seu comportamento. Passou a cuidar de si e a preservar a saúde de outras pessoas, decidindo não mais se relacionar sexualmente, pois temia ser responsável por homicídio, caso viesse a infectar uma pessoa. Mudou hábitos, pensamentos e viveu por anos consideráveis com o vírus e de forma assintomática, por cuidar-se com os medicamentos indicados pelos médicos, mesmo com todas as dificuldades. Ele se reeducou pelo difícil desafio. Hoje, em estado terminal, é assistido e guardado por seu mentor, como podemos ver, e outras entidades de luz que, no passado, foram amigos e parentes. Isso tudo vai lhe garantir uma passagem tranquila e serena para a espiritualidade, pois está imune aos espíritos zombeteiros, doentes e vingativos, que lhe poderiam perseguir e tornar muito longo seu estado de perturbação, além de atraí-lo para regiões baixas. Independentemente de ter sido homossexual ou heterossexual, ele se reeducou, aprendeu e criou em si condições morais melhores que lhe garantem o socorro para planos melhores, colônias espirituais seguras e acolhedoras.

Terminada a visita, Elma e os demais retiraram, com tristeza, grandes lições sobre o comportamento arredio daquele que ainda não consegue mudar.

Porém, devemos saber que Deus, em Sua grande bondade e amor, proverá o socorro oportuno a qualquer tempo e a oportunidade de harmonizar-se a todos os Seus filhos.

# 27

## Qualidade de vida espiritual

MAIS ALGUM tempo se havia passado. Entre tantas lições oportunas, os alunos de Elma concentraram atenção na religiosidade dos encarnados, em suas provações, com o propósito de buscar equilíbrio ou perdão aos vícios e no resultado obtido após os desafios experimentados.

— Como podemos perceber — comentou amorosamente a instrutora —, a maioria dos espíritos retorna à carne para trabalhar e eliminar as imperfeições, harmonizar o que desarmonizaram, vencer e superar seus vícios, pois muito do que fazemos torna-se vício. Seja o vício da mentira, da calúnia, da fofoca, o vício no sexo compulsivo e todas as suas variedades estereotipadas em busca de prazeres efêmeros, vício no álcool, nas drogas, no fumo, no preconceito, vícios até nos pensamentos que adulteram, julgam ou condenam os outros. Sabemos que o mundo moderno defende a liberdade, mas a raça humana confunde liberdade com irresponsabilidade, com deploráveis desejos e práticas abusivas de todos os tipos, principalmente em torno do sexo, cujos desvios deprimem, escravizam e deixam a criatura em situação bem difícil após o desencarne, perante a consciência que vai lhe cobrar pelo uso inadequado da energia sexual, poderosa energia criadora, empregada de forma tão vulgar, promíscua e irresponsável.

O relacionamento sexual exige respeito e amor a si mesmo — continuou no mesmo tom. — Não devemos nos corromper, comprometer-nos pelos desejos vulgarizados que nos chegam à mente. São esses desejos, essas paixões silenciosas de querermos experimentar o prazer que exibe nossas fraquezas, nossos vícios, nossa área de desequilíbrio psíquico, que pode ser secreto, acentuado ou até ressaltado, quando os outros percebem com facilidade. Os desvios sexuais, em alguns casos, levam-nos a distúrbios psicológicos, a doenças irreversíveis na carne e, certamente, a enfermidades destrutivas ao espírito, se a criatura não se reeduca.

O silêncio reinou por algum tempo até Silmara comentar:

— O que podemos concluir é que, independentemente da religião ou da filosofia, observamos valorosas criaturas que se elevam e vencem seus desafios em torno de qualquer vício. Assim como temos também, seja qual for a religião ou filosofia, pessoas em tristes e lamentáveis desvios, desequilíbrios em torno do sexo. Homens aparentemente respeitáveis, casados, desviam-se para a traição, para o adultério, impregnando-se com aqueles miasmas inferiores, substâncias espirituais pestilentas, horríveis, ligando-se a espíritos de incrível inferioridade, verdadeiros vampiros que se aderem a eles, sugerindo-lhes práticas, excitando-lhes os desejos lascivos e maliciosos. Da mesma forma, mulheres casadas que deveriam ser respeitáveis desviam-se para práticas semelhantes. Todos eles levam para seus lares, para suas camas, que deveriam ser o local abençoado para o repouso físico e a elevação do espírito pelo desdobramento durante o sono, toda uma gama perniciosa de fluidos espirituais inferiores e espíritos vulgares, com os quais se envolveram.

— Também independentemente da religião — lembrou Álvaro —, encontramos homens que foram abençoados com lares estruturados e abandonaram esposa e filhos, deixando-os em situação difícil, porque queriam mais prazer sexual, pois a outra sabia como satisfazer seus desejos lascivos e suas compulsões vis. O pior é que eles, apesar da religiosidade, nunca admitem o próprio desequilíbrio e, em vez de espiritualizarem-se e elevarem a matéria corpórea, acabam materializando o espírito com deformidades que incorporam ao perispírito pelas práticas sexuais desviadas.

— Mas não são só homens que observamos com tais comportamento — disse Romildo valendo-se da pausa. — Diversas mulheres religiosas também se inclinam à obtenção de prazer sexual fora do casamento, só que de maneira mais sigilosa, e depois correm para pedir perdão a Deus pelo adultério cometido.

— Não vamos nos atentar só ao campo do adultério — informou Elma, como sempre, sábia e gentil. — Infelizmente, pudemos ver diversas pessoas como padres, freiras, católicos de um modo geral, espíritas, umbandistas, budistas, judeus, pastores, protestantes, que são mais conhecidos como evangélicos, e tantos outros religiosos e não religiosos se corrompendo com a pedofilia, ou seja, assediando crianças ou se relacionando com elas, ou mesmo observando fotos ou filmes com práticas semelhantes.

Quantas pessoas de diferentes religiões se entregam ao erotismo de conquistar, aparecer e apresentar o corpo para excitar outras pessoas — a instrutora disse. — Muitas vezes, o erotismo configura prostituição quando a pessoa usa o corpo para poses sensuais em fotos de nu ou seminu, em troca de dinheiro como fazem muitos artistas. Eles não imaginam o que atraem para si em termos de espíritos inferiores ou energia de encarnados, ao serem observados por eles.

— Só que nem eles nem ninguém acredita nessa história de serem observados e terem próximos espíritos tão inferiores — disse Romildo, interrompendo-a. — Mas basta o raciocínio lógico para tirarem essa dúvida. Primeiro, espiritualmente, nunca estamos sozinhos conforme é ensinado na Doutrina Espírita. Segundo, se quando oramos a Deus, ao nosso anjo da guarda, desejamos e imaginamos espíritos de luz, seres nobres ao nosso lado, guardando-nos e protegendo, ajudando-nos, devemos crer que, essas entidades elevadas não vão estar ao nosso lado no momento em que nos corrompemos, prostituímo-nos ou temos práticas levianas em torno do sexo. Assim sendo, somente espíritos inferiores estarão ao nosso lado, pois espíritos sublimes não querem nem desejam participar ou assistir a leviandades de qualquer tipo. Essas pessoas que apreciam, de alguma maneira, fotos de nu ou seminu e que nunca pensaram que isso é uma forma de prostituição, deveriam ficar mais espertas. Elas estão atraindo muita coisa ruim. Quem fica apreciando essas fotos, muitas vezes, não têm ideia de que estão dando força a um tipo de prostituição.

— Romildo tem razão — tornou Elma. — Além da prostituição, propriamente dita, que é o sexo ou a exposição do corpo em troca de valor ou dinheiro estipulado antes da ação, temos o sexo ou o nu e seminu que se transforma em meio de atingir determinado objetivo, mesmo que não seja negociado nenhum valor ou preço preestabelecido, pois é em troca de fama, sucesso. Não deixa de ser prostituição, já que o ato de se expor nu ou seminu é por alguma coisa.

Fora isso tudo — continuou a benfeitora — voltando ao assunto que eu falava antes, temos religiosos que praticam a zoofilia que é o bestialismo, ou seja, sexo com animais, e não se sentem culpados nem procuram tratamento psicoterapêutico para seu desvio, acreditando-se ser normal.

Muitos outros praticam a necrofilia, ou seja, sexo com cadáveres, o voyeurismo, ou seja, gostar de ver outras pessoas praticando sexo ou ver as genitálias alheias, seja em fotos, filmes, seja ao vivo.

Encontramos pessoas de diferentes credos favorecendo e incentivando esses desequilíbrios, quando trabalham com artigos eróticos em lojas especializadas em sexo, na produção ou venda de fotos, filmes ou revistas que alimentam os desvios em torno do sexo, além daqueles que promovem ou fazem músicas eróticas, incentivando a promiscuidade ou a desvalorização humana pelo desrespeito ao sexo.

Elma ofereceu uma pausa e depois continuou:

— Quantos e quantos, pelo principal meio de comunicação audiovisual promovem a libertinagem, a troca de parceiros quando, nos programas apresentados, destacam essas práticas estimulando, encorajando e despertando o motivo pelo qual os encarnados vieram para reeducar-se e harmonizar-se e não se perverter.

Sem contar os destaques que dão ao nu ou seminu quando, no meneio do corpo, em festas carnavalescas e desfiles para esse fim, exibem com exclusividade as genitálias semicobertas, instigando à sensualidade, ao sexo e até a estupros, que aumentam, consideravelmente nessa época, pelos incentivos para os que assistem aos desfiles e têm essa tendência, além uso de álcool e drogas.

Esses homens e mulheres — prosseguiu a instrutora —, geralmente chamados de artistas, expõem os corpos em revistas de nus ou seminus, em festas carnavalescas, cientes de que têm exclusividade pela sensualidade e exposição das genitálias ou do corpo exuberante, para excitar ou provocar os outros de alguma forma. Todos eles, sem exceção, recebem uma carga de miasmas muito negativa, funesta e de incrível inferioridade, por incitarem outras pessoas à masturbação, ao observarem as imagens provocativas, por provocar desejos nos que possuem desvio pelo sexo, ativando-os ao desequilíbrio, quando estes veem os filmes ou as revistas, e até por incentivar, inconscientemente, aqueles que estupram ao imaginarem que suas vítimas são as artistas que expõem o corpo. Tudo tem ligação e conectividade.

Esses artistas — ela continuou —, além de receberem imensa gama de energias inferiores, são responsáveis, espiritualmente falando, pelo que provocaram em termos de incentivo ao sexo promíscuo, leviano, vulgar e violento, como o estupro. Essas pessoas, talvez, não sintam, enquanto estiverem encarnadas, os estragos que fizeram na vida alheia, nem percebam a qualidade e a quantidade de fluidos inferiores, miasmas repugnantes que atraíram para si, mas, inevitavelmente, sofrerão as consequências de seus atos ao depararem com o pavor de sua imagem física verdadeira, que se apresenta somente na espiritualidade.

São os mesmos meios de comunicação que promovem a promiscuidade que destacam, em outros horários, programas religiosos, em que se ensina a orar e pedir a Deus perdão, rogativas por um mundo melhor, por uma vida melhor. Que falta de bom senso... — expressou em tom de lamento.

Os menos avisados, as criaturas simples, sem conhecimento, acabam sendo influenciadas por tudo o que veem e ouvem, não procuram refletir se aquilo é correto, se essa prática será boa ou má para seu desenvolvimento pessoal, para sua elevação moral e espiritual.

Os encarnados deveriam selecionar melhor o que deixam entrar em seus lares, pois a violência, as músicas de baixo nível, a leviandade nas revistas e nos filmes e o sensacionalismo vulgar da promiscuidade, como a troca de parceiros e as cenas lascivas, só vão deixar um lar repleto de espíritos inferiores. Espíritos inferiores, levianos e maldosos gostam dessas coisas. Afinam-se com o que é apresentado nos meios de comunicação e, sem demora, começam a influenciar os encarnados a práticas semelhantes, pois querem vampirizar as energias daqueles que praticam seus vícios.

O sexo é algo psíquico, que pertence ao espírito. A criatura humana deve equilibrar o sexo, em vez de corromper-se, de perverter-se ou vulgarizar-se.

As religiões nunca, jamais podem ser culpadas pelas práticas de seus seguidores — Elma acrescentou no mesmo tom tranquilo. — Nenhuma religião pode salvar ninguém de dolorosos estados de perturbação e tortura consciencial — dor na consciência — com um simples pedido de perdão após cada erro cometido. Todos, independentemente de suas religiões, são responsáveis pelo que praticaram ou induziram os outros a praticar. Não há céu nem inferno. Não nos confinamos ao paraíso nem às torturas eternas. Fiquemos cientes de que não há indulgência nem perdão pelos erros, só pelo simples pedido de desculpa ou perdão pelo que se praticou.

Não precisamos de salvação, mas sim de evolução. A evolução é esforço íntimo para nos livrarmos de nossos vícios e nossas fraquezas e harmonizarmos o que desarmonizamos. Aí, sim, teremos harmonia na consciência e viveremos em mundos melhores.

Um instante de silêncio e Elma concluiu:

— Lembremos do Mestre que, ao estender a mão à mulher adúltera e erguê-la, falou que nem Ele a condenava, porém ela deveria ir e não errar mais. Jesus não disse que ela estava perdoada de seu erro, mas avisou para não errar mais.

Aproveitando-se da pausa, Romildo perguntou:

— Então, a partir do momento em que não erramos mais, estamos iniciando a harmonização de nossa consciência?

— Não só nossa consciência harmonizará, como também nos reeducaremos como espíritos eternos, adquirindo a qualidade de vida espiritual após o desencarne, como nos lembrou outro dia aquele amigo.

Não importa o que já fizemos de errado — prosseguiu a instrutora —, o início para uma vida melhor é agora e de forma persistente. Livrar-se de um vício é ganhar liberdade e não existe liberdade sem sacrifício. Quando vencemos o desejo e não nos inclinamos a atender nossa fraqueza, vamos experimentar um sentimento de prazer maior do que se tivéssemos cedido a má tendência.

É então que descobrimos que podemos ter controle sobre nós mesmos. É aí que descobrimos que podemos ter o domínio da nossa própria vida. Não há prazer maior do que esse. Isso se chama vitória.

— Elma — perguntou Silmara —, as pessoas, com conhecimento religioso, que se corrompem e se vulgarizam pelo prazer sexual têm um transtorno maior que as demais?

— Sem dúvida. A quem muito foi dado muito será pedido.

— E as religiões cujos rituais têm práticas sexuais ou que fazem da poligamia um modo de satisfação, em orgias etc. O que pode me dizer sobre isso? Sabemos que inúmeras seitas religiosas, no Brasil e no mundo, pregam práticas de orgias como ritual — quis saber o aluno.

— Veja, Romildo, rituais com práticas sexuais, nudismo, promiscuidade, sensualidade de qualquer tipo nunca religaram ninguém a Deus. Portanto, não podem ser consideradas religião. Religião é religar-se a Deus. Algo que é pessoal, único, particular, peculiar a uma única pessoa e não a um grupo. Você pode seguir uma religião ou filosofia, mas depende de você, e não do grupo que segue a mesma seita ou doutrina, alcançar a elevação para religar-se a Deus.

Quanto à poligamia pregada por algumas religiões e seitas — ela prosseguiu —, vamos lembrar que as regras religiosas foram criadas segundo a vontade, os desejos dos homens ou do homem que a instituiu. Deus nunca estabeleceu qualquer regra às suas criaturas. Jesus também não criou nenhuma religião ou norma, mas ensinou-nos pelas parábolas sobre o próximo mais próximo e o "Amar a Deus sobre todas as coisas e ao próximo como a ti mesmo". Vamos lembrar que amor é respeito e, em matéria de práticas sexuais em grupo, rituais promíscuos, ninguém respeita ninguém.

Mudando o assunto, Álvaro perguntou, interessado:

— Elma, você nos contou sobre o socorro de Lúcio. Tem notícias dele?

— Podemos dizer que está bem recomposto, perispiritualmente falando, se comparado ao estado lamentável em que se encontrava naquele "sítio". Começou a adquirir conhecimento e algumas lembranças da última encarnação. O remorso, inevitável, ainda o agride, mas sua vontade de se melhorar e evoluir é bem maior. Isso o auxilia imensamente para uma rápida melhora.

— E aquela moça que viveu com ele, a Rejane? — lembrou Silmara. — Ela também promovia aquelas festas de prazeres e estava infectada com HIV. Como ela está? Podemos vê-la?

— Não seria conveniente. Rejane não tinha objetivo na vida. A pobre moça nunca se empenhou em nada e deixou que seu interesse em ascender socialmente falasse mais alto, deixando-se escravizar, por livre vontade, na observação viciosa de práticas vulgares, mesmo tendo sido bem orientada por aquela que a criou. Mas, envolvendo-se nesses atos, ligou-se a espíritos extremamente desequilibrados e vis.

Seus conflitos íntimos — Elma prosseguiu —, de pensamentos torturados por uma solidão, pela falta daquele algo, nunca foram saciados porque não se ocupava de tarefas dignas nem de pensamentos mais elevados, que lhe permitiriam fugir imediatamente de ideias que a induzissem àquelas práticas lascivas.

Infectada com o HIV, pouco se importou. Apesar de sentir-se chocada, acreditou que logo encontrariam a cura para esse vírus. Mas, quando a Aids começou a manifestar-se — contou —, Rejane, levada por pensamentos de espíritos inferiores, zombeteiros e sofredores terríveis, suicidou-se para não sofrer com a triste experiência das infecções.

Ela está num vale de sofrimentos imensuráveis — revelou a benfeitora em tom piedoso —, onde todos os suicidas se recolhem de forma consciencial, de acordo com a consciência; sofrendo constantemente o que fez ao corpo, revendo, a todo instante, o momento e a agonia de seu desencarne pelo suicídio e a aflição de outros como ela.

A surpresa foi geral e silenciosa. Elma, após alguns segundos, propôs:

— Vamos visitar Marília, pois a querida Lisete e o caro Djalma me reportaram boas notícias nos últimos tempos.

Nesse momento, a orientadora e os aprendizes seguiram de imediato para a casa onde Marília morava.

Laura, a amiga de sempre, estava presente no quarto onde uma verdadeira UTI tinha sido montada para assistir Marília. Ela havia se transformado imensamente. E foi com resignação, pela fé adquirida, que suportava os últimos instantes terrenos com dignidade superior.

Os espíritos Lisete e Djalma, que abraçaram a tarefa de libertar Marília de pensamentos hostis e vingativos, mesmo sabendo do socorro de Lúcio, continuavam bem dispostos na tarefa de proteção aos possíveis assédios de espíritos inferiores que, porventura, quisessem desequilibrar a moça que não necessitava de tal perturbação.

Ao ver Elma, Lisete abraçou-a como sempre e logo atualizou os fatos:

— A senhora Norma, mãe de Lúcio, que vinha provendo Marília para que não passasse dificuldades desde o desencarne do filho, vem experimentando significativa elevação pelo esclarecimento ao qual se propôs. Laura, a amiga, começou a lhe falar sobre a responsabilidade pelo que ocorre àqueles a nossa volta, que não podemos nos omitir e que não é suficiente só prover de valores, mas também é necessário doar nossas ações e nosso coração.

— E qual a reação da senhora? — perguntou Romildo, sempre curioso.

— Dona Norma relutou um pouco, a princípio, mas, depois de algumas visitas à Marília descobriu na moça algo com que se identificou e foi aí que deixou despertar em si o amor de mãe pela filha de um passado distante. Como haveria de lamentar-se, na espiritualidade e depois do desencarne, se descobrisse que havia se negado a uma filha de alma, de coração.

— Despojando-se do orgulho e da vaidade — continuou Djalma satisfeito —, dona Norma envolveu o marido, que passou a compreender e apoiar a dedicação amorosa à jovem, que nem os próprios parentes ofereceram. Eles a tratam como uma filha mesmo! Por Marília não querer mudar-se desta casa, dona Norma passa todo o dia e algumas noites aqui.

— Incentivada por Laura — contou Lisete sorridente —, de quem se tornou amiga inseparável, por trazer muitas bênçãos a esta casa, dona Norma passou a frequentar uma creche que abriga crianças portadoras de HIV e auxilia com doações e sua presença como voluntária em algumas tarefas, principalmente, a de distrair e brincar com as crianças.

— E Marília? — perguntou Elma, com bondade.

— Definha-se a cada dia no corpo, mas vive cada segundo nobremente em espírito, libertando-se do corpo enfermo — respondeu Lisete. — Mal fala. Muitas vezes delira por causa da demência. Até comentou sobre a visão de nossa presença — sorriu. — Em estado de emancipação da alma, conversamos e a orientamos. Ela está bem quando livre do corpo!

Elma, com expressão piedosa, olhou para Marília que, sobre um leito alvo e limpo, mesmo sob efeito de fortes medicamentos, padecia da Aids manifestada em diversas infecções que lhe atacavam ao mesmo tempo.

A enferma estava entre o sono e a vigília, ligada a vários aparelhos. Um deles sugava água de seus pulmões; outro era do soro ministrado por via venosa, além do oxigênio, para ajudá-la a respirar.

Socorristas espirituais específicos para o desligamento do corpo estavam a postos, junto com o mentor da moça, pois desencarnaria a qualquer momento.

Elma aproximou-se do leito e com olhar misericordioso passou a fazer uma prece fervorosa em favor da enferma. Nesse momento, luzes cintilantes derramavam-se cristalinas sobre Marília que, sem demora, deu o último suspiro no corpo.

Devido à condição espiritual adquirida pela jovem, seu desligamento do corpo físico não foi demorado. Quando já estava concluído, Elma pediu, com inenarrável carinho, ao mentor de Marília:

— Solicito a oportunidade de poder envolver e levar essa irmã ao socorro oportuno em colônia abençoada. Estou imensamente feliz pela elevação que ela conquistou pela perseverança e mudança de pensamentos, conforme o que aprendeu no Evangelho Redentor, pela resignação e reeducação a que se adequou com amor verdadeiro a si mesma.

Num gesto singular, sorrindo ao pender positivamente com a cabeça, o mentor de Marília aprovou de imediato o pedido da benfeitora.

Com imensurável ternura e amor, que espargia de seu peito em forma de luzes sublimes, Elma tomou Marília nos braços e, imediatamente, seguida por outros benfeitores espirituais, levou-a adormecida à colônia espiritual apropriada para assisti-la e orientá-la a partir daquele momento.

Depois, Elma retornou para a crosta da Terra, a fim de prosseguir com seus alunos na tarefa abençoada de aprender e exemplificar.

\* \* \*

O tempo passou...

O final das instruções necessárias aos queridos alunos, no campo das experiências terrenas, terminou com valiosos e diversos aprendizados.

Assim que pôde, antes de retornar à Colônia da Paz com os aprendizes, Elma foi em visita à colônia quase vizinha, para ver como estavam seus queridos.

Agradável sensação de paz, música sublime e tranquilizante felicitavam agradavelmente os moradores daquele lugar.

Ao chegar, sem demora, Elma encontrou-se com o Governador responsável e, após troca de cumprimentos e caloroso abraço, pediu humilde:

— Aqui se encontram amparados, com o concurso de sua autorização, muitos daqueles que se propuseram ao socorro de nosso singelo trabalho em esferas inferiores. Porém, entre eles, recentemente nos foi possível, com a bênção de Deus, trazer a essa ilustre Colônia alguns queridos, com os quais há tempos muito me preocupo. Quero que perdoe meu coração ansioso, que se enternece teimosamente em abraçar e rever, pelo menos, um em especial o quanto antes. Para isso, peço respeitosamente sua generosa permissão, prezado amigo.

Tomando-lhe as mãos e olhando-a nos olhos, o Governador comentou, sorrindo e verdadeiro:

— Venerável benfeitora... quem sou eu, discípulo submisso, diante de sua abençoada elevação, para ter condição de permitir-lhe algo? — Evidenciando intenso júbilo, prosseguiu, modesto: — É graças a seus elevados préstimos e de tantos outros amigos excelsos que essa Colônia de Regeneração, para os que se afligiram com os desafios da Aids e do sexo, formou-se abençoada e é suprida com medidas de elevado alcance àqueles que aqui se refazem e se socorrem. Venerável Elma, quem sou eu, pobre servidor de Jesus, para receber tal pedido? Esta colônia é sua!

— Agradeço humildemente as colocações, meu amigo, mas nada me pertence — afirmou, com doçura e leve sorriso. — Esta Colônia é de Jesus, o Governador deste planeta. Nós não passamos de seus servos pequeninos, tentando fazer germinar as gloriosas sementes de Seu Evangelho no coração de nossos irmãos menos felizes e almas que nos estão ligadas, mais particularmente, ao nosso coração para o progresso e aperfeiçoamento de cada um. Não tenho créditos, meu amigo. Devo obedecer aos sistemas de funcionamento e às regras de educação para não me achar com privilégios.

— Generosa Elma, que grande exemplo! Quando adquirimos a educação do espírito, sabemos respeitar independentemente da elevação que possuímos. Até Jesus bateu à porta para pedir licença e entrar. — Após breves segundos, avisou: — Apesar de o inestimável prazer de sua companhia, não tenho o direito de detê-la mais. Vá ao encontro de seus queridos. — Sorrindo, completou: — Higor está ansioso por vê-la. Ele a aguarda no jardim do leste, próximo à fonte.

Elma alargou o sorriso cristalino e, iluminada como nunca, curvou-se levemente, beijou as mãos do amigo, agradeceu e se foi.

\* \* \*

Após percorrer um campo salpicado de raras flores, que o embelezavam graciosamente, Elma pôde reconhecer, a certa distância, sentado em um banco de delicados contornos, um rapaz com fisionomia bastante significativa.

— Higor... — chamou com brandura ao chegar bem próximo.

Virando-se e erguendo-se, imediatamente, ele se apressou em sua direção, entregando-se ao longo e apertado abraço de imensa emoção.

As lágrimas de felicidade e júbilo deslizaram serenas como cristais na face de ambos. Nenhuma palavra foi dita, mas os sentimentos que irradiavam traduziam as sinceras e elevadas emoções de ternura.

Afastando-se um pouco, mas ainda lhe segurando as mãos, Elma, sorridente, contemplou-o de cima a baixo, qual mãe amorosa que admira o filho crescido de modo satisfeito e, generosa, comentou:

— Não imagina como estou feliz em vê-lo harmonizado, refeito, belo e... — perdeu as palavras, embargadas pela emoção, mas insistiu, ainda emocionada: — ...filho de minha alma, como roguei a Jesus que o fortalecesse na senda da evolução!

— Não fosse por seu socorro e pela insistência em me fazer entender que é a harmonia da consciência, a resignação verdadeira nas expiações dolorosas, ou a persistência em seguir pelo bom caminho, sem me deixar corromper, buscando paz e elevação moral, eu estaria até hoje revolvendo-me em torturas íntimas e sofrimentos tenebrosos em pântanos horrendos, por meu orgulho de não aceitar nem admitir o erro, por minha vaidade de não me achar merecedor de reajustes e reeducação. Minha expiação foi justa e mínima também diante do que fiz. Com hanseníase, conhecida mais como lepra, revoltado, propositadamente, contagiei, pelo contato direto que eu sabia ser bem eficiente para a transmissão da doença, várias pessoas que não perceberam meu estado. Depois, quando não pude mais esconder, confinado a lugar de isolamento, leprosários lazarentos, não suportando a dor, suicidei-me. Em outra oportunidade de reparação, ao resgatar com o câncer a experiência interrompida na encarnação anterior, insano, novamente me suicidei. Vaguei na espiritualidade por mais de um século, que pareceu a eternidade, com o contínuo sofrimento de sentir o corpo corroído, que nunca acabava de deteriorar e a terrível repetição dolorosa do momento da morte do corpo pelo suicídio que, aliás, eu era reincidente.

Tornei-me um espírito demente, verdadeiro louco — prosseguiu Higor. — Mas por seu auxílio amoroso, o qual sei que usou forças das entranhas de sua alma, pedindo a Jesus por mim, fui socorrido em sanatório espiritual, embora totalmente desequilibrado. Depois de muito tempo, reencarnei com deficiências mentais e físicas, além de sérios problemas de saúde para resgatar o ato insano do suicídio.

De volta à espiritualidade — continuou ele —, sua dedicação fez-me aprender, por décadas, que era necessário ter paz interior e elevação moral, para sentir-me bem e equilibrado e, principalmente, para a elevação espiritual.

Após aprender muito — disse em tom brando —, solicitei então o reencarne com uma mãezinha portadora do HIV para expiar a propagação da lepra que tanto me causava remorso. Marília foi a pessoa ideal para me acolher com tanto amor, pois, quando passei pela experiência da lepra junto com ela, foi dela a ideia de alimentar-me com a revolta. Juntos, pelos vilarejos e mercados, principalmente em festas onde todos estavam embriagados, nós tocávamos e abraçávamos muitos e nos relacionávamos sexualmente, inclusive com amigos, para propagarmos nossa enfermidade, que sabíamos ser contagiosa.

— Tudo já passou, meu filho — Elma disse em tom amoroso.

— Já acabou, apesar da difícil prova. Agora você perceberá que uma reencarnação não significa nem um segundo diante da eternidade. Quanto antes nos harmonizarmos, melhor será. A paz na consciência é de inestimável valor e não lhe poderá ser retirada, porque esse sentimento está em você. É a elevação moral e espiritual.

Detendo olhar lacrimoso naquela esplêndida entidade de abrilhantada expressão, mas sempre com postura singela, Higor considerou, agradecido:

— Deus, em Sua infinita sabedoria, concedeu aos espíritos laços inquebrantáveis por meio de particular afinidade, amor e carinho. Não fosse isso, as simpatias não existiriam e o egoísmo haveria de reinar em todos os círculos. São esses sentimentos que ligam nosso coração, que fazem alguém como você, que já venceu as dificuldades da carne, buscar ensinar e socorrer aqueles que lhe são queridos. — Envolvendo-a num abraço e deixando-se dominar pelos soluços da emoção, Higor ainda se expressou embargado: — Como agradeço a Deus por ter sido seu filho... o filho do qual nunca se envergonhou, nem negou amparo... Nunca me esqueceu. Não mereço... Agradeço por ser, para mim, uma mãe espiritual...

Emocionada, Elma respondeu amorosa, também em lágrimas:

— Sempre será o filho querido de meu coração... Jamais poderia envergonhar-me de você, pois também errei e necessitei de muito sacrifício, renúncia e resignação para alcançar entendimento e paz. Quando isso ocorreu, decidi que meus queridos também tinham condições de elevar-se para excelsos sentimentos, deixando de sofrer. Agora, recomponha-se — pediu, sorrindo. — O momento é de alegria e vitória. E alegria é Jesus.

Sorrindo entre lágrimas teimosas e de júbilo, Higor demorou alguns instantes e contou:

— Marília já está bem equilibrada, como deve saber.

— Ela já entendeu o motivo de sua experiência com a Aids? — perguntou Elma, sensibilizada.

— Surpreendeu-se e assustou-se ao saber que não contraiu o HIV de Lúcio, mas sim em uma cirurgia dentária. O profissional não foi responsável o suficiente para preservar a saúde de seus pacientes. O remorso lhe corroeu as fibras da alma, por ter sido a causadora de vibrações tão terríveis e funestas a Lúcio, que se encontrava muito perturbado em zonas tão inferiores.

Ela já sabe que foi infectada dessa forma com o HIV por ter, junto comigo, infectado outras pessoas com propósitos cruéis, pela revolta do que experimentávamos. Se não tivesse sido infectada com o HIV na cirurgia odontológica, realizada meses antes de envolver-se com Lúcio, seria infectada por ele, quando usou de artimanhas para engravidar, furando o preservativo, com o propósito de, com a gravidez, adquirir segurança financeira.

Marília necessitava manter a postura moral e não se corromper pelo sexo, pois os desvios de outras experiências terrenas deveriam ser harmonizados e não ressaltados — comentou Higor ainda para finalizar.

— Mas ela está bem? — preocupou-se Elma.

— Sim, está. Já se encontrou com Lúcio. Choraram... arrependeram-se... Você sabe.

Elma simplesmente sorriu e silenciou.

— Vai vê-los? — perguntou Higor, animado.

— Sim, meu querido, mas agora não é um bom momento. Tenho deveres. Encaminhei, sob os cuidados de elevados amigos, nobres e queridos alunos à Colônia da Paz. Disse-lhes que logo nos encontraríamos para conversarmos um pouco mais sobre as instruções recebidas e suas novas trajetórias. Desejo imensamente ver Marília e Lúcio. Não posso negar. Mas minha visita terá de esperar, pois quero ter mais tempo com eles. Devo contentar-me, por agora, por vê-lo tão bem e cuidando de nossos amados. Retornarei o quanto antes, mas, no momento, preciso ir. Rogo que Jesus o abençoe para que continue aprendendo e servindo com amor.

Estendendo-lhe as mãos, intensa luz projetou-se com raios cintilantes na direção de Higor. Repousando-as nos ombros do filho querido, beijou-lhe a testa com amor maternal, despediu-se carinhosa e se foi.

# 28

## Num lugar encantado

O REGRESSO de Elma à Colônia da Paz foi, em segundos.

Procurando pelos amigos que já a aguardavam, adentrou, como se deslizasse, em recinto de profunda tranquilidade. Esperava encontrar os alunos queridos para conversar sobre os planos futuros de cada um e despedir-se, agradecendo a oportunidade de acompanhá-los, na expectativa de que o aprendizado tivesse sido de grande proveito para todos. Pretendia também saber dos planos deles, para ter ideia do que fariam com os ensinamentos recebidos.

Chegando aonde eles deveriam estar, foi surpreendida por considerável homenagem. Lá estavam não só os alunos, que acabavam de retornar, mas certo número de amigos.

A emoção foi geral. Após o discurso do Ministro, que agradeceu à honrosa instrutora e socorrista, que não se negava a servir incansavelmente, foi-lhe oferecida a palavra.

O silêncio era absoluto.

Ainda sob forte emoção e com olhar doce que endereçava a todos, que aguardavam com profundo interesse suas considerações, Elma falou, parecendo tímida:

— Meus queridos, não passo de humilde serva que hoje compreende, pelas próprias e incontáveis experiências na vida inferior, que o crescimento do espírito e uma vida melhor dependem única e exclusivamente da libertação de nossos vícios.

Nenhum de nós nasceu para ter vícios nem desvios ou fraquezas que levem ao desequilíbrio — prosseguiu em tom tranquilo. — É bom lembrar que as paixões terrenas detêm a nossa evolução, pois a verdadeira vida é na espiritualidade. Ao voltarmos para cá, e retornarmos a esse mundo real, trazemos, em nossa aparência, o que cultivamos de bom e de mau. Quando encarnados, as tentações são inúmeras, mas somos capazes de vencê-las, de nos reeducar, de superar os desafios para conseguirmos harmonia e paz para nossas consciências; ou repetiremos, quantas vezes forem necessárias, as experiências amargas para aprendermos a crescer e agirmos melhor, com resignação e equilíbrio.

Lembrem-se de que nosso equilíbrio e nossa elevação não serão possíveis por aquilo que os outros fazem por nós. Precisamos transformar nossa moral para dominarmos nossas más inclinações e nossos vícios. O apego fanático aos milagres nos faz ficar pregados ao solo. Quando ignoramos a palavra do Mestre: Ajuda-te que o céu te ajudará, pois nada de melhor ocorrerá em nossa vida se não trabalharmos por isso.

Fez breve pausa. Circunvagando o olhar por algumas dezenas de entidades que a ouviam atentamente, Elma deteve-se em alguém especial, surpresa e emocionada.

Um sentimento profundo provocou-lhe sensível embargo pelo que experimentou. Nesse momento, a venerável instrutora deixou rolar, na face luzente, discretas lágrimas peroladas. Mesmo assim, insistiu em falar e prosseguiu generosa:

— Não nos podemos intimidar em esclarecer e instruir, meus queridos. Se as causas e a origem das aflições não se encontram nas práticas atuais, estão no que fizemos no passado, como já aprendemos. O mal ainda impera na humanidade, porque os bons são tímidos, ensinou-nos um grande mestre. Essa timidez é simplesmente não avisar, não alertar, nem se importar com o que acontece com nossos irmãos. Então, lembrando mais uma vez o Mestre Jesus: "Vós sois o sal da terra, e se o sal for insípido, com que se há de salgar? Para nada mais presta senão para se lançar fora e ser pisado pelos homens. Vós sois a luz do mundo, não se pode esconder uma cidade edificada sobre um monte, nem se acende a candeia e se coloca debaixo do alqueire, mas no velador e dá luz a todos que estão na casa. Assim resplandeça a vossa luz diante dos homens, para que vejam as vossas boas obras e glorifiquem a vosso Pai, que está no céu".

Sejamos então o "sal" de que Jesus nos fala e levemos sabor à vida de nossos irmãos — incentivou amorosa. — Edifiquemos o Seu Evangelho numa cidade com nossas práticas, sem nos envergonharmos de agir corretamente. Não vamos esconder a luz dos bons ensinamentos. Vamos levá-la a todos para que resplandeça diante dos homens que necessitam ver o que realmente significa felicidade e reconhecer que há um Pai Criador.

Agradeço a Deus, ao querido Mestre Jesus e a todos vocês que me oferecem a oportunidade de ser útil — continuou. — Vamos lembrar dos ensinamentos de Jesus: "Quem não é comigo é contra mim, e quem comigo não ajunta, espalha". Juntar-se a Jesus é aprender e viver Seus ensinamentos, pois as lamentações e o ranger de dentes já iniciaram. Aquele que Nele crer e que praticar Seus ensinamentos será salvo. — Sorrindo para todos, Elma concluiu com doçura: — Eu amo todos vocês. Que Deus os abençoe na jornada da existência.

Todos os presentes estavam gratos àquela venerável benfeitora, que havia séculos se empenhava em trabalho produtivo. Muitos foram por ela socorridos. Depois se tornaram seus queridos aprendizes de elevado respeito.

Humilde, sem se considerar merecedora de tanto agradecimento, Elma desceu discretamente da tribuna de onde falava. Num olhar doce, procurou a entidade a que se fixou, anteriormente, com profunda emoção. Mas os abraços e agradecimentos particulares de muitos não a deixavam encontrar aquela criatura querida.

Terminados os cumprimentos, Elma vagou o olhar pelo grande e agradável salão que, àquela altura, já estava vazio. Imaginando que a querida entidade deveria ter sido chamada para alguma orientação ou tarefa, Elma, imensuravelmente satisfeita, decidiu isolar-se em um lugar na Colônia da Paz que, para ela, era encantador e muito especial.

Naquela colônia sagrada, cópia bem melhorada de tudo que há de especial e belo na Terra, a Natureza concedia inenarrável harmonia e delicadeza, para que os habitantes veneráveis daquele reduto abençoado sentissem constante envolvimento de paz a alimentar-lhes os atributos e o ânimo incansável na elevação já alcançada, a fim de que "o sopro renovador Divino" alimentasse suas aquisições para prosseguirem em novas tarefas redentoras.

Deixando o salão onde ocorreu a amorosa recepção, Elma sentia, no coração, excelso alívio, algo que preenchia seu peito com indescritível sentimento de paz.

Caminhando serenamente por graciosas alamedas, sob árvores frondosas e canteiros floridos, ela apreciava a melodia infinitamente suave e o aroma aprazível que proporcionavam sublimação aos sentidos.

Após longa caminhada, refletindo sobre todos os ocorridos dos últimos tempos em serviço na crosta terrestre, defrontou-se com "seu lugar encantado".

Gramado de viva beleza forrava o chão salpicado de flores maravilhosas e inexistentes no orbe. Sob árvore de linda fronde e indizível graciosidade nos contornos, Elma parou e acomodou-se no chão. Sentada, ternamente passou a mão pela relva macia e sorriu ao alongar o olhar para o lago cristalino. No firmamento, encontro de céu e água, o sol colocava-se na divisa, resplandecendo os raios dourados de magistral encantamento sobre o tremular suave das águas, que os refletia como se traçassem generoso tapete a estender--se até a benfeitora.

Olhou longamente para a incrível beleza da paisagem abençoada, indescritível. Silenciou os sentidos e pensou no Mestre Jesus. Sentindo-se envolver por radiante luz solar, como que a aquecendo suavemente, tal qual um abraço divino, ela respondeu em tom sussurrante e respeitoso:

— Obrigada, Senhor.

Lágrimas de júbilo rolaram longas em sua face resplandecente, que estampava sereno sorriso. Logo as secou com as mãos, expressando gesto carinhoso e delicado, ao murmurar:

— Jesus querido, tenho tanto a agradecer... A tarefa que cumprimos não passa de uma forma de agradecimento, Senhor. Não mereço o reconhecimento dos queridos amigos. Sou eu quem lhes devo agradecimento pela oportunidade que me ofertaram em tarefa útil. Desde que me considere útil, Divino Mestre, conceda-me novas oportunidades de instrução e auxílio em respeitáveis quadros de serviço junto àqueles que necessitem. Nossa felicidade, mesmo se vivermos em esferas melhores, nunca é completa, enquanto tantos irmãos queridos estiverem, encarnados ou desencarnados, iludidos nas tendências e nos desejos inferiores.

Por isso rogo, Mestre Querido — orou ainda —, que Seu poder de infinita força adentre no orbe terreno com amor e bondade, invadindo corações que, ignorantes sobre as verdades de Deus, possam desviar-se do equilíbrio, para que não caiam nas armadilhas das tentações, que os arrastarão para sofrimentos indizíveis durante o tempo que se faça necessário, a fim de aprenderem a reeducação e o respeito para consigo mesmos e o Pai Criador.

Silêncio.

Elma prendeu seu olhar no infinito, como se estivesse em diálogo excelso de agradecimento, fé e esperança. Entregou-se ao jorro de bênçãos o qual se fazia em luzes douradas, que resplandeciam dos raios solares e formavam auréola refulgente em torno dela.

Não demorou e, a certa distância, foi vista por serena entidade, de rara e impressionante beleza, que permanecia respeitosamente imóvel e encantada com a dilatada visão de envolvimento, alcançado e recebido somente por aqueles que sobressaem em elevada comunhão com esferas superiores.

Silenciosa, a entidade ficou ali e aproveitou para, enquanto esperava, também orar e agradecer.

Minutos sagrados fizeram-se em uma só comunhão. Elma, ao terminar sua prece e perceber a presença da bela entidade que a aguardava, voltou-se para ela. Com largo e generoso sorriso, ergueu-se e abriu os braços ternos, indo a seu encontro.

— Darly, filha amada — disse a benfeitora, sob a forte emoção do reencontro. — Você e Higor são as provas de que vale a pena o empenho no bem, com perseverança e fé, apesar das aflições e das torturas íntimas.

— Como eu a amo! Como posso lhe agradecer por tudo o que fez por mim!... — murmurou, em choro discreto pelo grande contentamento do reencontro. — Não foi fácil prender-me em um corpo, cujo psiquismo não se harmonizava com minhas ideias. Mas, graças a você consegui e estou aqui.

— Não. Graças a Deus, ao Divino Mestre Jesus, que lhe concederam forças, ensinamentos valorosos, que você seguiu com respeito, educação e fé inabalável. Os méritos são seus por superar tão difícil desafio.

Afastando-se, sempre com sorriso radiante enquanto se olha-vam, Darly quebrou o silêncio ao perguntar:

— Pensei que encontraria Higor aqui — disse a bela jovem com delicada doçura, que lhe era própria.

— Higor presta apoio a Lúcio e Marília que, graças a Deus, encontram-se em digníssima Colônia de Regeneração — respondeu Elma, satisfeita.

— Já os visitou? — Darly perguntou, educada.

— Já visitei nosso querido Higor e prometi voltar para ver Lúcio e Marília. Não houve tempo suficiente. Eu necessitava retornar para cá. Sentia-me chamada — sorriu.

— Foi pela surpresa que preparávamos. Se agora está livre, po-deríamos vê-los?

— Sim — afirmou Elma, iluminando-se mais ainda com um sorriso.

Em questão de pouco tempo, Elma e Darly chegaram à Colônia de Regeneração.

Elma, sempre educada em suas sublimes expressões, solicitou novamente a permissão para a visita, que logo se fez.

Caminhando ao lado da filha de tempos remotos, Elma infor-mou, amorosa:

— Não sei se terão lembranças a nosso respeito. Não devemos insistir. Confiemos em Higor que com o tempo saberá, como enfer-meiro dedicado, como lhes trazer as devidas recordações.

\* \* \*

As árvores frondosas do belo jardim deixavam que feixes de luzes cintilantes filtrassem por entre as copas, provocando efeito magnífico.

Lúcio acomodava-se tranquilo e observador ao lado de Higor, que sentiu a aproximação de ambas, mas não se manifestou.

Marília, em pé, admirava-se diante de belo chafariz cristalino, que respingava gotas de coloridas luzes, ao esborrifar jorros de água fazendo suaves contornos.

Darly e Elma, já bem próximas deles, foram percebidas e, por alguns segundos, admiradas sem palavras.

Higor aproximou-se, beijou Elma, e logo se abraçou a Darly longamente. Na primeira oportunidade, simplesmente apresentou:

— Essas são Elma e Darly. Duas criaturas muito estimadas. Elma, por excelência — disse rindo —, vive nos socorrendo.

Sem lembranças exatas, Marília atendeu ao impulso de abraçar-se a Elma, deixando aflorar em lágrimas sentimentos de profunda gratidão.

— Não sei por que, mas... sabe, sinto que lhe devo muito. Não me recordo ainda de todo o passado. Acho que entende — disse Marília, com profunda emoção que palpitava no peito.

— Nada me deve, minha querida. Venho somente em visita aos queridos de todos os tempos. No momento certo há de lembrar-se de tudo e de todos. Somente agradeça a Deus pela oportunidade bendita de estar nessa digna colônia de amor.

— Adquiri muita fé e resignação quando encarnada, mas a duras penas e pela ajuda abençoada de uma amiga querida. Se não fosse por ela... Sei das dificuldades que enfrentaria se não houvesse conseguido entender o amor, o perdão e tantos outros sentimentos elevados. Somente agora, aqui na espiritualidade, pude entender o motivo de tanta dor, de tantos sofrimentos justos. Mas o remorso ainda me castiga, como deve saber. Julguei mal. Julguei e desejei todos os terríveis infortúnios a quem não merecia. Fui egoísta, vulgar e condenei com vibrações funestas Lúcio, que não merecia. Na verdade, foi meu passado errante. Quando revoltada, condenei muitas pessoas à terrível doença incurável, que me fez experimentar tão difícil desafio, hoje, com enfermidade também incurável. Como agi mal...

— Não veja o mal praticado — incentivou Elma —, observe o quanto cresceu! Veja quantos sentimentos elevados descobriu que possui aí em seu coração amoroso, repleto de ânimo. Se ficarmos somente relembrando o passado, vivendo de remorso pelos passos errados e condenando os outros pelo que nos ocorre, deixaremos de viver o presente e de elevar nossa consciência para o entendimento e para o que há de melhor para nossa evolução.

Marília abraçou-a novamente com ternura e gratidão. Concluindo com um sorriso, disse:

— Obrigada. Que Jesus continue a iluminá-la.

Darly, que havia cumprimentado e conversado com Lúcio, envolveu também Marília, e passaram a conversar.

Elma, por sua vez, aproximou-se daquela alma a quem tanto se dedicava, beijou-lhe a fronte e as mãos, e disse ao se sentar a seu lado:

— Graças a Deus você está aqui. Como é bom revê-lo bem.

Observando a necessidade de privacidade, discretamente Higor e Darly afastaram-se, conduzindo Marília enquanto conversavam.

Um tanto atordoado ainda pela surpresa que vibrava em seu íntimo, Lúcio afirmou quase sussurrando:

— Elma!... — embargado, depois de alguns segundos, completou: — Não me recordo de tudo, porém um sentimento eterno de amor não me deixa esquecer seu nome... e alguns relampejos do passado distante... — chorou em pranto comovedor.

— Não lamente, meu querido — disse ela com ternura, recostando-o em seu ombro com carinho. — Toda experiência nos serve de lição.

— Tenho vergonha... veja tudo o que coloquei a perder... — disse, asfixiado pelo pranto sufocado. — Olhe para você e para mim e compare... quanta distância. Lembro-me de nossas promessas, juras de elevação para sairmos da ignorância e vivermos em algum lugar feliz, em outras moradas... Fracassei. Eu sempre fracasso...

— Perdoe a si mesmo, Lúcio — falou generosa e comovida. — O remorso mostra humildade, mas não podemos ficar só nos arrependendo dos erros cometidos. É hora de crescer! — exclamou baixinho e com certa alegria no semblante.

Ainda constrangido, ele a encarou. Com a mesma brandura, Elma ainda disse:

— Erga-se! Aprenda com o erro e não fique se lamentando por ele! Procure instruir-se o quanto puder. Não esmoreça. Parados, nunca sairemos do lugar.. E ninguém pode arrastar-nos por muito tempo. O único capaz de remover suas dificuldades é você mesmo. Siga o exemplo de nossos filhos queridos. Instrua-se e vão conceder-lhe a oportunidade da redenção e novo reencarne que pode ser planejado desde já.

— Não sei o que dizer...

— Então não diga, aja! Ore pedindo forças e luz na consciência. Nada é impossível quando temos bom ânimo e amor. Eu prometo ampará-lo enquanto seguir o caminho reto. Estarei sempre com você, meu querido.

Tomando-lhe as mãos, Lúcio as beijou com carinho e disse:

— Elma... Obrigado pelo incentivo, mas temo não conseguir... Temo não ter aqueles que me possam guiar, ou não ter pais que me ofereçam a visão de uma senda de elevada moral em próxima encarnação. Tenho muito medo... — lágrimas correram em sua face e ele se calou.

— "Bem-aventurados os que choram porque eles serão consolados", disse-nos o Senhor Jesus. Procure aprender enquanto estiver aqui e não esmoreça. Ganhe conhecimento, resignação. Ore muito e há de conseguir a oportunidade abençoada, em lar sagrado e com pais de elevada moral que vão ampará-lo e guiá-lo para tarefa de harmonização com elevada caridade e verdadeiro amor. Somente assim haverá de recompor, educar, ensinar o que é correto àqueles que desviou do caminho. Mas se não se esforçar, poderá perder a oportunidade. Tudo depende de você.

— Obrigado. O que posso fazer para agradecer-lhe por tudo o que fez por mim é reerguer-me, buscar instrução e perseverar no bem, na caridade e no amor verdadeiro e incondicional. Somente assim poderei aproximar-me um pouco mais de sua elevação, de sua angelitude...

— Não me reverencie. Faça o que tem de ser feito por sua paz na consciência. Por agradecimento a Jesus, pelas forças e pela luz que concedeu para que se socorresse. — Beijando-o na face com doce ternura, informou: — Agora preciso ir.

— Voltarei a vê-la?! — perguntou, quase desesperado.

— Sim — respondeu sorrindo, levantando-se. — Virei visitá-lo novamente. Pode esperar. Fique com Deus.

— Elma!... — quando ela se voltou, Lúcio afirmou com forte expressão: — Eu a amo! Sempre a amarei.

— Eu também... — sussurrou sorrindo, com lágrimas a brotar nos olhos cristalinos. Levando a própria mão à boca, beijou com ternura a ponta dos dedos e, em seguida, levou aos lábios de Lúcio, dizendo: — Sempre o amarei.

Virando-se rapidamente, para não deixar que fortes emoções aflorassem e prejudicassem Lúcio, que poderia experimentar grande dor pelo remorso, Elma procurou Darly. Juntas, com o coração saudoso, mas satisfeito e repleto de esperança, retornaram à Colônia da Paz.

\* \* \*

Dias haviam decorrido Elma e Darly conversavam amigáveis e generosas sobre planos promissores, quando a aproximação dos alunos de Elma chamou-lhes a atenção.

Ao vê-los, a instrutora sorriu e os recebeu com satisfação. Logo Silmara comentou:

— Elma, perdoe-nos a interrupção. Queríamos que soubesse que eu e Álvaro acreditamos estarmos preparados para reencarnar e abraçar, com as bênçãos de Jesus, tarefa edificante de instruir e esclarecer os encarnados sobre a moral e a dignidade. Se tudo correr como planejamos, deveremos nos agregar ao trabalho que dona Norma, a senhora que foi mãe de Lúcio nessa última encarnação, iniciou pelos esclarecimentos recebidos de Laura. Com esses esclarecimentos, dona Norma refletiu muito e foi incentivada à tarefa nobre.

Álvaro, muito emocionado, comentou:

— Nobre instrutora, nós guardaremos com inestimável carinho todos os ensinamentos magníficos que nos proporcionou e vamos vivê-los e ensiná-los com o Evangelho do Cristo. — Sem conter os sentimentos vivos de gratidão, comentou com emoção embargada:

— Eu e Silmara vamos nos reencontrar, casar e receber abençoados filhos... Se for possível... se formos capacitados, já solicitamos receber como demonstração de eterno agradecimento, como nosso primogênito, o querido Lúcio. Daqui há vinte dois ou vinte e três anos, ele já deverá ter recebido muito ensinamento na colônia onde está e poderá, encarnado entre nós e recebido com imenso amor, harmonizar com tarefa de caridade e elevada moral o que necessita.

Elma levantou-se, foi ao encontro do casal e os envolveu com forte abraço de ternura e agradecimento. Emocionada, declarou:

— Fico feliz por vocês, meus queridos! Deus os abençoará com muito amor, perseverança, harmonia e humildade na tarefa que vão abraçar. Jesus estará com vocês, pois Ele mesmo disse que onde houvesse dois reunidos em Seu nome, lá Ele estaria.

— Quando formos para junto dos encarnados, não se esqueça de ir nos visitar, mesmo que não possamos vê-la... — disse Silmara, sorrindo em meio ao choro.

— Nunca vou me esquecer de vocês. Sempre que puder, lá estarei. Quando não, meus pensamentos estarão lá, acredite.

Após abraçá-los novamente, Silmara secou as lágrimas de gratidão e informou:

— Agora precisamos ir. Estamos sendo aguardados para os preparativos de reencarne que, talvez, ainda demore alguns meses para ocorrer. Ainda nos veremos.

— Sem dúvida, meus queridos. Ainda nos veremos — disse Elma, sob forte emoção.

Após se despedirem, Silmara e Álvaro saíram abraçados. Romildo ficou parado, sensibilizado pelo que presenciava, pela emoção e decisão dos amigos queridos.

— E você, Romildo, o que pretende, meu querido? — perguntou a instrutora afetuosa.

— Quero pedir desculpas e... Não consigo conter minha curiosidade. Preciso saber!!!

— Pergunte, Romildo — falou Elma, sorridente, já imaginando do que se tratava.

Olhando para Darly, que se mantinha com expressão serena, ele perguntou:

— Essa linda, magnífica e luzente entidade é o Dirso?

Darly riu gostoso. Ao se recompor da emoção hilária, informou educada e com seu jeitinho todo especial:

— O espírito não tem sexo. Não como os encarnados imaginam. Encarnar num corpo masculino ou feminino pouco importa aos espíritos esclarecidos, mas pode ser uma difícil prova para aqueles que se corromperam sexualmente com promiscuidade. Refeitos e esclarecidos, quando estamos na espiritualidade, temos de nos apresentar de alguma forma, ou melhor, temos de adotar determinada aparência, característica, e adotamos a que melhor nos caracteriza. Agora que entendeu, posso responder que eu fui o Dirso em minha última encarnação.

— Seguramente tenho muito o que aprender ainda — resmungou Romildo, desconsolado.

— Quais seus planos, Romildo? — perguntou Elma, ainda sorrindo.

— Não posso reencarnar agora. O mundo não está preparado para me receber. Sou uma catástrofe. Sou muito crítico. Reclamo demais. Reparo muito... Tenho muito a aprender. Acho que não vou ajudar os encarnados em nada. Agradeço de todo o coração toda a instrução que recebi de você, tão nobre instrutora, mas não vou me despedir. A não ser que me deem uma reencarnação compulsória, vão me ver por muito tempo aqui, buscando aprender algo, resmungando, criticando, protestando, perguntando... — Romildo respondeu enquanto saía, reclamando e balançando a cabeça, inconformado consigo mesmo, deixando-as a sós.

Elma, sorrindo pela cena, virou-se para Darly e comentou:

— É pena que ele não se valorize. Romildo tem uma força interior muito grande e muita fé. É algo que não se vê, mas se sente. Se deixar o vício da crítica e valorizar-se, será um instrutor incrível!

— Pretende orientá-lo sobre isso? — Darly perguntou

— Não. Ele vai descobrir sozinho, ou não terá mérito algum.

— O que pretende fazer agora?

Antes que Elma pudesse responder, uma entidade afetuosa adentrou o recinto, a sua procura.

Abraçando-a com carinho e depois de lhe contar sua história, a mulher pediu, humilde:

— Então, querida Elma, Lisete aconselhou-me a falar com você. Eu venho me empenhando muito, mas não consigo alcançar o estado consciencial dessa minha filha querida, que se encontra no "sítio de dores". Por isso, venerável benfeitora e amiga, vim pedir, ou melhor, implorar seu socorro abençoado.

— Com as devidas permissões a serem concedidas pelo Ministro, estarei pronta para a tarefa oportuna de socorro e instrução a nossa irmã, pois sabe que todo o tempo tem de ser aproveitado com trabalhos e aprendizados a todos.

— Solicitaremos então as devidas providências, querida Elma. Estou certa de que serei atendida.

— Precisamos, porém, estudar bem o caso de sua amada filhinha, tendo em vista que há detalhes que nos podem auxiliar o socorro. Deverá estar bem preparada para amar incondicionalmente, para que possamos libertar sua consciência, que se prende em estado tão doloroso.

— Estou preparada, minha amiga, acredite.

Olhando para Darly, a filha de sua alma, Elma sorriu e informou:

— Preciso de, pelo menos, dois alunos para socorro e aproveitamento do tempo para instruções oportunas e expansão dos ensinamentos na tarefa de socorro. Quer me acompanhar?

— Claro! — sorriu lindamente ao aceitar. — Será uma honra poder tê-la como instrutora, querida mãe.

Elas se entreolharam com elevada emoção e sem palavras. Mas Elma logo se lembrou:

— Então, Darly, por favor querida, vá atrás de Romildo. Ele é uma criatura pronta e prestimosa, só precisa aperfeiçoar-se. Possui um coração valoroso, uma fé inabalável na certeza de servir e, trouxe-nos, sem saber, elevadas vibrações em momentos necessários de desligamento, inclusive do seu, sustentando firmemente, pela certeza dos propósitos, mesmo apresentando questionamentos posteriores — ela disse, rindo. — Faça o favor de chamá-lo. São de criaturas perseverantes que precisamos para servir e aprimorar. Enquanto isso, vou tomar as providências necessárias...

Darly sorriu e se foi enquanto a benfeitora a seguia com o olhar.

Tudo se inicia novamente para aqueles que perseveram no bem, em busca da felicidade verdadeira para si e para aqueles a quem amam. Elma, determinada, não descansaria enquanto não tivesse a seu lado seus queridos de alma, apesar do grande progresso alcançado.

Fim.

*Schellida.*

# Livros de Elisa Masselli

## As chances que a vida dá

*Selma leva uma vida tranquila em uma pequena cidade do interior. O reencontro inesperado com uma amiga de infância traz à tona todo o peso de um passado que ela não queria recordar, e toda a segurança de seu mundo começar a ruir de um dia para o outro. Que terrível segredo Selma carrega em seu coração? Neste livro vamos descobrir que o caminho da redenção só depende de nós mesmos e que sempre é tempo de recomeçar uma nova jornada.*

## Apenas começando

*Ao passarmos por momentos difíceis, sentimos que tudo terminou e que não há mais esperança nem um caminho para seguir. Quantas vezes sentimos que precisamos fazer uma escolha; porém, sem sabemos qual seria a melhor opção? Júlia, após manter um relacionamento com um homem comprometido, sentiu que tudo havia terminado e teve de fazer uma escolha, contando, para isso, com o carinho de amigos espirituais.*

## Não olhe para trás

*Olavo é um empresário de sucesso e respeitado por seus funcionários. Entretanto, ninguém pode imaginar que em casa ele espanca sua mulher, Helena, e a mantém afastada do convívio social. O que motiva esse comportamento? A resposta para tal questão surge quando os personagens descobrem que erros do passado não podem ser repetidos, mas devem servir como reflexão para a construção de um futuro melhor.*

# Leia os romances de Schellida
## Psicografia de **Eliana Machado Coelho**

O RESGATE DE UMA VIDA

CORAÇÕES SEM DESTINO

O BRILHO DA VERDADE

UM DIÁRIO NO TEMPO

DESPERTAR PARA A VIDA

O DIREITO DE SER FELIZ

SEM REGRAS PARA AMAR

UM MOTIVO PARA VIVER

O RETORNO

FORÇA PARA RECOMEÇAR

LIÇÕES QUE A VIDA OFERECE

PONTE DAS LEMBRANÇAS

MAIS FORTE DO QUE NUNCA

MOVIDA PELA AMBIÇÃO

MINHA IMAGEM

ESPÍRITO JOÃO PEDRO

NÃO ESTAMOS ABANDONADOS

# Envolventes romances do espírito **Margarida da Cunha** com psicografia de **Sulamita Santos**

### Um milagre chamado perdão

*Ambientado na época do coronelismo, este romance convida-nos a uma reflexão profunda acerca do valor do perdão por intermédio de uma emocionante narrativa, na qual o destino de pessoas muito diferentes em uma sociedade preconceituosa revela a necessidade dos reencontros reencarnatórios como sagradas oportunidades de harmonização entre espíritos em processo infinito de evolução.*

### O passado me condena

*Osmar Dias, viúvo, é um rico empresário que tem dois filhos - João Vitor e Lucas. Por uma fatalidade, Osmar sofre um AVC e João Vitor tenta abreviar a vida dele. Contudo, se dá conta de que não há dinheiro que possa desculpar uma consciência ferida.*

### Os caminhos de uma mulher

*Lucinda, uma moça simples, conhece Alberto, jovem rico e solteiro. Eles se apaixonam, mas para serem felizes terão de enfrentar Jacira, à mãe do rapaz. Um romance envolvente e cheio de emoções.*

### Doce entardecer

*Paulo e Renato eram como irmãos. Amigos sinceros e verdadeiros. O primeiro, pobre e o segundo, filho do coronel Donato. Graças a Paulo, Renato conhece Elvira, dando início a um romance quase impossível.*

### À procura de um culpado

*Uma mansão, uma festa à beira da piscina, e, de madrugada, um tiro. O empresário João Albuquerque de Lima estava morto. Quem o teria matado? Os espíritos vão ajudar a desvendar o mistério.*

### Desejo de vingança

*O jovem Manoel apaixona-se por Isabel. Depois de insistir, casam-se mesmo ela não o amando. Mas Isabel era ardilosa e orgulhosa. Mais tarde, envolve-se em um caso de traição conjugal com desdobramentos inimagináveis para Manoel e os dois filhos.*

### Laços que não se rompem

*Margarida, filha de fazendeiro, conhece Rosalina, filha de escravos, e ambas passam a nutrir grande amizade. Um dia, a moça se apaixona por um escravo. E aí começam suas maiores aflições.*

# Obras da médium Vera Lúcia Marinzeck de Carvalho
## Espírito Antônio Carlos

### A Intrusa

*Uma envolvente história que explica o porquê de tantas pessoas, ao desencarnarem, não aceitarem o socorro imediato e retornarem ao seu ex-lar terreno.*

### A órfã número sete

*O investigador Henrique queria prender um criminoso... Alguns espíritos também...*

### O Caminho de Urze

*Ramon e Zenilda são jovens e apaixonados. Os obstáculos da vida permitirão que eles vivam esse grande amor?*

### Amai os inimigos

*O empresário Noel é traído pela esposa. Esse triângulo amoroso irá reproduzir cenas do passado. Após seu desencarne ainda jovem, Noel vive um novo cotidiano na espiritualidade e se surpreende ao descobrir quem era o amor de sua ex-esposa na Terra.*

### Véu do passado

*Kim, o "menino das adivinhações", possui intensa vidência desde pequeno e vê a cena da sua própria morte.*

### Escravo Bernardino

*Romance que retrata o período da escravidão no Brasil e apresenta o iluminado escravo Bernardino e seus esclarecimentos.*

### O rochedo dos amantes

*Um estranha história de amor acontece no litoral brasileiro num lugar de nome singular: Rochedo dos Amantes.*

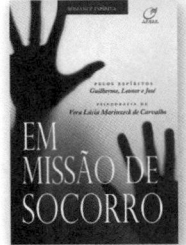

### Espíritos Guilherme, Leonor e José

### Em missão de socorro

*Histórias de diversos resgates realizados no Umbral por abne gados trabalhadores do bem.*

### Um novo recomeço

*O que fazer quando a morte nos pega de surpresa? Nelson passou pela experiência e venceu!*

### Espírito Rosângela (Infantil)

### O pedacinho do céu azul

*História da menina cega Líliam cujo maior sonho era ver o céu azul.*